Thomas Huber

Ogre

Wir sind am Ziel unserer Träume
am Gipfel des Latok II
erleben diese Freiheit, die wir anderswo nicht finden
sind aber im selben Moment
Gefangene einer neuen Herausforderung:
des Bergs Ogre

Thomas Huber

Ogre

Gipfel der Träume

blv

INHALT

Land, Berge, Menschen

Odyssee am Ogre

Der Mythos

Der Traum

Ogre 2001

Schreckliche Schönheit

Ogre! Was für ein schrecklicher Berg! Und was für eine Herausforderung! Lange Zeit galt der Siebentausender im Karakorum als unbesteigbar. Und wirklich, alle Versuche, den Gipfel zu erreichen, scheiterten. Bis Chris Bonington und Doug Scott ihr Glück versuchten. Der Aufstieg gelang, gehörten die beiden doch zu den erfahrensten Bergsteigern der Welt: höhentauglich, zäh, ebenso gut im Fels wie im Eis und hart im Nehmen. Das war ihr Glück. Der Abstieg wurde fast zur Tragödie. Wie sich das Team, erschöpft, halb verhungert, Doug mit zwei gebrochenen Beinen, Chris mit gebrochenen Rippen, tagelang talwärts schleppte, gehört trotz der Tragik dieses Abenteuers zu den Sternstunden des Alpinismus.

Chris Bonington und Doug Scott, die herausragenden Bergsteiger in der zweiten Hälfte des vergangenen Jahrhunderts (Doug Scott als Erstbegeher der Everest-Südwand), haben mit der ersten Besteigung des Ogre mehr als je zuvor gezeigt, was in ihnen steckt.

Thomas Huber hat den beiden – 24 Jahre und 27 erfolglose Expeditionen später – ein Denkmal gesetzt. Mit der zweiten Besteigung des Berges und mit einer Monographie über dieses Granitbollwerk, das von allen Seiten schwer zu knacken ist.

Thomas Huber, Urs Stoecker und Iwan Wolf kletterten von Süden auf den Berg bis zu jenem Gipfelzahn hoch über haltlosen Eisfeldern, den schon Scott und Bonington gemeistert hatten. Die neue Route über den Südpfeiler nun, oft versucht, ist ein logischer Zugang zum Mittelbau des Berges, der weit weniger steil, mehr gefährlich als schwierig ist. Steinschlag, Lawinen und Ausgesetztheit sind hier die Probleme. Bedrohungen, die bisher alle anderen Bergsteiger haben scheitern lassen, auch jene, die über ausgetretene Wege auf Achttausender steigen. Der Ogre, noch dazu über eine neue Route, war und bleibt eine zeitgemäße Herausforderung: logistisch schwierig, klettertechnisch extrem, dazu gefährlich, ein großes Ziel, schrecklich und schön zugleich.

Gibt es sie wirklich mehrfach, diese Ogres – Eiger und Orkenspitze sollen ihre anderen Namen sein –, Höllenberge, die in ihrer abweisenden Schönheit immer wieder die Besten unter den Alpinisten herausfordern? Oder bilden wir uns solche Schrecken nur ein? Einmal mehr jedenfalls hat Thomas Huber, dem mit seinem Bruder Alexander mehrere Pioniertaten gelungen sind, gezeigt, wozu er fähig ist. Ausgestattet mit Mutterwitz, hohem Kletterkönnen und jener Gabe zu wagen, die ihre Wurzeln nur in einem gesunden Selbstvertrauen haben kann, führte er eine starke Seilschaft auf den schrecklich schönen Ogre-Gipfel, der aber weiterhin nur den Allerbesten zugänglich bleiben wird.

Reinhold Messner

Baintha Brakk

Ich bin in Baltistan aufgewachsen und meine Kindheit verbrachte ich ausschließlich in der wilden Gebirgsregion des Karakorum. 1977, in dem Jahr als der Baintha Brakk - wie der Ogre bei den Einheimischen heißt - durch die Briten Doug Scott und Chris Bonington erstbestiegen wurde, war ich der erste Pakistani, der den Gipfel des K2 betreten konnte.

Der K2 ist mit Sicherheit der Berg der Berge in Pakistan. Nicht nur, weil er der höchste Berg von Pakistan und der zweithöchste Berg der Welt ist, sondern weil diese Felspyramide durch ihre Schönheit besticht. Außerdem gehört der K2 unumstritten zu den schwierigsten Bergen der Welt.

Der Baintha Brakk bekam über die Jahre auch für Pakistan einen immer höheren Stellenwert. Die besten Alpinisten versuchten sich an diesem extrem schwierigen Siebentausender und nur Chris Bonington und Doug Scott war es bisher gelungen, diesen Berg zu besteigen. Die Gründe des Scheiterns an diesem Berg sind vielschichtig. Der Baintha Brakk ist ein extrem schwieriger, komplexer Felskoloss: Zur Besteigung sind Spitzenkletterer und gleichzeitig erfahrene Alpinisten nötig und das Team muss gut zusammenarbeiten. Eine Erklärung für das oftmalige Scheitern lässt sich auch in den häufig wechselnden Wetterverhältnissen in dieser Region finden. Aber vor allem braucht man an diesem Berg viel, viel Glück. Der Baintha Brakk gehört zu den schwierigsten Bergen der Welt und nur die besten Bergsteiger haben eine Chance, den Gipfel zu erreichen.

2001 kletterten drei Bergsteiger aus Deutschland und der Schweiz auf den Gipfel des Baintha Brakk. Für Pakistan war es einer der größten alpinistischen Erfolge der letzten Jahre, weil keiner mehr an einen Besteigungserfolg nach der Erstbesteigung von 1977 glaubte.

Für die Zukunft wünschen wir allen Bergsteigern der Welt, dass sie in der unerschöpflichen Gebirgswelt des Karakorum viele große Abenteuer finden und erleben.

Grüße und Berg Heil aus Pakistan, Bismillah

Ashraf Aman
erster Pakistani am Gipfel des K2,
Touroperator von Pakistan Adventure Tours

LAND,

BERGE, MENSCHEN

40 Grad im Schatten, annähernd 100 Prozent Luftfeuchtigkeit, der penetrant stechende Gestank von Zweitaktmotoren, ein wildes Durcheinander und Gehupe auf den Straßen: Das ist Rawalpindi, die alte Hauptstadt von Pakistan. In diesem Chaos verbringen wir mehrere Tage. Im engen düsteren Basar von Rawalpindi kaufen wir die notwendigen Grundnahrungsmittel ein. Der Zickzacklauf durch die pakistanischen Behörden ist unumgänglich, um das Permit zu

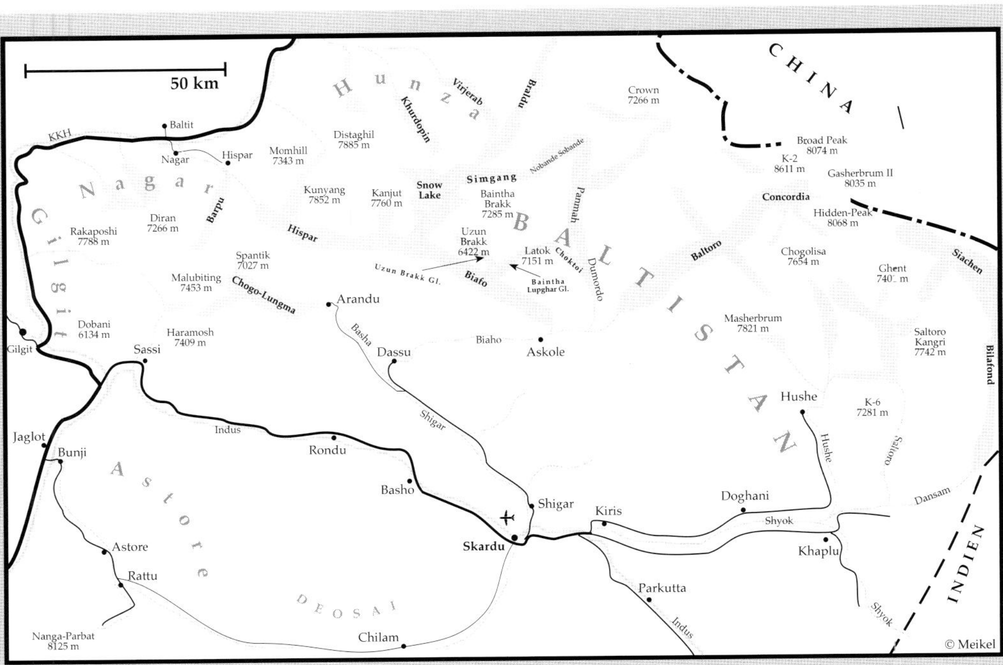

Mit der Auflösung Britisch Indiens im Jahr 1947 spaltet sich das Land in einen Hindu- und einen Muslimstaat. Jeder einzelne Maharadscha-Staat hatte das Recht, sich vor der Teilung diesem oder jenem Land anzuschließen. Es entstanden das vom Islam geprägte Pakistan und der überwiegend hinduistisch geprägte Staat Indien, in den die Fürstentümer Hyderabad und Junagadh eingegliedert wurden. Der Streit um Kaschmir barg von Anfang an ein großes Konfliktpotential und auch heute noch liefern sich beide Staaten entlang einer vagen Grenzlinie im Bergland des Karakorum, der »Line of Control«, blutige Gefechte. Es scheint, dass eine Annäherung, aber keine Lösung dieser territorialen und religiösen Probleme in Aussicht steht. Das Donnern von Artilleriegeschützen wird von den Menschen in Pakistan meist mit: »No problem, like every year« abgetan.

Sehen wir über die kriegerischen Unruhen um Kaschmir, die Armut der Bevölkerung und die oft verdreckten Slums der großen Städte hinweg, findet man in Pakistan großartige Landschaften aller Facetten. Ein wildes Land, aber vor allem ein Eldorado für Trekker und Bergsteiger.

Eine zwei bis fünf Meter breite, brüchige Teerstraße führt in den nördlichen Teil des Landes, die Northern Areas. Das Land der wohl bizarrsten Gebirgskette unserer Erde: der Karakorum. Karakorum-Highway heißt die schwarze Lebensader, die von den Pakistani und den Chinesen zwischen 1958 und 1978 erbaut wurde. Diese spektakuläre Straße entlang der tiefen Indus-Schlucht gehört zu den interessantesten und kühnsten Verkehrswegen der Welt. In Abschnitten führt sie über eine kontinentale Scherzone. Hier treffen die indische und die zentralasiatische Festlandplatte aufeinander und das Karakorum-Gebirge wird pro Jahr um einen Zentimeter gehoben. Eine turbulente Region! Ständig wird diese exponierte Straße durch kleine Erdstöße verschüttet und ist tagelang unpassierbar. An der Abzweigung vom Karakorum-Highway nach Skardu, wo auch der Gilgit in den Indus fließt, treffen drei Gebirgsgruppen aufeinander. Hier ist das Zentrum der höchsten Gebirge der Welt: Himalaja, Hindukusch und Karakorum.

Im Basar von Rawalpindi.

bekommen. Nur mit dieser Genehmigung ist es erlaubt, an einem Siebentausender im Karakorum zu klettern.

Gewöhnt man sich nach Tagen an das neue Zeitgefühl der Pakistani – alles dauert doppelt so lang –, dann findet man in diesem Volk viele hilfsbereite und freundliche Menschen, die alle eines gemein haben: Sie sind sehr stolz, Pakistani zu sein.

Hektisches Treiben in der alten Hauptstadt von Pakistan, Rawalpindi.

Die Gefahr eines vorzeitigen Abbruchs der Expedition ist in dieser Stadt hoch: Durch den chaotischen Linksverkehr kann sehr schnell mal ein Auto übersehen werden. Und wer beim Duschen vergisst den Mund zu schließen, die Zähne mit Leitungswasser putzt oder das schmackhafte Essen an der Straße genießt, der wird die meiste Zeit auf pakistanischen Toiletten verbringen oder im schlimmsten Fall ein Ticket zurück in die Heimat buchen.

Endlich verlassen wir die hektische Großstadt Rawalpindi. Mit unserem voll bepackten Bus geht es Richtung Norden, 24 Stunden Nonstop auf dem Karakorum-Highway. Extrem exponiert schlängelt sich die Straße durch die Indus-Schlucht. Ein schmaler Pfad, der aus dem Geröll und Fels in den gewaltigen Schluchthängen des Indus herausgeschlagen wurde. Ausgebrannte Busse tief unten lassen uns ahnen, was passiert, wenn der Fahrer einschläft, und sie sind gleichzeitig Zeugnis der Lebenseinstellung der Pakistani: »Inschallah – so Gott will, kommen wir heil an.« Ein voll beladener Bus in der Hand eines ständig mit seiner Müdigkeit kämpfenden Busfahrers ... Mit Vollgas geht es nach Skardu, wir sind machtlos.

Hoch über dem Indus: der spektakuläre Karakorum-Highway.

Der Karakorum, im Hintergrund der westliche Eckpfeiler des Himalaja, der Nanga Parbat.

Karakorum

Wir lassen Skardu hinter uns, vor uns liegt das nächste Abenteuer: links 1000 Meter hohe Schotterhalden, rechts brodelt das Gletscherwasser des Braldu-River. Dazwischen schlängelt sich eine schmale, schotterige Straße, die nur von Jeeps befahren werden kann. Wieder einmal mehr sind wir einem wilden Pakistani ausgeliefert, der uns mit seinem ausgeleierten, voll beladenen Allrad-Fahrzeug durch diese steile Schlucht schaukelt. Ein Fahrfehler auf dieser Strecke hätte katastrophale Folgen. Nach acht Stunden erreichen wir unser Ziel, das Ende der motorisierten Reise: Askole, das Dorf der Träger.

Mit Jeeps durch die wilde Braldu-Schlucht.

Die Hochgebirgswüste des Karakorum: In keiner Gegend der Welt sind die Berge schroffer, wilder und bizarrer, als in dieser unzugänglichen Bergwelt.

Der Name Karakorum stammt aus dem Türkischen und setzt sich zusammen aus Kara = schwarz und Korum = Geröll: schwarzes Geröll. Diese Bezeichnung trifft auf die steinigen und trockenen Vorgebirge zu, nicht aber auf die kompakten Granitnadeln, Felskolosse und stark vergletscherten Riesen des Hauptkammes. Vier Berge erreichen die magische Höhe über 8000 Meter: der Gasherbrum I (auch Hidden Peak genannt), Gasherbrum II, Broad Peak und natürlich der K2 als zweithöchster Berg der Welt. Der in Pakistan direkt neben dem Karakorum-Highway aufragende Achttausender Nanga Parbat gehört schon zum Gebirgsstock des Himalaja und ist dessen westlicher Eckpfeiler.

Zwischen diesen prominenten Bergen verteilen sich eine Unzahl von Fünf-, Sechs- und Siebentausendern, manche mit klingenden und bekannten Namen wie Muztagh Tower, Chogolisa, Latok oder Trango Tower, viele sind aber immer noch unbekannte, unbestiegene und exponierte Gipfel.

Die Gletscher im Karakorum zählen zu den größten fließenden Eismassen der Welt. Der militärisch hart umkämpfte Siachen gehört mit 76 Kilometer zu den längsten Gletschern der Region. Biafo- und Hispar-Gletscher, die durch das gewaltige Eisplateau des Snow Lake verbunden sind, bilden die größte zusammenhängende außerpolare Eismasse der Welt, sie misst 120 Kilometer. Dennoch ist der »nur« 58 Kilometer lange Baltoro-Glescher das Herzstück des Karakorum und der Concordiaplatz am Fuß des K2 bildet das Zentrum dieses mächtigen Gebirges.

Trotz dieser lebensfeindlichen, rauen Region finden sich eine reiche Flora und Fauna auch über 4000 Meter. Doug Scott konnte während seiner Expedition zum Ogre im Basislager auf 4400 Meter über 35 unterschiedliche Blumenarten bestimmen und es gibt in diesen spärlich grünen Inseln des Hochgebirges Singvögel unterschiedlicher Arten, Lämmergeier, Falken, Schneeleoparden, Steinböcke, Dremos und natürlich auch Mäuse.

Menschen in den Bergen

48 Lasten sind zu verteilen, 100 Träger bieten sich an und es herrscht ein chaotisches Durcheinander. Obwohl sie am Tag umgerechnet nur 8 Euro verdienen und dafür 25 Kilogramm Gepäck schleppen, ist der Andrang groß. Dieses Chaos in geordnete Bahnen zu bringen, dafür ist unser Trägerführer verantwortlich, der Sirdar. Er hebt sich von den übrigen Baltis nur dadurch ab, dass er lesen und schreiben kann und ein paar Brocken Englisch beherrscht. Allein diese Fähigkeiten reichen hier noch aus, um eine Führungsrolle in der Gesellschaft einzunehmen.

Neugierige Gesichter in Askole.

Geröll, Fels, Eis, die Höhe und nicht zuletzt die extrem kalten Wintermonate machen den Karakorum unbewohnbar. Nur in den Randzonen der Berge siedeln sich Menschen an, die meist ein sehr einfaches, karges Leben führen. Im nördlichen Teil des Karakorum gibt es das Volk der Hunzukutz. Sie leben im Hunza-Tal und sind als das gesündeste Volk der Erde bekannt geworden. Die hart arbeitenden Bergbauern erreichen oft ein sehr hohes Lebensalter – ein hundertster Geburtstag ist keine Seltenheit.

Den größten Teil der bewohnbaren Regionen des Karakorum besiedelt das Volk der Baltis. Ihre Sprache, Balti, hat ihren Ursprung in Tibet. Unter tibetischer Herrschaft gehörten sie dem Buddhismus an, aber ab dem 14. Jahrhundert wurden sie Anhänger des schiitischen Islam.

Skardu ist die Hauptstadt von Baltistan. Handel und Handwerk bestimmen das Bild dieser kleinen Stadt, die mitten in einem wüstenähnlichen Becken liegt, umringt von den südlichen Ausläufern des Karakorum. Die oft kargen schroffen Seitentäler werden von Bauern besiedelt, die nur durch ein ausgeklügeltes Bewässerungssystem die meist trockenen Gebirgshänge landwirtschaftlich zu nutzen verstehen. Am Ende der Braldu-Schlucht, auf einer Meereshöhe von 3000 Meter, liegt Askole. Es ist die letzte bewohnte Siedlung vor der Hochgebirgswüste des Karakorum. Nur Schaf- und Ziegenhirten leben in den Sommermonaten auf Almen über 4500 Meter.

Die meisten männlichen Bewohner in diesem Dorf verdienen ihr Geld mit dem Tragen von Lasten in die unterschiedlichen Basislager, während die Frauen für die Feldarbeit zuständig sind. Die Ernte und der Trägerlohn, den sie in Grundnahrungsmittel umsetzen, sichern einer Familie in den strengen kalten Wintern das Überleben.

Viele internationale Hilfsorganisationen haben in den letzten Jahren zur Verbesserung ihrer Lebensqualität beigetragen. Eine Schule gibt den heranwachsenden Kindern die Möglichkeit, lesen und schreiben zu lernen – 90 Prozent der Bevölkerung in dieser Region sind immer noch Analphabeten – und ein neu errichtetes Krankenhaus wird in Zukunft die hohe Sterberate in diesem Dorf verringern.

Gemeinsam stimmen die Träger ein Gebet an und beenden es mit einem lauten »Allahu Akbar« – Allah ist groß. Motiviert nehmen alle Baltis ihre Lasten auf und unser dreitägiger Trekk in unser Basislager beginnt. In Askole schlendern wir durch enge lehmige Gassen und aus allen Ecken und Winkeln starren uns neugierige Augen an. Eine Traube Kinder heftet sich an unsere Fersen, sie bombardieren uns mit ihren wenigen englischen Vokabeln, die sie schon als Dreijährige lernen: »give pen«, »give sweet«. Beim Vorbeigehen kaufen wir einem Bauern eine Ziege ab und lassen dann endgültig die Zivilisation hinter uns. Am Anfang folgen wir dem reißenden Braldu, der von den Gletschergiganten Biafo und Baltoro gespeist wird. Zwei Stunden später verlassen wir den breit ausgetretenen Weg zum Baltoro-Gletscher, steigen auf den traditionellen Jagdwegen der Baltis immer höher hinauf und sehen die ersten schroffen Granitnadeln des Karakorum.
Vor uns erstrecken sich die unendlichen Geröllmassen des Biafo-Gletschers. Tonnen von Gestein bedecken die Eismassen, dies ist ein gefährlicher und beschwerlicher Abschnitt für unsere Träger. Namla ist heute unsere erste Etappe, ein staubiger, nicht sehr schöner Lagerplatz am linken Rand des Biafo-Gletschers.

Kleiner Balti-Junge in Askole.

Trägerkolonne am Biafo-Gletscher.

Während wir von unseren Köchen bedient werden, backen die Träger ihr traditionelles Balti-Brot am offenen Feuer und schlagen sich gegen die abendliche Kälte in Wolldecken ein. Etwas später sitzen wir mit ihnen am Lagerfeuer und versuchen uns mit einem Mischmasch aus Pakistanisch und Englisch, kombiniert mit dem Einsatz von Händen und Füßen, zu verständigen. Es funktioniert, wir lachen und erkennen, dass sie trotz dieser harten und einfachen Lebensweise glückliche Menschen sind. Vielleicht sogar zufriedener als manch einer in unserer Gesellschaft.

Am zweiten Tag wandern wir auf dem Eis des Biafo-Gletschers bis nach Sachran, einem weitaus schöneren Platz als am Tag zuvor. Der übergroße Schriftzug »Yeti« ziert einen großen Felsblock, wohl als Warnung, dass in dieser Gegend Bären ihr Unwesen treiben. »Dremos, much dangerous«, erklären uns die Baltis, als wir sie über die Yetis befragen.

Dem Yeti, auf Pakistanisch Dremo, haftet in dieser Gegend immer noch ein gewisser Mythos an, dennoch ist er nichts anderes als ein gefräßiger, langzotteliger Bär, der bis oberhalb von 5000 Meter leben kann.

Am Tag darauf erreichen wir unser Basislager, zahlen unseren Trägern den Lohn für die sieben Etappen, verabschieden uns von unseren treuen Arbeitern und hoffen auf ein Wiedersehen: »Inschallah in two months«.

Die Balti-Träger, trotz harter Arbeit glückliche Menschen.

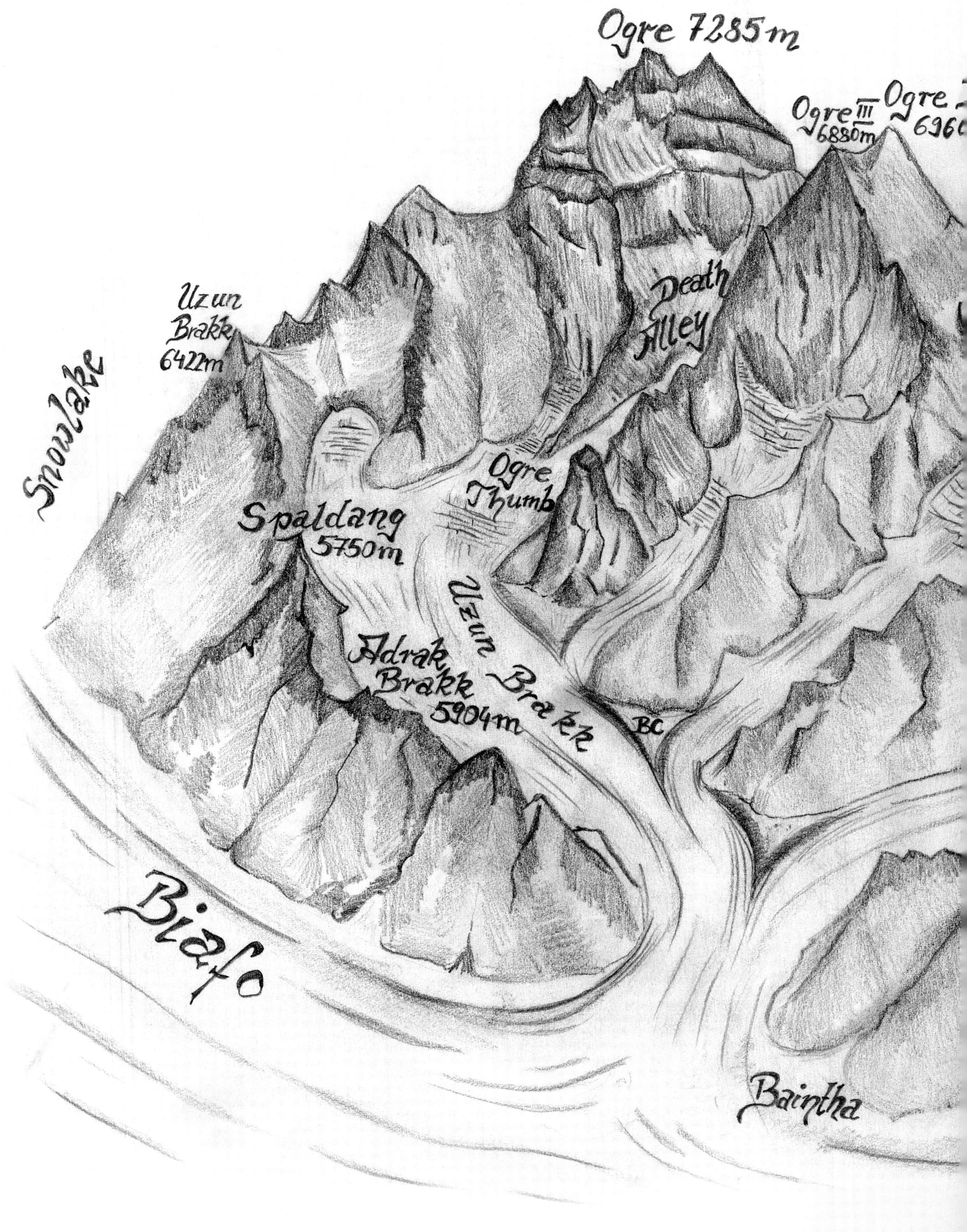

Ogre 7285m
Ogre III 6880m
Uzun Brakk 6422m
Snowlake
Death Alley
Ogre Thumb
Spaldang 5750m
Uzun Brakk
Adrak Brakk 5904m
BC
Biafo
Baintha

Latok II
7108m
Latok I
7151m
Latok III
6949m
Latok V
6131m
Latok IV
6456m
Baintha Lukpar
Sachran

Die drei Gesichter des Ogre

Ogre – Baintha Brakk

Wenn die Pakistani vom Ogre erzählen, wird alles still. Ogre, der Menschenfresser, das Böse und Unheilbringende. Keiner will sich mit diesem Ogre auseinander setzen, sie meiden ihn, gehen ihm aus dem Weg, haben kindliche Angst. Ogre, das Fabelwesen weltweit verbreiteter Mythologien.

Seitdem der Brite Martin Conway auf einer Erforschungsreise im Biafo-Gebiet 1892 diesen Berg »Ogre« (engl. menschenfressendes Ungeheuer) genannt hat, scheint der Mythos des Menschenfressers mit dem Berg tief verwachsen zu sein.

Ist das der Grund, warum sich nach der »Entdeckung« durch Conway fast 80 Jahre niemand für den Berg interessiert hat? Und das obwohl laut Conway die Bergwelt in der Umgebung des Ogre auf der ganzen Welt nicht ihresgleichen findet! Zumindest wird nirgends von Expeditionen oder Besteigungsversuchen berichtet. Erst 1971 war eine japanische Kleinstexpedition unterwegs, um das bis zum diesem Zeitpunkt noch eher unbekannte Gebiet des Uzun-Brakk- und des Sim-Gang-Gletschers zu erkunden. Durch die traumhaften Bilder, die im Anschluss an diese Expedition in japanischen Magazinen veröffentlich wurden, war das Interesse geweckt.

Die Latok-Gruppe.

Der Ogre von Süden.

1974 und 1976 versuchten sich japanische Expeditionen am Berg, beide erfolglos, die erste entkam nur um Haaresbreite einer Katastrophe.

Es sind nicht die Menschenleben, die von diesem Berg gefordert werden, sondern er will die Seele der Bergsteiger. Unzählige Aspiranten mussten in der Vergangenheit den Rückzug antreten und bis zum Jahr 2001 ist es nur Doug Scott und Chris Bonington 1977 gelungen, den Gipfel zu erreichen. Im Abstieg erlebten sie den Ogre von der härtesten Seite: Schwer verletzt kämpften sie mehrere Tage im Schneesturm, bis sie völlig entkräftet den Fängen dieses Ungeheuers entkommen konnten.

Für die Pakistani ist dieser Name zu unheimlich. Sie bleiben bei der klassischen Bezeichnung: Baintha Brakk, der Berg Baintha, der Berg des Adlers. Der Gipfel des Ogre bildet den Kopf und die seitlichen Ausläufer des Westgipfels und Ostgipfels sind die mächtigen Schwingen des großen Vogels. Eine Namensgebung, die aus der Fantasie eines Bergvolkes entsprungen ist.

Der Ogre von Süden und Westen

Breit und mächtig ragt diese Burg aus Fels und Eis aus dem Uzun-Brakk-Gletscher heraus. Von dieser Seite präsentiert sich die bekannteste und schönste Ansicht dieses Berges.

Eine 1000 Meter hohe, kompakte Granitmauer steilt sich senkrecht aus dem Gletscherbecken auf, die Südwand. Die rechte Begrenzung wird von dem markanten Südpfeiler gebildet, der 1983 erstmals von den Franzosen Fauquet und Fine bestiegen wurde. Über ihn verläuft die wohl populärste Route, um die Eisflanken über 6500 Meter zu erreichen. Links von dieser kompakten Granitwand zieht die von Eisschlag bedrohte markante Felsrippe, der Westridge, auf den Westcol – die Route der Erstbegeher Bonington und Scott 1977. Ab hier gibt es unterschiedliche Wege, den Gipfel zu erreichen: nach rechts am mächtigen Eisband querend und über die Eisflanke der Südwand zum Gipfelturm oder über den schwierigen Westgrat den Westgipfel überschreitend zum letzten, 200 Meter hohen, senkrechten Gipfelaufbau. Von dieser Seite aus sind die drei Gipfel des Ogre sehr markant: links der Westgipfel, in der Mitte der 200 Meter hohe, kompakte Felspfeiler des Hauptgipfels und rechts der etwas niedrigere, aber immer noch unbestiegene Ostgipfel.

Der Ogre von Osten

Schlank aufstrebend türmt sich der Berg über dem Choktoi-Gletscher auf. Bisher wurde nur eine Aufstiegsroute von dieser Seite aus ins Visier genommen: der Ostpfeiler. Große objekti-

Der Ogre von Osten.

Der Ogre von Norden.

ve Gefahren birgt der Eisfall, der in die Scharte zwischen Ogre II und Ogre führt. Ab hier beginnt die kompakte Felsstruktur des Ostpfeilers, die an einem großen Schneefeld auf 6400 Meter endet.

Es gibt ab diesem Punkt zwei Möglichkeiten, den Gipfel zu erreichen: rechts über ein schräg links aufwärts ziehendes, verschneites Rampensystem, das zwischen Ost- und Hauptgipfel endet, oder nach links über die Eisflanken der Südwand in der Aufstiegslinie der »Südpfeiler-Route«.

Der Ogre von Norden

Die eisige Seite des Ogre. Aus der weitläufigen eisigen Ebene des Snow Lake am Sim-Gang-Gletscher ragt eine steile, über 2000 Meter hohe komplexe Wand aus Eis und Fels in die Gipfelregion. Diese Schattenseite des Ogre ist extrem gefährlich: Lawinen, Eis und Steinschlag sind ständige Begleiter in der Wand. Dieses Risiko kann nur durch den Aufstieg über die markanten Felsrippen minimiert werden. Bisher konnte keine Expedition in diese steile Wand vordringen.

DAS BRITISCHE TEAM VON 1977:
CLIVE ROWLAND
CHRIS BONINGTON
NICK ESTCOURT
DOUG SCOTT
TUT BRAITHWAITE
MO ANTHOINE

ODYSSE AM OGRE

Die Erstbesteigung durch die Briten 1977

Odyssee am Ogre

Chris Bonington

Nach einem Fußmarsch von drei Tagen erreichten wir Askole, die letzte Siedlung im Braldu-Tal auf 3048 Meter Meereshöhe. Askole ist ein typisches Balti-Kaff - eine Ansammlung von einstöckigen, lehmverputzten, fensterlosen Steinhäusern mit flachen Dächern. Der Gemeindevorsteher hieß Hadji Medi - ein kleiner, wohlgenährter Mann in einer selbst geschneiderten Jacke aus handgewebtem Tuch. Auf dem Kopf die traditionelle wollene Balti-Mütze, unter der kluge Augen hervorlugten. Die weichen, sauberen Hände ließen an seinem gesellschaftlichen Rang keine Zweifel aufkommen. Ihm gehörte hier ein guter Teil des Landes, er verfügte über deutlich mehr Mehl als er verbrauchen konnte und er machte sein Geld damit, diesen Überschuss zu profitablen Preisen an Expeditionen zu veräußern. Da auch unsere Expedition jetzt das letzte Dorf hinter sich ließ, kauften wir ihm einige Trägerladungen ab, um unsere Baltis zu versorgen und zur Ergänzung der Vorräte für das Basislager.

Am nächsten Morgen verdeckten dichte Wolken, die in den felsigen Flanken des Braldu-Tals hingen, den Blick auf die fernen Schneegipfel. Aus dem Gewölk sprühte ein feiner kalter Nieselregen, der auf dem sandigen Pfad kleine Dreckpfützen bildete. Rund zwei Stunden hinter Askole erreichten wir die Zunge des Biafo-Gletschers.

Doug Scott war bereits vorausgeeilt und im Spaltengewirr des Gletschers verschwunden. Mo Anthoine schlug uns Übriggebliebenen vor, auf die Träger zu warten, um sicherzustellen, dass auch alle die Nacht auf demselben Lagerplatz verbringen würden. Es war bereits spät am Nachmittag, als wir mit dem Aufstieg über den Gletscher begannen. Zuerst ging es stolpernd über chaotisch ineinander gekeilte Felsblöcke, ehe wir auf eine ebene Eisautobahn stießen, die weit hinaufzuführen schien. Da links und rechts Schneegipfel aufragten und sich vor uns höhere Berge erahnen ließen, hatten wir das Gefühl, endlich richtig im Gebirge zu sein. Der Raum um uns schien sich ins Unendliche auszudehnen - eine Empfindung, die mir die eher dicht gedrängten Berge in Nepal nie vermittelt hatten, wo die zerklüfteten Gletscher oft bis weit hinab in die tiefen, mit Urwald bewachsenen Täler stürzen.

In jener Nacht schlugen wir unser Camp unterhalb der Seitenmoräne des Gletschers in einer mit zarten Bergblumen verzierten Grasmulde auf. Doug wanderte auf der Suche nach wildem Rhabarber davon, während Mo die Ausgabe der Verpflegungsrationen an unsere Träger überwachte. Ich machte mich auf die Suche nach Holz für das Küchenfeuer und landete schließlich auf einem Block weit droben am Hang über unserem Lager, von wo aus ich - voll Freude, hier in den Bergen zu sein - den riesigen Gletscherstrom betrachtete, dessen Schründe sich im Abendlicht deutlich abzeichneten. Clive war der Teilnehmer an unserer Expedition, mit dem ich bislang am wenigsten zu tun gehabt hatte. Irgendwie fühlte ich mich in seiner Anwesenheit immer etwas beklommen. Er war ein alter Freund von Doug und hatte als Stahlkocher gearbeitet, ehe er nach Black Isle nördlich von Inverness gezogen war, wo er sich seinen Lebensunterhalt als Bauarbeiter verdiente. Ein guter Felskletterer, hatte er an mehreren von Dougs Expeditionen teilgenommen, unter anderem an einem Trip zum Biafo-Gletscher. Clive hat eine scharfe Zunge, und ich glaubte seine unterschwelligen Vorbehalte gegen mich zu spüren, vielleicht wegen meines Elternhauses oder meiner Karriere als Organisationschef von Großexpeditionen. Am folgenden Tag eilten Clive, der Sirdar Aleem und ich den anderen zu weit voraus. Wir latschten am vorgesehenen Lagerplatz vorbei und waren gezwungen, die Nacht eng zusammengedrängt unter einem nassen Felsblock zu verbringen. Genau die richtige Miniaturkatastrophe, um einander näher zu kommen.

Am nächsten Morgen marschierten wir fast fünf Kilometer zurück zu einem Lagerplatz, an den sich Clive aus dem Jahr 1975 zu erinnern glaubte. Die Asche der Küchenfeuer fühlte sich noch warm an, aber die Expedition war bereits weg. Wir mussten auf dem Gletscher aneinander vorbeigelaufen sein. Erst sechs Stunden später, im Lager, das die Kameraden am Fuß des Baintha-Brakk-Gletschers aufgestellt hatten, holten wir sie ein. Mo Anthoine bereitete uns einen kühlen Empfang: »Habt ihr Doug nicht gesehen?« – »Nein.« – »Er wird euch schon seine Meinung sagen, wenn er zurückkommt. Doug dürfte die Schnauze gestrichen voll haben. Zusammen mit Nick ist er ganz bis Namla zurückgelatscht, um euch zu suchen.« – »Was zieht er denn zum Teufel auch eine solche Schau ab? Schließlich sind wir doch zu dritt! Was hätte uns denn passieren sollen? Auch wenn sich einer von uns den Haxen gebrochen hätte, wäre noch jemand da gewesen, um euch zu holen, während der andere auf ihn aufgepasst hätte.« – »Das mag ja sein, aber wir haben uns echt Sorgen um euch gemacht.« Nick und Doug erschienen zwei Stunden später und waren stinksauer. »Warum seid ihr verdammt noch mal nicht früher aufgestanden? Wir haben das Lager ja erst um 9 Uhr verlassen. Dass wir uns Sorgen machen würden, war euch wohl scheißegal!« Unsere Antwort fiel eher kleinlaut aus, da wir uns im Unrecht fühlten. Dennoch war ich gerührt von Dougs Besorgnis, da seine harten Worte eigentlich nur zeigten, was für ein guter Kerl er war.

In der Nacht legte ich mich dann glücklich und zufrieden unter das Sternenzelt und freute mich über meinen neuen Schlafsacküberzug aus Gore-Tex. Am nächsten Tag erreichten wir schließlich das Basislager. Über die Randmoränen des Baintha-Brakk-Gletschers ansteigend, kamen wir auf eine Schulter, von der aus wir den Ogre zum ersten Mal aus der Nähe zu sehen bekamen.

Zwar war er noch zum größten Teil von vorgelagerten Bergen verdeckt, aber die drei Gipfel, die jetzt hinter diesen Spitzen hervorlugten, beeindruckten uns doch deutlich stärker als alle Fotos, die wir gesehen hatten. Wir befanden uns jetzt am westlichen Rand des Zusammenflusses zweier Gletscher – dem Baintha Lukpar, der zur Südseite der Latok-Gruppe hinüberzog, und dem Uzun-Brakk-Gletscher, der zum Ogre hinaufführte. Wir kraxelten über verstreute Felsblöcke, erstiegen einen hohen Schuttwall und befanden uns plötzlich am Rand einer lieblichen Oase in dieser Fels- und Eiswüste, eingefasst von den Seitenmoränen der beiden Gletscher. Unten in der Mulde glitzerte ein kleiner See, um den sich saftige, grüne, von Bergblumen übersäte Wiesen ausbreiteten. In sie eingebettet waren große Felsblöcke, offensichtlich dazu bestimmt, heimatlosen Bergsteigern wie uns Schutz zu gewähren. Um diese Blöcke hatten sich bereits ein paar Zelte gruppiert. Dass wir Nachbarn haben würden, wussten wir bereits, da eine weitere britische Kleinexpedition sich den Latok I vorgenommen hatte, einen Gipfel, der zwar ein paar Meter niedriger ist als der Ogre, aber nicht weniger anspruchsvoll.

Es war wie beim Eintreffen auf dem Engländer-Zeltplatz in Chamonix. Die Kameraden winkten kurz und fuhren in ihren jeweiligen Tätigkeiten fort, während wir unsere Zelte aufstellten. Später kamen Paul Nunn und Tony Riley herüber, um mit uns zu plaudern, und Nick nahm wieder den Faden des Gesprächs auf, das er mit Paul zwei Wochen zuvor in »The Moon« geführt hatte, einer Klettererkneipe im Peak District. Ihr Team sah nicht viel anders aus als das unsrige. Sie waren zu sechst, alle aus der Gegend von Sheffield. Sie waren hier bereits eine Woche vor uns eingetroffen. Das schlechte Wetter, das uns den Anmarsch vermiest hatte, war für sie ein echtes Problem gewesen. Uns war der Regen nur auf den Geist gegangen, sie hatten sich an manchen Tagen mit bis zu einem halben Meter Neuschnee herumärgern müssen. Zwar war es ihnen gelungen, ein Vorgeschobenes Basislager einzurichten, aber sie verfügten nur noch über Proviant und Brennstoff für weitere drei Wochen, was ihren Möglichkeiten enge Grenzen setzte.

Am Nachmittag brachen Clive und ich auf, um das Depot zu suchen, das ihre Expedition im Jahr 1975 auf dem Gletscher angelegt hatte. Doug hat überall im Himalaja-Raum kleine Ausrüstungslager versteckt - bei Freunden in Kathmandu oder Delhi, bei Trägern im Karakorum und sogar unter Felsblöcken in den allerobskursten Bergtälern wie zum Beispiel auch in dem des Uzun-Brakk-Gletschers. Wir wanderten von einem Steinhaufen zum andern, die nach meinem Dafürhalten alle gleich aussahen, während Clive sich daran zu erinnern versuchte, wo er das Zeug versteckt hatte. Zu meinem Erstaunen stießen wir nach einer Stunde auf die kläglichen Überreste des Materials. Es war Pech, dass sich genau unter dem Depot eine Spalte aufgetan hatte. Dennoch gelang es uns, ein Tunnelzelt, ein paar Meter Seil, einige Gaskartuschen und eine Kombizange zu bergen, ehe wir unter der tief stehenden Sonne zum Basislager zurückschlenderten. Wir unterhielten uns bis tief in die Nacht - tauschten Tratsch über die britische Kletterszene aus, lachten über Mo Anthoines abgefahrene Storys und diskutierten Move für Move die heimischen Gritstone-Probleme. Über uns der sternenübersäte Nachthimmel, gegen den sich die Gipfel um den Ogre wie starre, schwarze Finger abhoben.

Die erste Etappe: der Weg zum Vorgeschobenen Basislager auf 5000 Meter.

Knapp vorbei ist auch daneben

Das Vorgeschobene Basislager stand so dicht am Berg, dass die Entfernung zum Gipfel täuschend verkürzt schien. Als erstes Bollwerk setzte er dem Besteiger einen steilen Granitpfeiler entgegen, den Doug und Tut sich vorgenommen hatten, während wir anderen dieses Hindernis über eine gegliederte Wand mit eingelagerten Felspfeilern und Schneecouloirs umgehen wollten, die zu einem breiten Sattel westlich des Gipfels emporführten.

Nick und ich waren am Vortag – dem 15. Juni – ins Vorgeschobene Basislager aufgestiegen. Es war ein gutes Gefühl, mitten in den Bergen zu sein, direkt unter unserem Projekt. Und es war ein noch besseres Gefühl, gemeinsam mit Nick die Vorhut zu bilden. Die vergangenen vier Tage hatten wir damit zugebracht, Lasten hier heraufzuschleppen. Sechs der fitteren Träger hatten uns dabei unterstützt. Wir arbeiteten gut zusammen, und Nick hatte ausreichend Proviant für einen vierwöchigen Aufenthalt im Vorgeschobenen Basislager zusammengestellt. Noch herrschte volle Übereinstimmung in der Expeditionsgruppe über unser Vorgehen, obwohl die Teams auf der Westroute in zwei getrennten Seilschaften auf unterschiedlichen Anstiegen operieren wollten.

Die Frauen von Clive und Mo sollten eigentlich an diesem Tag im Basislager eintreffen. Steph Rowland und Jackie Anthoine waren beide Bergsteigerinnen und beabsichtigten einige der kleineren Gipfel in der Umgebung anzugehen, während ihre Männer den Ogre bestiegen. Dies war einer der Gründe, warum Clive und Mo drunten geblieben waren, während Nick und ich darauf gedrängt hatten, ins Vorgeschobene Basislager aufzusteigen.

Vor unserem Zelt in der untergehenden Sonne sitzend, genoss ich die Stille des frühen Abends. Eine Kette von gezackten kleinen Bergen trennte uns talabwärts vom Biafo-Gletscher. Das Basislager lag 1000 Höhenmeter

Das Vorgeschobene Basislager auf 5000 Meter am oberen Ende des Uzun-Brakk-Gletschers.

tiefer und fünf Kilometer entfernt versteckt hinter einer Geländekante. Fast schien es, als seien wir ganz allein am Berg und wir konnten es kaum erwarten, uns als die Ersten im Team an ihm zu schaffen zu machen.

Im Vorjahr hatte eine japanische Expedition versucht, den Ogre auf der von uns geplanten Route zu besteigen. Sie war jedoch kaum über den Sattel westlich des Gipfelaufbaus hinausgelangt.

Es war ein herrlicher Morgen ohne ein Wölkchen am Himmel, als Nick und ich uns ans Seil banden. Er spurte, während ich den schweren Rucksack mit Seilen und Haken trug, die wir benötigten, um die Route mit Fixseilen auszustatten. Wir hatten den Gletscher gerade zur Hälfte überquert, als Nick bis zu den Schultern im Schnee versank; er hatte eine versteckte Spalte aufgespürt. Ich zog das Seil straff und es gelang ihm, sich ohne weitere Hilfe selbst herauszukämpfen. Als ich in das dunkle Loch, das er hinterlassen hatte, hinabspähte, konnte ich etwa drei Meter unter der Oberfläche ein über den Abgrund gespanntes Seil erkennen – das erste Zeichen von unseren Vorgängern.

Wir erreichten den Fuß der Wand und spurten das Schneecouloir hinauf, bis wir es auf einem horizontalen Band verlassen konnten. Es zog in Richtung auf einen verschneiten Sporn hoch, auf dem wir vor Lawinen einigermaßen sicher sein konnten. Er lag noch im Schatten, als Nick den Aufstieg über eine steile Platte begann. Auf den letzten Meter umgab die Sonne seinen Kopf wie ein Heiligenschein. Das war ja richtiges Klettern! Er fixierte das Seil und ich jümarte hinauf in die Sonne. Obwohl es gerade 10 Uhr war, machte uns die Hitze zu schaffen – Zeit für den Abstieg. Tief drunten konnten wir zwei kleine Figuren sehen, die sich zum Vorgeschobenen Basislager hinaufplagten, höchstwahrscheinlich Doug und Tut. Aber wo waren Clive und Mo? Sie konnten doch unmöglich noch im Basislager herumhängen und auf ihre Frauen warten! Später wurde uns erzählt, dass Steph und Jackie tatsächlich an diesem Morgen im Basislager angekommen sind. Da sie sich als Mitglieder der Expedition sahen, hatten sie sich nicht um Trekking-Permits gekümmert. In den Polizeistationen von Dasso und Askole hatten sie ihre gesamte Überredungskunst mobilisieren müssen, um durchgelassen zu werden. Beim Eintreffen im Basislager wurden sie dann von einer bewaffneten Polizeitruppe abgefangen. Aleem hatte gerade noch verhindern können, dass sie als Gefangene ins Tal verfrachtet wurden. Immerhin durften sie bleiben, bis er die Angelegenheit auf dem Briefweg erledigt hatte. Ihr spätes Eintreffen bewirkte zwei allzu menschliche Reaktionen: Erstens denkt das am Berg aktive Team automatisch, dass es die gesamte Arbeit alleine macht; zweitens kommt es fast unausweichlich zu Problemen, wenn nur ein Teil der Expeditionsmitglieder die Frauen oder Freundinnen ins Basislager mitbringt.

Doug Scott klettert in dem brüchigen Abschnitt der steilen Eisrinne, kurze Zeit später passiert der Unfall.

Wie auch immer, unsere Mannschaft war jetzt vollständig und alle brannten darauf, endlich an den Berg zu kommen. In den nächsten paar Tagen begannen beide Teams, ihre vorgesehenen Projekte zu realisieren. Am 18. Juni entgingen wir nur knapp einem Desaster. Doug und sein Partner waren gerade beim Materialtransport im Couloir, das zum Fuß des eigentlichen Südpfeilers hinaufführt, als ein fußballgroßer Felsbrocken auf Tut zufegte. Der versuchte ihm auszuweichen, doch der Block streifte seine Hüfte. Ein Volltreffer am Kopf hätte wohl das Ende bedeutet. So kam Tut mit einer schweren Prellung davon, die ihm gerade noch erlaubte, unter erheblichen Schmerzen ins Basislager hinunterzuhinken.

Dass er zumindest für einige Tage außer Gefecht war, stand fest. Mich beeindruckte zutiefst, wie Doug den Rückschlag wegsteckte. Er kümmerte sich rührend um Tut und zeigte kein Zeichen von Ungeduld, obwohl er zweifellos wusste, dass der Unfall seine Chancen, die angefangene Route zu vollenden, deutlich verringerte.

Am 20. Juni zogen Nick und ich in ein Lager um, das wir auf halber Wandhöhe errichtet hatten. Es war ein herrliches lawinensicheres Nest auf der Schneide eines kleinen Felspfeilers.

Am Vortag hatten wir zirka 40 Kilogramm Proviant hier heraufgetragen, während Mo und Clive die Route weiter nach oben in Richtung auf den Sattel schoben. Wir machten gute Fortschritte, aber die Risse in unserem Expeditionsteam waren nicht mehr zu übersehen. Mo und Clive hatten einen lockereren Ansatz als wir und verstanden nicht, warum Nick und ich es so eilig hatten. Wir dagegen wollten das schöne Wetter so gut wie möglich ausnutzen. Wenn es uns gelingen sollte, auf dem Sattel ein Lager einzurichten, wollten wir den Gipfel von dort aus im Alpinstil versuchen. Mo und Clive dagegen befürworteten ein bedächtigeres Vorgehen und liebäugelten mit dem Gedanken, den Südwestgrat des Berges zu begehen.

Am nächsten Tag übernahmen Nick und ich wieder die Spitze und beobachteten beim Klettern drei Personen, die Lasten zu unserem Lager transportierten. Bei unserer Rückkehr stellten wir einigermaßen ungehalten fest, dass sie nur ein paar Gaskartuschen, drei Seile und einige Haken deponiert hatten. Wir nahmen an, dass es sich bei dem dritten Mann um Doug gehandelt hatte. Warum zum Teufel hatten sie nicht mehr hochgetragen, wenn ihnen die Route wirklich wichtig war? Um diese Zeit begannen wir die Möglichkeit zu diskutieren, den Gipfel auf uns gestellt als Zweierseilschaft zu probieren. Schon jetzt arbeiteten wir als zwei selbstständige Teams, die beide selbst für ihre Verpflegung und ihren Brennstoff verantwortlich waren.

Als wir am folgenden Nachmittag im Lager eintrafen, hatten sich Mo und Clive in einem Denali-Zelt auf der obersten Spitze des Felssporns häuslich niedergelassen. Es war gut sie zu sehen, und wie es so häufig geschieht, verflüchtigten sich unsere Vorbehalte nach einigen Erklärungen. Sie erzählten uns, Jackie habe sie am Vortag begleitet, weshalb sie auch nicht mehr tragen konnten. Nun war sie ins Basislager zurückgekehrt, um mit Doug zusammen einen Felsgipfel auf der anderen Talseite zu versuchen. Tut laborierte immer noch an seinem Bein herum und ruhte sich im Basislager aus. Mo und Clive boten an, am nächsten Tag die Route bis zum Sattel zu vollenden, während Nick und ich uns einen wohlverdienten Ruhetag gönnen wollten. Kurz nach Mittag waren sie wieder im Lager und erzählten, ihnen sei das Seil ungefähr einen Meter unter dem Grat ausgegangen. Nick und ich waren nun entschlossen, unser Standquartier nach oben zum Sattel zu verlegen. Zusammen mit dem Inhalt des Depots, das wir auf etwas mehr als halber Strecke angelegt hatten, mussten unser Proviant und Brennstoff für ungefähr eine Woche reichen, gerade genug für den Gipfel.

Das exponierte Lager am Westsporn.

In jener Nacht schliefen wir beide schlecht. Ich hatte Husten und war extrem unruhig, teils wegen der gereizten Atemwege und zum Teil auch wegen der Aufregung. Ich wälzte mich herum und hinderte dadurch Nick am Einschlafen. Für ihn war es jedoch noch schlimmer, wenn ich einnickte und schnarchte. Wahrscheinlich habe ich den größten Teil der Nacht gepennt, während Nick überzeugt war, kein Auge zugetan zu haben. Kein Wunder, dass ihn dies in den frühen Morgenstunden zur Verzweiflung trieb, sodass er aufstand, um das Frühstück zu machen. Eigentlich hatten wir uns ja auf eine sinnvolle Arbeitsteilung geeinigt, die vorsah, dass ich als Morgenmensch für das Frühstück zuständig war, während er das Abendessen kochen sollte.

Um 5.30 Uhr waren wir abmarschbereit, jeder mit einem 20 Kilogramm schweren Rucksack. Mo und Clive lagen immer noch in ihren Schlafsäcken, der Reißverschluss ihres Zeltes war noch fest zugezogen. Unseren Fragen nach ihren Plänen wichen sie aus und meinten, sie hätten viel weniger Verpflegung im Lager als wir und außerdem sei es ja noch möglich, dass Doug sich ihnen anschließen wollte, falls Tut sich nicht erholen sollte. Nick und ich waren dagegen fest entschlossen, den Gipfel zu versuchen.

Bis zum Kamm des Grates, der zum Steilabbruch unter dem Sattel führt, waren rund 500 Meter Fixseil angebracht. Wir hatten nicht genug Seil, um den Grat selbst zu versichern – eine messerscharfe Schneide aus labilem Schnee, über welche sich die Route hinaufschlängelt, mit schwindelerregenden Abbrüchen auf beiden Seiten. Die Fixseilkette begann wieder in dem Aufschwung unter dem Pass, einem steilen Hang aus weichem Schnee, der auf sehr hartem Eis auflag. Wir stiegen mit Jümars an den Seilen bis zu ihrem Ende unter einer weit hinausragenden Wechte empor. Dort deponierte ich meinen schweren Rucksack und übernahm den Vorstieg. Bei der Querung nach rechts um die Kante drangen die Frontalzacken kaum in das stahlharte Eis unter der Schneeschicht ein. Eine schmale Rinne führte durch die Überhänge hinauf zum Sattel. Urplötzlich verflachte sich das Gelände zu einer schneebedeckten Terrasse. Ein mäßig steiler, von Spalten durchzogener Aufschwung versperrte die Sicht auf den Weiterweg. Aber das spielte jetzt keine Rolle, denn zumindest hatten wir die Wand durchstiegen. Ich fixierte das Seil an zwei Eishaken und Nick kam mit Steigklemmen nach. Die Freude, die wir empfanden, ließ uns die schlechte Stimmung vom Morgen total vergessen. Ich erklärte mich bereit, zu unserem Depot abzusteigen, um die dort hinterlegte Verpflegung und den Brennstoff zu holen, während Nick das Lager herrichtete.

Der gepäckfreie Abstieg war kein Problem, der Aufstieg dagegen Kampf pur. Wir befanden uns auf einer Höhe von rund 6100 Meter und ich wuchtete immerhin rund 25 Kilogramm Proviant und Gaskartuschen hinauf zum Sattel. Ich brauchte fast drei Stunden, um das Gratstück zu traversieren und die Fixseile hinaufzusteigen. Als ich jedoch oben ankam, fand ich ein sauber aufgestelltes Zelt vor, aus dem das willkommene Surren des Kochers zu hören war. Nick empfing mich mit einem heißen Tee. Während des Tages hatten sich die Wolken drohend zusammengebraut, am späten Nachmittag verzogen sie sich jedoch, sodass es ein windstiller, wolkenloser Abend wurde. Wir blickten bereits auf die niedrigeren Gipfel des Ogre hinunter und schauten über die Berge jenseits des Biafo-Gletschers hinweg auf das ferne Massiv des Nanga Parbat, das schroff aus dem Horizont ragte.

Wir waren nun ganz auf uns selbst gestellt, hatten uns den Gipfel fest in den Kopf gesetzt und standen auch voll zu diesem Entschluss. Bei unserer Entscheidungsfindung gab es nie Probleme, weil wir uns über die strategischen Grundprinzipien einig waren, auch wenn sich unsere Meinungen bisweilen darin unterschieden, was die beste Taktik war, um untergeordnete Ziele zu erreichen. Wir verfügten über Proviant für ungefähr eine Woche, bei 1000 Meter bis zum Gipfel. In jener Nacht schliefen wir gut, denn Nick war so hundemüde, dass er mein Geschnarche einfach überhörte. Wir hatten den Wecker auf 2 Uhr früh gestellt, ignorierten ihn aber einvernehmlich und schliefen noch

Route 1: Clive und Mo fixieren den Westgrat.
Route 2: Nick und Chris planen die Route über die Südwand.

eine Stunde weiter, ehe wir zu kochen begannen. Um 5 Uhr brachen wir auf und suchten unseren Weg durch den stark mit Spalten durchzogenen Hang, der zu dem weiten Plateau hinaufführte, das den Sattel zwischen dem Ogre und seinem westlichen Nachbarn bildete. Wir waren noch im Schatten, als wir den Fuß jenes Hanges erreichten, der die lange Terrasse bildet – sozusagen der Hüftgurt des Ogre-Massivs –, die zum Südwestgrat des Berges hinüberzieht. Eine Lockerschneeschicht bedeckte hartes Blankeis. Plötzlich ein Freudenjuchzer von Nick, der vor mir spurte. Er war über ein Fixseil gestolpert, das die Japaner hier hinterlassen hatten. Ganz vorsichtig – er wusste ja nicht, wie es verankert war – zog Nick den Strick aus dem Schnee, während er über den Hang hinaufstieg. Droben angelangt, fand er zwei weitere Rollen mit ungebrauchtem Seil. Es war erst 10.30 Uhr am Morgen. Die Terrasse zog unter einer steilen Granitwand nach rechts hinaus. Da wir uns müde fühlten, beschlossen wir jedoch, einen Schontag einzulegen und waren um 11 Uhr schon wieder drunten im Lager.

Während des restlichen Tages sahen wir die Vorräte durch und dösten einfach vor uns hin. Am nächsten Morgen entschlossen wir uns, einen Materialtransport bis zum Ende der Terrasse durchzuführen und nach einer guten Ausgangsbasis für unseren Gipfelgang zu suchen. Wir standen beide unter einer ungeheuren Anspannung. Die Einsamkeit machte uns zu schaffen – und vielleicht war die Unternehmung auch einfach eine Nummer zu groß für uns. Als ich nach Nicks Einschätzung die Querung zu hoch ansetzte, wies er mich mit unzweideutigen Worten darauf hin. Ich zahlte es ihm mit gleicher Münze heim: »Du kannst von da hinten überhaupt nicht beurteilen, wo's lang geht. Warum überlässt du es nicht einfach mir, den besten Durchstieg zu finden? Ich habe mich auch nicht eingemischt, als du geführt hast. Halt einfach deine Klappe und lass' mich in Frieden meinen Job machen!« Ich war umso stinkiger, weil ich das schleichende Gefühl nicht loswerden konnte, dass Nick Recht hatte. Der entschuldigte sich jedoch und meinte, er habe ja nur helfen wollen. Auch ich bat ihn, mir meinen Wutanfall zu verzeihen. Wir tasteten uns mit einem verdammt mulmigen Gefühl weiter über die labile Schneeschicht, die auf hartem Eis auflag, und drangen viel weiter vor als geplant. Endlich erreichten wir das Ende der Terrasse und spähten neugierig um die Ecke. Ein Felsband aus glatten Granitplatten trennte uns von dem tiefen Schneefeld der Südwand. Wenn wir durch den von der himmelstrebenden Wand des Ogre und dem gegenüberliegenden gezackten Schnee- und Eisberg gebildeten Korridor blickten, sahen wir in der Ferne einen pyramidenförmigen Berg, bei dem es sich nur um den K2 handeln konnte - unser Ziel für das nächste Jahr, die Genehmigung hatte ich bereits in der Tasche.

Beim Abstieg entdeckten wir unten in dem Lager auf halber Strecke zum Sattel zwei Zelte, kaum mehr als winzige Klumpen, die sich dunkel gegen den Schnee abhoben. Als wir am Morgen die Terrasse gequert hatten, war nur eins zu sehen gewesen. »Es scheint, sie gewinnen an Höhe«, bemerkte Nick. Wir fragten uns, wer jetzt da unten im Lager saß. Am Sattel angelangt, stellten wir betroffen fest, dass wir nur noch über vier Gaskartuschen verfügten, kaum

Das Team ist fest entschlossen.

genug für drei Tage. Aber wir hatten einfach keine Lust, zu den anderen abzusteigen, um Nachschub zu holen. Ohne dass wir es uns eingestanden, hatten wir beide den Drang, an der Spitze zu bleiben, unsere Unabhängigkeit zu bewahren und uns nicht darum zu kümmern, was die anderen taten.

»Lassen wir doch einfach das Zelt hier!«, schlug ich am nächsten Morgen vor, als wir aufbrachen, um das letzte Lager einzurichten. »Wir können bestimmt an dem Sporn am Ende der Terrasse eine Schneehöhle graben.« »Und was geschieht, wenn wir unter dem Schnee auf Eis stoßen? Wenn wir uns keine Schneehöhle buddeln können, sind wir echt in Schwierigkeiten! Und außerdem hast du gestern eingewilligt, dass wir für den Fall des Falles ein Zelt mitnehmen.« »Ich bin mir sicher, dass wir etwas finden werden. Denk doch an das zusätzliche Gewicht! Wir können kaum mehr tragen, als wir jetzt schon haben. Bei der Erstbegehung der Eiger-Direttissima haben wir überall in der Wand Schneehöhlen gebaut, und dort hatten wir deutlich weniger Schnee als hier.«

Wir führten die Diskussion nie zu Ende, aber keiner hob das Zelt auf. Die Rucksäcke kamen uns ohnehin schon zu schwer vor. Es war wieder ein strahlender Morgen. Vom obersten Fixpunkt des japanischen Seils am Beginn der Terrasse konnten wir die riesige weiße Fläche des Snow Lake sehen, wo mehrere Gletscher zusammenfließen. Der Hispar-Gletscher zieht sich wie eine riesige Autobahn nach Westen, im Norden türmen sich die mächtigen Schneeberge Kanjut Sar, Kanyang Kish und Disteghil Sar auf. Es war erst 8.30 Uhr, als wir das Ende der Terrasse erreichten. Im Gegensatz zu den fünf Stunden am Vortag hatten wir nur anderthalb Stunden benötigt. Wir waren jetzt ein wenig besser akklimatisiert und unsere Spuren hatten sich verfestigt, wodurch wir uns viel sicherer fühlten. Da wir so früh dran waren, beschlossen wir, die den Zugang zum Eisfeld der Südwand sperrenden Felsplatten mit unseren beiden Seilen zu fixieren.

Nick übernahm die Führung und stieg in heikler Kletterei über hartes Eis, das zum Fuß der Platten emporführte. Die Auflage wurde immer dünner, bis er schließlich auf seinen Frontalzacken über die glatte Granitplatte hinaufbalancierte. Es gelang ihm, mit Felshaken einen Standplatz einzurichten, an dem er unser erstes Seil fixierte. Ich stieg nach und spähte nervös über die Platten. Ein vielleicht 15 Meter breiter Gürtel aus glatt poliertem Granit trennte uns vom Eisfeld.

Ich zog meine Steigeisen aus und machte mich ans Werk. Das Gelände glich den Etive Slabs in Schottland. Positive Griffe, um die sich die Finger schmiegen können, suchte man hier vergeblich. Mit dem Herzen in der Hosentasche tastete ich mich mit meinen Bergstiefeln auf Reibung diagonal über den Plattenpanzer empor. Bald stand ich zehn Meter über Nick. Wenn ich hier stürzte? Jede Verletzung hier oben würde drastische Konsequenzen nach sich ziehen. Schließlich erreichte ich einen Haarriss, wo ein Messerhaken rund einen Zentimeter tief in den Fels fuhr. Ich band ihn mit einer Bandschlinge ab und tastete mich auf Selbstzug über die Platte, wobei ich den Zug so dosierte, dass ich zwar im Gleichgewicht blieb, aber den Haken nicht aus dem Fels riss. Die Platte war jetzt mit gut zwei Zentimetern Schnee bedeckt, den ich entfernen musste, um an die Unebenheiten im Fels heranzukommen, die ich als Tritte benötigte. Es gelang mir, zwei weitere Haken hinter lose Schuppen zu pflanzen, aber ich bezweifle, dass sie einen Sturz gehalten hätten. Es war gleichermaßen nervenaufreibend wie begeisternd. Noch zwei Moves, und ich erreichte einen weiteren Riss, versenkte noch einen Haken und schwindelte mich auf Zug ein paar Schritte weiter. Ich brauchte anderthalb Stunden, um die Platte zu queren. Anderthalb Stunden der totalen Konzentration und der Angstkontrolle, die sich in einen Taumel des Glücks auflösten, als ich die schneebedeckte Flanke erreicht und zwei solide Schrauben in der Eisunterlage platziert hatte. Zumindest war damit der Schlüssel gefunden, der uns den Zugang zum riesigen Eisfeld der Südwand verschaffte. Aus der Nähe schaute es allerdings ziemlich lang und ganz schön steil aus. An seinem oberen Ende versperrte ein Felsriegel den Durchstieg und der Schnee in der Flanke machte nicht gerade den Eindruck, als sei er besonders gut verfestigt.

Nick Estcourt auf 6500 Meter.

Wir kehrten zu der relativen Geborgenheit der Schneeterrasse zurück, wo wir unsere Rucksäcke deponiert hatten. Es war an der Zeit, eine sichere Ausgangsbasis am Rande eines verdammt fragwürdigen Abenteuers zu schaffen. Wir begannen, ein Loch in einen Schneekeil zu buddeln, der mächtig genug für eine Höhle schien. Wir befanden uns nun auf 6650 Meter und spürten die Höhe. Wir waren jetzt schon eine Woche oberhalb des Vorgeschobenen Basislagers am Werk, mit nur einem Rasttag. Nach drei Stunden harter Arbeit hatten wir eine schmucke, lawinensichere Höhle gebaut, die gerade groß genug war, dass wir beide darin liegen konnten. Wir stellten den Wecker auf 2 Uhr früh.

Ich verbrachte wieder eine unruhige Nacht und begann schon um 1.30 Uhr mit dem Kochen. Pünktlich weckte ich Nick mit einer Tasse Tee, gefolgt von eingeweichten Zwetschgen und Sugar Puffs. Nick stöhnte nur und sagte, er fühle sich hundeelend. Er konnte sich kaum wach halten, um den Tee zu trinken. Ich machte mir Sorgen wegen seiner Müdigkeit, war aber scharf darauf, wegzukommen. Wir hatten schon fast das gesamte Gas aufgebraucht, verfügten aber ironischerweise noch über Unmengen an Verpflegung. Allerdings war das meiste davon Trockennahrung, sodass wir auf das Gas angewiesen waren, um sie essbar zu machen. Wenn wir jetzt einen Rasttag einlegten, würde uns beim Gipfelgang eine Kartusche fehlen.

Hier ist mein Tagebucheintrag:
Wir haben Superwetter und ich möchte die Tour zu Ende bringen. Ich war nicht sonderlich gnädig, und Nick erklärte sich bereit, es zu versuchen, aber es ging ihm offensichtlich derartig schlecht, dass ich ihn verschonte. Nun ist es 7 Uhr und er liegt wie im Koma neben mir in der Schneehöhle. Ich hoffe nur, dass der eine Rasttag ihn wieder herstellt. Er hat sich droben an der Annapurna fertig gemacht. Das Hauptproblem ist, dass er während des letzten Jahres zu viel gearbeitet hat und zu wenig beim Bergsteigen war. Vielleicht hat ihn das jetzt eingeholt. Ich bin versucht, den letzten Teil des Aufstiegs im Alleingang zu probieren, falls er morgen nicht fit ist. Werde ich den Nerv dazu haben?

Später am Tag schrieb Nick Folgendes in sein Tagebuch:
Ich wachte um 10 Uhr auf und fühlte mich viel besser. Das Problem war wahrscheinlich der dauernde Schlafmangel, den Chris mit seinem Schnarchen und Herumwälzen mit verursacht hat. Wie hält Wendy das nur aus? Ich frage mich immer noch, was die anderen treiben. Chris ist scharf auf einen Gipfelversuch im Zweierteam, aber mir wäre es lieber, wenn die anderen dabei wären. Chris verbrachte den ganzen Tag damit, die K2-Expedition im kommenden Jahr zu planen. Ich dagegen hing meinen Tagträumen vom Luxus daheim oder sogar im Basislager nach – sogar im Vorgeschobenen Basislager!

An jenem Nachmittag schrieb ich:
Glücklicherweise geht es Nick viel besser – wir können uns morgen an den Gipfelgang machen. Im Rückblick gesehen kommt mir der Verdacht, dass mir dieser Rasttag genauso gut getan hat wie Nick. Ich schäme mich ein wenig, mich darüber so aufgeregt zu haben.

Wir wachten am nächsten Morgen um 3.30 Uhr auf und ich machte das Frühstück. Nick fühlte sich viel besser, aber als ich aus dem Zelt kroch, sah ich mit Entsetzen eine schwarze Wolkenbank, die den gesamten westlichen Horizont verhängte. Sie hatte bereits den Nanga Parbat eingehüllt und würde bald auch uns erreichen. In meiner Sorge warf ich Nick den Vorwurf an den Kopf, den Gipfelgang am Vortag vermasselt zu haben – nur um mich gleich darauf für meine Ungerechtigkeit zu entschuldigen. Wir beschlossen, trotz des Wetters aufzubrechen, da wir nur noch über eine Kartusche zum Schneeschmelzen und Kochen verfügten.

Als wir an den vor zwei Tagen fixierten Seilen aufgestiegen waren und das Schneefeld der Südwand erreicht hatten, bildeten sich bereits zerzauste Wolken über den Latok-Gipfeln. Ein kalter Wind riss den Schneestaub in langen Fahnen aus der Flanke. Hier lagen ungefähr 50 Zentimeter Neuschnee auf hartem Blankeis. Es fühlte sich unglaublich labil an. Da wir die Seile zum Klettern brauchten, mussten wir sie abziehen. Wir wechselten uns in der Führung ab. Der Zweite sicherte an einem Eishaken, während der Vorausteigende das Seil jedes Mal voll ausging. Der Schnee war so tief, dass die Frontalzacken kaum ins Eis drangen, wo doch der Schnee kaum das Körpergewicht trug. Ich weiß nicht, was schlimmer war – im Vorstieg das Gewicht so gleichmäßig wie möglich zu verteilen und nie vor dem Absturz sicher zu sein oder als Zweiter das Seil auszugeben, ohne die geringste Illusion über die Folgen eines

Sturzes. Dabei kroch einem die Kälte bis in die Knochen. Triebschneelawinen fegten den Hang herab und zerrten an unseren erstarrten Gliedern, der eisige Pulverschnee fand zielsicher die Lücken in den Anoraks und drang bald durch alle Schichten bis auf unsere fröstelnde Haut.

Eine Seillänge folgte auf die andere, während wir auf einen Felsriegel zusteuerten, der die Wand auf ihrer ganzen Breite versperrte. Es war spät am Nachmittag, als wir sie erreichten. Der ganze Himmel war jetzt mit einer grauen Wolkenschicht überzogen. Nick plädierte für den Rückzug, aber ich war mir sicher, dass wir den Gipfel erreichen konnten, eine Sicherheit, mit der ich schon viele bedrohliche Situationen gemeistert hatte. Das Wetter mochte zwar fragwürdig aussehen, ich war aber überzeugt, dass es halten würde.

Nick vertraute später seinem Tagebuch folgenden Kommentar an:
Chris übersah einfach meinen Wink mit dem Zaunpfahl und weigerte sich umzudrehen; ich gelangte zur Überzeugung, dass er mich ins sichere Verderben führte.

Er stieg aber allen Zweifeln zum Trotz weiter und führte sogar die furchteinflößendste Seillänge der gesamten Route. Ich war an einer Eisschraube gesichert, die nur ein paar Zentimeter in das spröde Eis eingedrungen war, ehe sie am Fels anstieß. Sie hätte nie im Leben einen Sturz gehalten. Eine Felsrippe versperrte den Zugang zu einem Eisschlauch. Nick kletterte vom Standplatz aus gerade hinauf, um einen Keil anzubringen, und stieg dann seitlich im Eis zu der Felsrippe ab, die er mit Seilzugunterstützung queren konnte. Dann tänzelte er über das kaum zentimeterstarke Eisschild empor, das auf der steilen Platte auflag. Je höher er stieg, desto weiter entfernte er sich von seiner Zwischensicherung, mit der Gefahr im Nacken, uns beide in den Tod zu reißen, falls das Eis unter seinem Körpergewicht zersplitterte.

Die bis zu 50 Grad steile Eisflanke der Südwand bietet den schnellsten Anstieg in die Gipfelregion.

Ich kauerte über meiner Eisschraube und gab zentimeterweise das Seil aus, während er durch die Eisrinne hinaufbalancierte. Es begann bereits dunkel zu werden und ich hatte ausreichend Gelegenheit, über meinen kompromisslosen Auftrieb nachzudenken. Da ertönte plötzlich von oben ein Seilkommando. Das Eis war endlich dick genug geworden, eine Schraube zu setzen. Er konnte mich nachholen.

Es war schon fast Nacht, als ich ihn erreichte. Ich führte noch zwei Seillängen in der hereinbrechenden Dunkelheit, während ich verzweifelt nach einem Biwakplatz suchte. Der Schnee war zwar nicht tief genug für eine richtige Höhle, aber wenigstens konnten wir uns so etwas wie ein Dach über dem Kopf schaffen. Wir verbrachten die Nacht im Sitzen, mit unseren Rücken an der Felswand.

Nick schrieb:
Wir tranken Tee, ich fühlte mich total kaputt und Chris schnarchte die ganze Nacht durch. Ich

saß, beobachtete die wirbelnden Nebelschwaden und fragte mich, wie sich das wohl anfühlen würde, wenn ich an Unterkühlung starb. Als der Morgen dämmerte, hatte ich keine Sekunde geschlafen, aber das Wetter war immer noch bedrohlich. Ich wollte absteigen, Chris wollte es aussitzen. Er setzte sich durch. Ein wenig später, so gegen 6 Uhr, verbesserte sich das Wetter und wir machten uns auf den Weg zum Sattel unter dem Gipfelturm.

Nick stieg gerade vor und ich folgte als Zweiter am gestreckten Seil, als sich schließlich doch die Zweifel meldeten. Um uns wirbelte das Gewölk, gepeitscht von einem kalten Wind, der einfach nicht nachlassen wollte. Wir befanden uns jetzt auf der Höhe des Einstiegs in die Felsen des Gipfelturms. Vom Vorgeschobenen Basislager aus hatte es den Anschein gehabt, als sei er kaum mehr als ein von Schneeadern durchzogener Felshöcker. Ich hatte mich davon zu überzeugen versucht, dass es dort schon ein leichtes Couloir oder eine Rampe geben würde. Aber jetzt, auf die kurze Entfernung, war keine Schwachstelle zu erkennen. Der Turm war monolithisch, massiv, unangreifbar. Plötzlich wurde mir der Ernst unserer Lage bewusst. Wir hatten nur acht Felshaken, Proviant für einen Tag und eine einzige Gaskartusche.

Ein verhältnismäßig leichter Firngrat führt auf den Westgipfel.

Ich schloss zu Nick auf. »Wir haben keine Chance, es zu schaffen. Wir haben einfach nicht genug dabei. Warum begnügen wir uns nicht mit dem Westgipfel? Der sieht um einiges leichter aus.« – »Soll mir recht sein.«

So schwenkten wir eben in Richtung auf den Grat zwischen dem Haupt- und dem Westgipfel. Als wir ihn erreichten, hatten sich die Wolken verzogen. Wie durch ein Wunder war das dunkel drohende Wetter verschwunden. Vorsichtig lugten wir über eine Wechte in die schwindelerregende Nordwand des Ogre. Gipfelkette um Gipfelkette reihte sich bis zum nördlichen Horizont. Die großartige Aussicht und der Sonnenschein weckten auch wieder den Auftrieb. »Weißt du, Nick, wir sollten doch den Hauptgipfel versuchen!« »Um Himmels willen, Chris, warum kannst du nicht einmal 10 Minuten lang zu einer Entscheidung stehen! Wir haben uns doch aufgrund total logischer Argumente für den Westgipfel entschieden. Und an deren Gültigkeit hat sich trotz der paar Sonnenstrahlen überhaupt nichts geändert. Es war ja schließlich nicht ich, sondern du, der gesagt hat, dass wir nicht ausreichend Proviant und Gas haben. Versuch doch nur ein einziges Mal, konsequent zu sein.«

Seine Heftigkeit erschütterte mich und ich ließ die Sache auf sich beruhen. Er hatte Recht. Wir stiegen in unserer Spur rund 40 Meter die Flanke hinab und begannen eine Schneehöhle zu graben. Um Gewicht zu sparen, hatten wir die Schaufel drunten gelassen, sodass wir mit unseren Eispickeln eine breite Veranda aus dem Hang kratzten, die dieses Mal wenigstens groß genug war, dass wir uns hinlegen konnten.

Nick bemerkte dazu in seinem Tagebuch:
Chris, der Zauderer – wenn es nach ihm ginge, würde er den Rest seiner Tage hier oben verbringen.

Der Westgipfel des Ogre – Nick Estcourt und Chris Bonington sind die ersten Menschen, die diesen Punkt betreten durften. Im Hintergrund der monolithische Gipfelpfeiler des Ogre-Hauptgipfels.

Als am nächsten Morgen (1. Juli) die Sonne aufging, war kein Wölkchen am Himmel. Einem messerscharfen Schneegrat folgend stiegen wir hinauf gegen den Westgipfel. Ich führte den ganzen Weg. Nick hatte furchtbare Halsschmerzen und hustete Blut, während ich mich recht gut in Form fühlte. Obwohl sich der Hang direkt unter dem Gipfel aufsteilte, war er relativ einfach, und plötzlich ging es um uns nur noch abwärts. Wir hatten den höchsten Punkt erreicht. Die Aussicht war herrlich, wir konnten den Biafo-Gletscher auf seiner gesamten Länge überblicken, samt der riesigen weißen Ebene des Snow Lake. Rundum reihten sich die Bergketten bis zum fernen Horizont aneinander – außer in einer Richtung. Der ein paar hundert Meter entfernte Hauptgipfel überragte uns um kaum mehr als 50 Meter, aber er versperrte den Blick nach Osten und schien uns mit seinen trotzigen Felsbastionen zu verspotten.

Obwohl wir uns für die einzig vernünftige Lösung entschieden hatten, stiegen wir total unzufrieden zu unserem Biwakplatz ab und wurden das nagende Gefühl nicht los, vor der wahren Herausforderung den Schwanz eingezogen zu haben.

Nachdem wir die Überreste unseres Proviants vertilgt und uns einige Portionen Tee einverleibt hatten, begannen wir den langen Abstieg. Abseilenderweise ging es über die wahnwitzige Seillänge hinab, die Nick geführt hatte. Dann endlos hinunter über die Schneehänge, bis wir uns endlich den glatten Platten ganz unten in der Flanke näherten. Die Vorstellung, sie nicht queren zu können, bereitete mir Sorgen. Der Gedanke an das Schicksal von Andreas Hinterstoisser und seinem Team in der Eiger-Nordwand ließ mir keine Ruhe. Sie hatten damals einen Plattenschuss gequert, der heute als der Hinterstoisser-Quergang bekannt ist, und dort kein Seil hinterlassen. Dies war ein verhängnisvoller Fehler gewesen, denn es gelang der Seilschaft beim Abstieg nicht, über die Platte zurückzuqueren, was zu ihrem Untergang führte. Glücklicherweise konnten wir oberhalb des Plattenstücks einen Abseilhaken platzieren, von wo aus wir diagonal 50 Meter weit zu dem Schneesporn abseilten. Um 6 Uhr abends erreichten wir unser Schneeloch und genossen das vergleichsweise hohe Maß an Sicherheit und Luxus, welches es zu bieten hatte.

Nick notierte seine Gefühle im Tagebuch:
Nach den beiden vorhergehenden Nächten komme ich mir vor wie im Carlton Tower Hotel. Aber nirgends ein Lebenszeichen von den anderen. Beide sind wir besorgt um sie - Schlendrian? Unfall? Bürokratischer Trouble wegen der Mädchen? Chris ist den Tränen nahe bei dem Gedanken, dass Doug (und Jackie) etwas zugestoßen sein könnte.

Ohne dass wir den Wecker gestellt hatten, erwachten Nick und ich um 2 Uhr morgens, so sehr waren wir inzwischen das frühe Aufstehen gewöhnt und außerdem sorgten wir uns im Stillen um die Kameraden. Kurz nach Tagesanbruch machten wir uns an den Abstieg. Nachdem wir auf der Querung zurück zum Grat eine Kante umrundet hatten, sahen wir tief drunten, mitten auf dem Schneeplateau, zwei Zelte, um die sich winzige Figuren bewegten. Offensichtlich fehlte den Freunden nichts, aber was um alles in der Welt hatte sie aufgehalten? Wie sahen ihre Pläne aus? Schon machte ich mir über die Möglichkeit Gedanken, einen zweiten Versuch am Hauptgipfel des Ogre zu starten.

Der Kandidat hat eine zweite Chance

Unsere Kumpel hatten sich um uns so viele Sorgen gemacht wie wir uns um sie. Obwohl sie uns seit zehn Tagen nicht gesehen hatten, sagten sie keinen Ton, als wir uns den Zelten näherten. Mo hockte über seinem Gaskocher und rührte in einem Topf. Doug und Tut packten Rucksäcke, Clive war dabei, eines der Zelte abzubauen. Sie waren offensichtlich im Aufbruch begriffen.

»Don Morrison ist tot«, teilte Doug ohne Umschweife mit. Eine unserer Begründungen für ihre Verspätung war ein möglicher Unfall im Latok-Team gewesen. Ich nahm die Mitteilung ohne große Gemütsregungen auf. Ich kannte Don kaum und hatte nur ein paar Mal mit ihm im Basislager gesprochen. Die Abgeschiedenheit und der dauernde Stress der vergangenen Tage pufferten meine Reaktion wohl noch zusätzlich ab. Es war weniger Hartherzigkeit als ein Akzeptieren des Risikos, mit dem wir alle zu leben hatten, vergleichbar mit der Einstellung eines Soldaten an der Front.

»Was ist passiert?« - »Er ist in eine Spalte gefallen.« Tony Riley und er waren am Spätnachmittag auf dem Weg in ihr Lager I gewesen. Sie waren auf einer Strecke, die sie schon Dutzende Male zurückgelegt hatten, sodass sie inzwischen auf ein Seil verzichteten. Unter dem Schnee war eine tiefe Spalte versteckt. Don muss auf eine Schwachstelle getreten sein, die nachgab. Die Spalte war so tief und schmal, dass sie nicht an ihn herankamen. Von drunten war nichts zu hören, und so nahmen sie an, dass der Sturz ihn getötet hatte.

Aber es war mehr als Dons Tod, was uns zu trennen schien. Ich fühlte mich nicht wohl in meiner Haut und war unzufrieden, dass ich den Hauptgipfel nicht erreicht hatte. Auf der anderen Seite hatte ich jetzt aber ein schlechtes Gewissen, weil ich den Gipfel versucht und mich in ein unausgesprochenes Konkurrenzverhältnis zu den anderen hineinmanövriert hatte. Ich spürte aber auch deutlich ihre Erleichterung - zum einen, weil wir noch unter den Lebenden weilten, zum anderen aber auch, weil der Ogre noch nicht bestiegen war. Ihre vorgespielte Lockerheit diente nur dazu, über unser gespanntes Verhältnis hinwegzutäuschen.

Das Team sitzt im Mannschaftszelt des Vorgeschobenen Basislagers.

»Habt ihr es geschafft?«, fragte Doug. Ich erzählte ihm, wie es uns ergangen war. »Und was macht ihr drei jetzt? Wollt ihr unsere Route versuchen? Sie ist nicht allzu übel.« – »Nein, wir machen den Westgrat.« Sie hatten bereits das horizontale Gratstück am Fuß des steilen Felssporns erreicht, den ersten einer Serie von Aufschwüngen, die im Westgipfel kulminierten. Ihr erstes Ziel war es, unter dem Felspfeiler ein Lager einzurichten. Schon spürte ich das deutliche Gefühl, mit von der Partie sein zu wollen, aber ich war viel zu müde und brauchte unbedingt eine Erholungspause. Ich betrachtete den Stapel an Verpflegung und Gaskartuschen, den sie gerade in ihren Rucksäcken verstauen wollten. »Ist das alles, was ihr mitnehmen wollt?« – »Ja, das sollte reichen«, sagte Mo. »Tut mir sehr Leid, aber da bin ich anderer Meinung. Ihr habt keine Ahnung, wie schwierig das letzte Stück wirklich ist. Und für den Westgrat werdet ihr ja auch ein paar Tage brauchen. Wenn ihr nicht vorsichtig seid, geht es euch nicht besser als uns und ihr sitzt unter dem Gipfelturm – ohne das notwendige Gas und den Proviant um hinaufzukommen.«

Meine Argumentation war zwar durchaus logisch, die Motivation dahinter allerdings nicht ganz frei von Eigennutz. Denn wenn sie ins Basislager absteigen würden, um ihre Vorräte zu ergänzen, könnten Nick und ich uns erholen und beim Gipfelgang mit von der Partie sein.

Nick bewegten ganz andere Gefühle:

Leider hielt ich meinen Mund – genau wie die anderen, und so setzte sich Chris eben durch. Ihre Route sollte eigentlich nur auf den Westgipfel führen und sie hatten nicht genug Verpflegung und Gas, um den Hauptgipfel zu erreichen. Chris brachte alle dazu, ins Basislager abzusteigen, um Nachschub zu holen und dann wieder hochzukommen. Es geschah alles so schnell, dabei hatte ich gedacht, der Trip sei zu Ende. Ich war eigentlich rundum zufrieden und froh, noch am Leben zu sein. Jetzt muss ich mich damit abfinden, weitere zwei Wochen hier zu bleiben.

Ganz abgesehen von seiner Halsentzündung – Nick sprach nur noch im krächzenden Flüsterton – hätte er bereits vor fast zwei Wochen wieder bei der Arbeit antanzen müssen. Und nun konnte sich seine ordnungswidrige Abwesenheit leicht auf vier Wochen verlängern.

Wir stiegen noch am selben Tag ins Basislager ab. Nick und ich hatten uns seit mehr als zwei Wochen oberhalb der Schneegrenze aufgehalten und uns dabei gerade zwei Ruhetage gegönnt. Um ein Haar hätten wir den schwierigen und extrem anstrengenden 7285 Meter hohen Hauptgipfel des Ogre bezwungen. Dennoch fühlte ich mich beim Absteigen total fit, stimuliert von der Aussicht, doch noch an der Erstbesteigung teilnehmen zu können. Das Basislager war eine grüne Oase. Ich genoss es, im Gras zu liegen, es zu fühlen und mich darin zu räkeln. Die karge Welt des gleißenden Schnees, des steilen Felses und der permanenten Gefahr war wie ausgelöscht.

Paul Nunn und Tony Riley bauten in gedämpfter Stimmung und ohne ein Wort zu sagen ihr Lager ab. Sie hatten zum Gedenken an Don Morrison auf einem kleinen Hügel über dem See einen Steinmann errichtet. In jener Nacht unterhielten sich Doug und die anderen bis in die Puppen, ich schlich mich jedoch ins Bett und fiel in einen traumlosen Schlaf. Erst am nächsten Tag stellte ich fest, wie müde ich tatsächlich war. Nick und ich verbrachten den ganzen Tag in den Schlafsäcken und standen nur zu den Mahlzeiten auf. Die anderen hatten es eilig, wieder an den Berg zu kommen. Sie wollten bereits am nächsten Tag wieder aufsteigen. Nick, Tut und ich hatten damit die Möglichkeit, einen weiteren Tag im Basislager zu verbringen, um uns dann ebenfalls wieder bergwärts auf die Socken zu machen. Bevor es aber zum Gipfel ging, mussten wir noch das Material herunterholen, das Tut und Doug am Fuß ihres Felspfeilers deponiert hatten. Doug gab Paul Nunn einen Brief an Hadji Medi mit, den Gemeindevorsteher von Askole, in dem er ihn bat, uns am 12. Juli zwanzig Träger zu schicken. Bis dahin, so die Planung, würden wir den Gipfel erreicht haben und wieder im Basislager sein.

Die Entscheidungsträger hießen jetzt Doug und Mo; Clive stimmte mehr oder weniger allem zu, was sie sagten, und Tut war gehandicapt wegen seines Beins. Nick mit seiner Halsentzündung war noch immer zur Sprachlosigkeit verdammt. Ich selbst wusste gut genug, dass ich mich in ihre Pläne fügen musste. Nach der kurzen Erholung, die mir gewährt worden war, fühlte ich mich immer noch derartig kaputt, dass mir so oder so keine andere Wahl blieb.

Die zwei Tage im Basislager waren im Nu vorbei, und am Morgen des dritten – es war der 5. Juli – wanderten wir drei wieder hinauf ins Vorgeschobene Basislager. Es hatte inzwischen jene heruntergekommene, schmuddelige Note angenommen, das typische Ambiente jedes Durchgangslagers am Berg. Überall im Schnee waren Abfälle verstreut und verkleckerte Speisereste zierten den Boden des Gemeinschaftszelts.

Bei der Plackerei durch das Couloir, wo Tut und Doug ihr Material hinterlegt hatten, fühlten wir uns am nächsten Morgen sehr wie das B-Team, während über uns die riesige Granitwand in den Himmel schoss. Tut hatte Schwierigkeiten mit seinem Bein und er zeigte uns die Stelle, wo der Block heruntergepfiffen war. Wir hatten vereinbart, am nächsten Tag zu den anderen aufzuschließen. Am Abend entschieden Tut und Nick jedoch, dass sie genug hatten. Es machte einfach keinen Sinn mit Tuts Bein und den Halsschmerzen von Nick. Alleine am Berg, wären Nick und ich bestimmt zufrieden mit unserem Erfolg am Westgipfel nach Hause gefahren. Aber so wie es stand, verspürte ich den brennenden Ehrgeiz, den wirklich höchsten Punkt des Ogre zu erreichen. Es war wohl die Kombination des Gefühls, am Gipfelturm – ohne einen Versuch zu wagen – versagt zu haben mit der allzu menschlichen, kindischen Furcht, dass das Gipfelteam den Erfolg ohne mich einfahren würde.

Am nächsten Morgen um 3 Uhr stand mein Entschluss nicht mehr ganz so felsenfest. Es hatte gerade erst angezogen und der Schnee war noch weich. Ich musste den schneebedeckten Gletscher alleine überqueren. Auf einer soliden Harschdecke wäre dies einigermaßen sicher gegangen, aber unter den gegebenen Bedingungen konnte man gar zu leicht in eine versteckte Spalte stürzen. Der Tod von Don Morrison verdeutlichte diese Gefahr. Ich beschloss, meinen Abmarsch um zwei Stunden zu verschieben, damit sich der Schnee verfestigen konnte, aber um 5 Uhr war er immer noch weich. Ich brach dennoch auf, mit 15 Kilogramm Gaskartuschen und Proviant auf dem Rücken. Bereits beim Abmarsch fühlte sich der Rucksack zu schwer an.

Wie ich so im ersten Morgengrauen zurück zum Ogre stapfte, schien mich jeder Schritt dem Verderben näher zu bringen. Andauernd spähte ich um mich und suchte nach Zeichen, die auf eine verborgene Spalte schließen lassen könnten - kaum wahrnehmbare Vertiefungen in der dunkelgrauen Schneefläche. Immer wenn mein Fuß durch die Harschschicht brach, überfiel mich die Panik, aber jedes Mal fand er festen Grund.

Endlich hatte ich den Gletscher hinter mir und begann, über die zum Sattel emporführende Wand aufzusteigen. Jetzt war ich halbwegs in Sicherheit, da ich mich in ein Fixseil einhängen konnte. Der Aufschwung hatte sich jedoch total verändert, denn der Schnee war zum größten Teil abgeschmolzen und hatte eine mit Steinen übersäte Eisfläche hinterlassen. Da war nichts mehr von wegen beschaulichem Aufstieg in Schneestufen, hier wollte jeder Schritt mit einem energischen Eintreiben der Frontalzacken ins Blankeis, kombiniert mit einem kraftraubenden Zug am Jümar, erarbeitet sein. Nur im Schneckentempo gewann ich an Höhe. Zehn Stunden in der Hitze des Tages benötigte ich, nur um die 1000 Meter hohe Wand zu bewältigen. Darauf folgte ein zwar problemloser, aber umso anstrengenderer Hatscher über das Plateau zum Lager auf dem Sattel.

Hier stand ein einziges einsames Zelt. Die anderen hatten ihr Standquartier offensichtlich nach oben zum Gratfuß verlegt. In jener Nacht war ich zu müde, um eine Mahlzeit zuzubereiten. Ich kochte mir einen Tee und kroch in den Schlafsack. Am nächsten Tag bekam ich zum ersten Mal wieder die anderen zu Gesicht, nachdem ich durch eine Schneerinne das an ihrem oberen Ende errichtete Tunnelzelt erreicht hatte. Ich war noch immer hundemüde und bewegte mich im Schneckentempo. Ich brauchte dringend eine Erholungspause. Was waren eigentlich dieser brennende Ehrgeiz und dieses Ego, die mich dazu zwangen, zum Ogre zurückzukehren? Oder, um konkret zu werden: Hatte ich überhaupt genug Kraft, ein zweites Mal den Westgipfel zu erreichen und dann zum höchsten Punkt weiterzusteigen? Vielleicht würden wir ein wenig schlechtes Wetter bekommen. Gegen eine dadurch erzwungene Ruhephase hätte ich bestimmt nichts einzuwenden gehabt.

Clive steigt am steilen Westgrat über das Fixseil auf.

Ein großes Schneeband führt zum nächsten steilen Felsaufschwung des Westgrates.

Oben an dem steilen, sonnenbeschienenen Felspfeiler, der den Zugang zum Westgrat versperrte, konnte ich drei kleine Figuren bei der Arbeit beobachten. Am späten Nachmittag trafen sie im Lager ein und schwärmten nur so von der Schönheit der Kletterei. In den letzten zwei Tagen hatten sie 150 Meter Seil fixiert, das meiste davon Beutegut aus dem japanischen Depot.

Ich hatte mir Sorgen gemacht, wie sie mich aufnehmen würden, aber sie schienen sich über meine Anwesenheit zu freuen, sodass ich mich sofort als Teil des Teams fühlte. Da nur ein Zelt vorhanden war, schlief ich eben draußen im Schlafsack und freute mich wieder über den Gore-Tex-Überzug. Das war zwar etwas frostig, hatte aber durchaus seinen Reiz, der tiefschwarze Himmel war mit Sternen übersät, in einer Klarheit, wie sie nur in großer Höhe erlebt werden kann. Ich gelangte zur Einsicht, dass es nicht nur mein Ego gewesen war, das mich zum Ogre zurückgeführt hatte. Es war gut, ein Teil dieses Berges zu sein, Teil eines Teams mit dem alles beherrschenden Ziel, die höchste Zinne jener großartigen Felsburg zu erreichen, an der Nick und ich vor ein paar Tagen gescheitert waren.

Am folgenden Morgen kehrten Mo und Clive zum Pfeiler zurück, um endlich seinen Gipfel zu erreichen, während Doug und ich zum Lager auf dem Plateau abstiegen, um das Zelt und die dort hinterlassenen Lebensmittel- und Gasvorräte zu holen. Die Mühelosigkeit, mit der mir Doug beim Wiederaufstieg davonlief, erfüllte mich mit Sorge. Am Abend näherten sich dann von Westen her dichte Höhenwolken. War das vielleicht das Zwischentief, das ich mir insgeheim herbeigesehnt hatte? Meine Gebete wurden erhört. Die anderen diskutierten, ob sie einen Gipfelversuch starten sollten, beschlossen dann aber, einen Tag zu warten, auch wenn die Essensvorräte wieder mal dabei waren, knapp zu werden.

Als wir am 11. Juli beim Morgengrauen aus dem Zelt blickten, war keine Wolke mehr am Himmel. Wir nahmen nur ein einziges Biwakzelt mit, weil ich sicher wusste, dass wir im Sattel zwischen den beiden Gipfeln eine Schneehöhle bauen konnten. Aber auch so waren unsere Rucksäcke schwer genug mit all der Kletterausrüstung, der Verpflegung, dem Brennstoff und dem Biwakmaterial. Während ich am Fixseil, das die anderen angebracht hatten, mit meinen Jümars hinaufstieg, war ich von der Steilheit des Felssporns beeindruckt. Das Seil begann unten links am Pfeiler, schlängelte sich hinaus an die Kante und zog dann entlang der rechten Wand des Aufschwungs hinüber in eine breite Eisrinne. Mo und Clive hatten das obere Ende dieser Rinne erreicht, die sie allerdings mit den Seilen fixiert hatten, die wir brauchen würden, um die Spitze des Pfeilers zu erreichen. Dies bedeutete, dass wir sie mitnehmen mussten. Damit kappten wir auch die Nabelschnur, die uns mit dem sicheren Lager am Pfeilerfuß verband.

Eine Schneeterrasse leitete hinüber in Richtung auf den Südwestgrat, aber ein weiterer Felsaufschwung – deutlich niedriger als der, den wir gerade gemeistert hatten – versperrte den Aufstieg. Doug stürmte entlang einer von Eiswülsten unterbrochenen großblockigen Schichtfuge voran. Es war eine jener Passagen, die harmlos aussehen – bis du an der Reihe bist, sie nachzusteigen, mit einem schweren Rucksack, der dich jeden Augenblick aus dem Gleichgewicht zu bringen droht. Als Seilzweiter kostet dich eine solche Querung oft mehr Nerven als im Vorstieg. Stürzen kannst du dabei nämlich genau so weit, nur hast du keine Ahnung, wo du aufknallen wirst, wenn das Seil vor dir um eine Ecke läuft. Ungefähr auf halber Strecke hatte Doug einen Haken geschlagen und war dann über eine kleine, steile Platte abgestiegen. Hier hatte er den Vorteil gehabt, von oben gesichert zu sein. Ich nicht. Der nächste Fixpunkt war zirka drei Meter entfernt auf gleicher Höhe. Ich zitterte herum, wackelte nach unten, hechtete nach dem Haken, verfehlte ihn und schlitterte über die Platte, bis ich unter Dougs Sicherung zum Hängen kam. Beim Pendeln hatte ich mir den Ellenbogen angeschlagen und die Kombination des Schmerzes mit der Adrenalinausschüttung war kaum dazu angetan, die Nerven zu beruhigen. Keuchend kraxelte ich hinauf zu Doug, führte aber dennoch die nächste Länge, die über leichteres Eis mit Schneeauflage zum Grat hinaufführte. Von dort konnten wir auf der gegenüberliegenden Seite der Felsnase Mo und Clive ein Seil zuwerfen, sodass sie direkt zu uns hochjümarn konnten.

Inzwischen war es spät geworden. Die Sonne stand schon tief am Himmel, aber immer noch war da ein Felsturm, den wir überklettern mussten, bevor wir zum Westgipfel hinübertraversieren konnten. Da wir keine Chance hatten, es vor Einbruch der Nacht zu schaffen, biwakierten wir eben, wo wir gerade standen. Mo und ich gruben uns eine kleine Schneehöhle, die für uns beide gerade groß genug war. Doug und Clive stellten draußen das Biwakzelt auf.

Am nächsten Morgen war das Wetter wieder einmal tadellos. Die Sonne schien vom wolkenlosen Himmel, als wir über eine geriffelte Eiswand zu dem Grat aufstiegen, der vom Westgipfel nach Süden abbrach. Heute war es Clives und Mos Job, die Führung zu übernehmen. Die Schneerippe kostete Nerven, denn hier klebten zwei Zentimeter Pulverschnee auf hartem Blankeis, und das bei einer Neigung von 60 Grad. Mo konnte nicht umhin, sich hier

Chris Bonington in der Geborgenheit einer Schneehöhle auf 7000 Meter.

ein wenig Zeit zu nehmen, was Dougs Geduld sichtlich strapazierte. Ich balancierte wenige Meter hinter Clive, wobei meine Steigeisenzacken kaum eine Spur in der beinharten Fläche hinterließen. Doug folgte als Letzter. Nun klebte eine dickere Schneeschicht am Eis, sodass unsere Anspannung nachließ. Ich war zufrieden damit, in den Spuren der voraussteigenden Mannschaft emporzuklettern. Endlich hatte ich Zeit, die sich entfaltende Aussicht zu genießen und die Sonnenwärme aufzusaugen. Doch Doug war von seiner Unruhe getrieben. Er stieg an Clive vorbei, der gerade den vorsteigenden Mo sicherte, und schloss bald zu diesem auf. Als Mo sich eine kurze Verschnaufpause gönnte, raste Doug an ihm vorbei und preschte die letzten Meter zur Schneide des Südwestgrats hinauf.

Doug hatte jetzt eindeutig die Führung übernommen und arbeitete sich über den Kamm in Richtung Westgipfel vor. Ich stieg hinter ihm her. Wegen des über den Grat laufenden Seils verzichteten wir aufs Sichern. Ich hatte kaum Zeit, das Wiedersehen mit dem Gipfel zu genießen und unser Ziel in Augenschein zu nehmen, ehe das Seil sich mit einer unzweideutigen Bestimmtheit straffte und ich den Fußstapfen folgte, die Doug hinterlassen hatte. Die Spuren von Nick und mir waren immer noch zu erkennen. Und auch unsere kleine Veranda war noch da.

Doug und Chris queren das obere Ende der Südwand hinüber zur Granitnadel des Hauptgipfels.

Während des Nachmittags bauten wir sie zu einer geräumigen Schneehöhle aus, obwohl die Freunde starke Zweifel an der Tragfähigkeit des Schnees hatten, der zwar einen gut verfestigten Eindruck machte, aber auf ziemlich steilem Eis auflag.
Doug und ich brachen am nächsten Morgen um 5 Uhr auf. Mo und Clive wollten später nachkommen. Wir querten den Schneehang unter dem felsigen Kamm des Grates, zuerst am laufenden Seil und dann, als sich der Hang aufsteilte, in Wechselführung.

Nach ein paar Längen hatten wir den Fuß der Gipfelfelsen erreicht, die steil und ohne eine offensichtliche Schwachstelle über uns aufragten. Schneebedeckte Felsen führten zurück zum Grat, an deren Fuß ich Stand machte, um Doug die erste Seillänge führen zu lassen. Entlang einer vereisten Verschneidungsreihe aufsteigend, brachte er sie mit viel Elan hinter sich. Ich stieg nach und erreichte total außer Atem seinen Sicherungsplatz.

»Du könntest eigentlich weiter vorsteigen, während ich hier verschnaufe«, murmelte ich. Er zog sofort nach oben davon, zerrte sich über einen Felswulst und ging das ganze Seil aus, das er oben fixierte, damit ich hochjümarn konnte, während er den Zustieg zur Gipfelpyramide erkundete. Als ich oben ankam, war er bereits verschwunden. Ich schoss das Seil auf und folgte der Spur am verschneiten Grat entlang und durch eine steile kleine Rinne hinab, die zur Scharte direkt unter dem Gipfelturm führte. Eine offene Verschneidung, die von einem kleinen Überhang abgeschlossen war, versprach eine Durchstiegsmöglichkeit. Doug hatte sich bereits mit einem Sammelsurium an Haken und Klemmkeilen dekoriert, ein Seil lag einsatzbereit zu seinen Füßen.

»Es ist, glaube ich, an der Zeit, dass ich einmal die Führung übernehme«, meinte ich. »Nicht hier!«, antwortete Doug. »Die Seillänge wird hart und technisch schwierig. Wir sind eh' schon zu spät dran. Gib mir dein Seil.« Die Power von Dougs Auftrieb überrumpelte mich total. Zusammen mit der Seillänge, die ich abgegeben hatte, war ich offensichtlich auch meinen Teil der Verantwortung losgeworden. Ich war zu müde und mir fehlte auch das Selbstvertrauen, um mich mit ihm herumzustreiten. Vielleicht hatte er auch Recht. Doug ergriff das Seil, band sich ein, warf die Schlingen auf den Boden und machte sich daran, den Riss im Verschneidungswinkel hinaufzuklemmen. Er hing gerade einen Meter über mir, als sich das neben mir liegende Seil in einen unauflöslichen Verhau verwandelte. »Brems dich mal, Doug, du hast mir einen grausamen Seilsalat hinterlassen!« Mir stank das Gestresse, das dazu geführt hatte. Mir stank es, zur Sicherungsmaschine reduziert worden zu sein. Und was mir am meisten stank, war die Tatsache, dass Doug so viel stärker kletterte als ich. »Beeil dich, verdammt noch mal! Es ist ganz schön kraftraubend hier oben!« »Halt die Fresse! Es ist so oder so deine Schuld, dass sich das Seil so verheddert hat. Und wenn du dich aufregst, geht es auch nicht schneller. Komm halt runter und warte, bis ich deinen verdammten Salat entwirrt habe!«

Man hält es nicht für möglich, was für ein Seilverhau das war. Am Ende musste ich mich aus beiden Stricken ausbinden und die Seile der ganzen Länge nach durchziehen, bis sie wieder einsatzfähig waren. Doug ging zurück ans Werk und brachte die Seillänge so schnell wie elegant hinter sich. Ich stieg mit den Jümars nach. Es war eine Länge, die ich ohne Probleme hätte führen können. Warum zum Teufel hatte ich mich nur breitwalzen lassen?

Doug befand sich auf einem Bändchen unter einer Steilwand, die von einem schmalen Riss durchzogen war. »Können wir es nicht dort um die Ecke versuchen?«, fragte ich. »Wohl kaum.

Doug ist fest entschlossen, die Führung an diesem Tag nicht abzugeben.

Ich hab's mir schon angeschaut. Das Gelände dort ist genauso steil wie hier. Der Riss müsste gehen.« Ich bot nicht an, ihn zu führen. Dass das jetzt hart werden würde, war klar. Ich begann das Seil hochzuziehen, das ich soeben hochgejümart war. Es verklemmte sich fast sofort. Ich verfluchte meine Dusseligkeit. Doug sagte nichts. Mir blieb nichts anderes übrig, als zum letzten Standplatz abzuseilen, den Knoten zu finden, der sich irgendwie gebildet und verklemmt hatte, ihn aus dem Riss zu lösen und aufzuknüpfen und dann wieder am Seil hinaufzusteigen. Für all dies benötigte ich eine kostbare halbe Stunde.

Doug nahm seine Steigeisen ab und stieg in den Riss ein. Er kletterte einige Passagen frei, dann wieder stand er in Schlingen, die er entweder an Haken oder an Klemmkeilen befestigt hatte. Ich saß in der Sonne und schaute zu, wie

Mo und Clive vorwärts kamen. Sie erkletterten gerade die verschneiten Felsen, die zur Gratschneide hinaufführten. Am überwechteten Kamm entlangspähend, blickte ich genau auf das kleine Loch, das den Eingang zu unserer Schneehöhle bildete, und auch auf unsere vom Westgipfel herabführenden Spuren. Plötzlich hörte das Seil auf, durch meine Finger zu gleiten. Irgendwas war faul. »Der Riss ist stumpf. Ich krieg keinen Haken hinein.« Doug war dabei, den Schnee aus einer kleinen Vertiefung im Fels herauszukratzen. Aber da waren auch keine verborgenen Risse oder Griffe. »Lass mich ein paar Meter ab!«

Von einem Klemmkeil ließ er sich auf Selbstzug zirka 15 Meter hinunter. »Halt mich genau auf dieser Höhe, ich glaub', ich kann den Riss dort rechts drüben mit einem Pendelquergang erreichen.« Er begann, an der senkrechten Wand hin- und herzurennen, um den nötigen Schwung zu bekommen. Am Ende jedes Pendlers versuchte er, den Riss auf der rechten Seite mit einem Skyhook einzufangen. Nach einigen Versuchen gelang es ihm, den Hook zu platzieren, sich selbst hinüberzuhieven und seine Finger im Riss zu verklemmen. Dann bemühte er sich, auch mit dem Fuß Halt zu finden, der grobklotzige Bergstiefel rutschte jedoch von der Kante des gerade fingerbreiten Risses ab, wodurch Doug unversehens im Halbkreis durch die Luft katapultiert wurde. Er ruhte sich im Seil hängend aus und setzte zu einem weiteren Versuch an. Dieses Mal fand er einen Tritt. Es gelang ihm, sich zu stabilisieren und dann den Fingerriss bis auf Höhe seines Klemmkeils hinaufzuklemmen. Dann stieg er über ihn hinaus. Dies wäre schon auf Seehöhe anstrengend gewesen. Hier auf über 7000 Meter war es kaum zu glauben. Das saure Gefühl hatte sich total verflüchtigt und war der Bewunderung für Dougs erstaunliche Leistung gewichen, für seine Stärke, seinen Einfallsreichtum und seine Willenskraft.

Doug Scott in der schwierigsten Seillänge auf über 7200 Meter.

Chris steigt den Riss mit Hilfe seiner Steigklemmen nach.

Ein ausgesetzter Quergang führt sie zu den letzten Seillängen. Im Hintergrund der Snow Lake.

Nun war ich an der Reihe – es ging nur darum, am Seil hinaufzujümarn, allerdings war es ein schwieriges und langwieriges Geschäft, die Klemmkeile zu entfernen, an denen Doug herumgebaumelt war. Als ich seinen Standplatz erreichte, stand die Sonne bereits dicht über dem westlichen Horizont. Der Tag war nur so an uns vorbeigeglitten und wir waren immer noch rund 30 Meter unter unserem Ziel. Mo und Clive hatten Dougs Trapezakt von der Scharte aus beobachtet und beschlossen nun, zur Schneehöhle zurückzukehren. Es sah nicht so aus, als ob wir den Gipfel vor Einbruch der Nacht erreichen würden – ihnen blieb nicht die geringste Chance.

Ich war entschlossen, eine Seillänge vorzusteigen. Ein kurzer Schneegrat führte zum letzten Gipfelaufschwung, einem runden Block aus braunem Granit. Er war steil und grifflos. Entlang eines schmalen Schneebandes arbeitete ich mich nach rechts um eine Kante und erreichte eine kleine überhängende Felseinbuchtung unter einer Schneerinne, die so aussah, als führte sie zum Gipfel. Ich schlug einen Haken, war aber dennoch nicht in der Lage, mich durch das Felskonkav hinaufzuschwindeln. »Vielleicht ist es besser, du kommst hoch und versuchst es!« Da er seine Steigeisen nicht wieder angelegt hatte, stieg Doug mir auf die Schultern und erwischte oberhalb des Überhangs gute Griffe, an denen er sich hochzog. Einen Meter darüber fand er einen guten Stand und holte mich nach. Da ich niemanden hatte, dem ich aufs Kreuz steigen konnte, musste ich mich auf Zug über den Wulst kämpfen. Wie ein Fisch auf dem Trockenen lag ich Doug zu Füßen und schnappte nach Luft. Ich war noch nicht wieder zu Atem gekommen, als Doug bereits seine Sicherung abbaute und in das Schneecouloir einstieg. Ich durfte den Standplatz einrichten und das Seil halten.

Da ich meine Steigeisen an den Stiefeln hatte, wäre wohl besser ich vorgestiegen, deshalb war ich ja auch an der Felseinbuchtung drunten gescheitert. Als sich Dougs Geschwindigkeit verlangsamte, bereute ich meinen Mangel an Durchsetzungskraft, aber er gebärdete sich wie ein eruptierender Vulkan, der alles aus dem Weg fegt. Zitternd stand ich in der Rinne, wo es von Minute zu Minute kälter wurde, und dachte nach. Okay, Doug war stärker als ich, ein ähnliches Ungleichgewicht hatte ich aber auch mit Dougal Haston und Don Whillans erlebt, die beide technisch bessere und dynamischere Bergsteiger waren als ich. Dennoch war das Klettern mit ihnen immer harmonisch gewesen, Entscheidungen wurden gemeinsam gefällt und die Verantwortung wurde geteilt.

Chris Bonington am Gipfel des Ogre.

Er war jetzt außer Sicht. Kleine Schneerutsche zischten herab, während das Seil durch meine Hände glitt. Das Licht hatte eine gleichmäßig gräuliche Tönung angenommen, während sich die Schatten langsam aus den Tälern zu den Gipfeln hochschoben, die den Biafo-Gletscher begrenzten. Es blieb uns nicht mehr viel Zeit bis zum Dunkelwerden.

Endlich ertönte von oben ein Schrei. Er war am Gipfel. Eine kleine Pause, dann kam die Aufforderung, mich auf den Weg zu machen. Ich folgte den Spuren, die Doug hinterlassen hatte, durch die Rinne. Mit Steigeisen hatte ich ein sicheres Gefühl. Am Ende des Couloirs hievte ich mich auf einen Block empor, wo Doug kauerte. Zum Jubilieren blieb uns keine Zeit. Doug saß schon seit zwanzig Minuten auf dem Gipfel und er war scharf darauf, das verbleibende Tageslicht für den Abstieg zu nutzen. In aller Eile fotografierte ich zuerst ihn und dann in vier Abschnitten das Gipfelpanorama. Die Berge zeichneten sich scharf gegen das Violett der hereinbrechenden Nacht ab.

Wir hatten den Ogre bestiegen – nun mussten wir nur noch lebendig ins Tal kommen.

Doug Scott am Gipfel des Ogre.

Flucht nach unten

Doug war schon dabei, die Seile für den Abstieg herzurichten und zerrte sie auf einen kleinen Felsvorsprung ein paar Meter unter dem Gipfel herunter. Ich kletterte zu ihm hinab und half beim Einrichten der Abseilstelle. »Möchtest du als Erster runter?«, fragte ich. »Ich bin schon unterwegs.« Er seilte hinab ins Dämmerlicht. Während ich wartete, konnte ich gerade noch die Pyramide des K2 als schwarzen Scherenschnitt gegen den östlichen Horizont erkennen, der alle Berge in seiner Nachbarschaft beherrschte. Das war bestimmt der Muztagh Tower und, weiter vorn, die wilden Zacken der Latok-Türme, schwarze in den Himmel ragende Zähne. Im Südwesten zeichnete sich der massige Nanga Parbat im Nachglanz der untergehenden Sonne scharf gegen den Himmel ab. Hier auf diesem hohen Gipfel zu stehen, erfüllte mich mit einer ungeheuren Befriedigung, die mich die zuvor gespürte Frustration total vergessen ließ. Ich genoss die Schönheit dieses ruhigen, kalten, klaren Abends.

Da tönte von unten ein Stöhnen herauf, das zu einem durchdringenden Schrei anwuchs. Urplötzlich brach er ab, und es war so still wie zuvor. Ich war sicher, dass Doug über die Seilenden in die Tiefe gestürzt war. Als Test zog ich an den beiden Seilen. Sie waren stramm. Also hing er noch am Seil. Ich rief zu ihm hinunter, bekam aber keine Antwort. War er ohnmächtig? Wenn er das Seil nicht entlasten konnte, war das Abseilen für mich unmöglich. In diesem Fall musste ich eben mit den Jümars absteigen. Zwar ein langwieriger Prozess, aber durchaus möglich. Ich fühlte mich plötzlich sehr einsam, dort in der dunklen Nacht auf dem Gipfel des Ogre. »Es könnte schon sein, dass du hier nicht lebendig rauskommst, Bonington«, dachte ich. Und dann von ganz weit weg die deutlichen Worte: »Ich habe mir ein Bein gebrochen.« Erleichterung überflutete mich. Er war lebendig und bei Bewusstsein. Ich war nicht mehr allein. Und ich hatte eine Aufgabe.

»Schaffst du es, das Seil zu entlasten?« – »Ich versuch's. Knapp unter mir ist ein Band.« Eine kurze Pause. Dann ließ der Zug an den Seilsträngen in meiner Hand nach. Ich konnte zu ihm abseilen, wie aber um Himmels willen sollten wir jemanden mit einem gebrochenen Bein über den Westgipfel transportieren und die ganze übrige komplizierte Route hinunter? Sogar zu dritt konnten wir ihn unmöglich tragen. Als ich bei Doug eintraf, spielte ich ihm eine Selbstsicherheit vor, die ich nicht im Ansatz empfand. »Was ist passiert, Kumpel?« Er saß auf einem winzigen Absatz, gesichert an einem gerade geschlagenen Haken. »Ich bin auf einer vereisten Stelle ausgerutscht«, erzählte er mir.

Später bekam ich mit, dass er bereits die Überschreitung des kleinen Schneegrats hinter sich gehabt hatte, der zum Ausstieg der langen Felsseillänge führte, der Schlüsselpassage des Anstiegs. Sich mit den Füßen gegen den Seilzug stemmend, war er gerade dabei gewesen, einen Schritt nach unten zu machen, um den von uns belassenen Haken einzuhängen. In der hereinbrechenden Dunkelheit übersah er den dünnen Eisfilm auf dem Fels, von dem seine Profilgummisohle ohne jede Vorwarnung abrutschte. In einem riesigen Pendler flog Doug durch die Luft und krachte gegen die Felswand. Sein Sturzpunkt lag zirka 40 Meter seitlich, aber nur 20 Meter unterhalb der Abseilstelle. Während er durch die Dunkelheit rauschte, muss er instinktiv seine Beine nach vorn gestreckt haben, um den Aufprall gegen die Verschneidungswand abzufangen. Durch die Wucht des Sturzes hatte er sich tatsächlich beide Beine gebrochen, obwohl wir das erst später merkten. Allerdings waren ihm durch seine blitzschnelle Reaktion zumindest unmittelbar lebensgefährliche Verletzungen erspart geblieben.

»Jetzt machen wir es eben zum Projekt, dich lebendig ins Tal zu bringen«, meinte ich mit gespielter Fröhlichkeit. »Mach' dir keine Sorgen, du bist noch lange nicht tot!« Vielleicht war das nicht die allertaktvollste Bemerkung, aber eben der nächstliegende Gedanke. Doug hatte an so was überhaupt nicht gedacht. Er reagierte absolut rational und wusste genau, was zu tun war. Ich zog den Strick ab und richtete die nächste Abseilstelle ein. Es war beinahe stockdunkel. Wir hatten keine Stirnlampen dabei und ich legte keinen gesteigerten Wert darauf, den ganzen Abstieg vom Gipfelturm in der Dunkelheit zu erzwingen. 15 Meter tiefer ließ sich ein breiteres Band erahnen. Vielleicht eignete es sich für ein Biwak. Als ich es erreichte, begann ich mit dem Eispickel im Harsch einen Übernachtungsplatz zu planieren. Es schien ein relativ großer Absatz zu sein, der uns zumindest genug Platz zum Sitzen bieten würde.

»So müsste es gehen, Doug. Du kannst dich herunterschwingen!« Die Beine nach hinten gestreckt, glitt er am Seil herab. Als Doug das verschneite Gelände erreicht hatte, musste er jedoch einen oder zwei Meter nach links zur Terrasse queren, die ich gerade aus dem Schneehang grub. Er versuchte zu stehen. Das Geräusch von aneinander reibenden Knochen war deutlich zu vernehmen. Er ließ einen Schrei los und knickte zusammen wie ein Klappmesser. Dann kroch er zu mir herüber, wobei er vorsichtig darauf achtete, dass seine beiden Schienbeine nicht mit dem Schnee in Kontakt kamen. Im Knien half er mir, unsere Übernachtungsterrasse zu vergrößern. Ich begann allmählich selbst daran zu glauben, dass wir eine Chance hatten, hier lebendig herauszukommen.

Wir hatten überhaupt nichts dabei – keinen Proviant, nichts zu Trinken, keine Daunenbekleidung, sondern nur das, was wir während des Tages beim Klettern getragen hatten und die Ausrüstung, die wir dabeigehabt hatten. Wir zogen unsere Stiefel aus, obwohl es zu dunkel war, um Dougs Beine zu untersuchen. Zum Glück hielt sich der Schmerz in Grenzen, solange er die Beine nicht belastete und ich mich nicht aus Versehen auf sie stützte. Jeder vergrub seine bestrumpften Füße im Schoß des anderen und massierte sie während der Nacht von Zeit zu Zeit. Manchmal unterhielten wir uns auch. Einmal sagte Doug: »Wenn ich mir einen aussuchen könnte, mit mir zusammen in einen solchen Schlamassel wie diesen hier zu geraten, dann wärst du das.« Die meiste Zeit über hingen wir aber unseren Gedanken nach. Die durchdringende Kälte beherrschte bald alles. Ich versuchte mir klar zu machen, dass das Leiden nur von kurzer Dauer sein würde, ein winziger Bruchteil meiner Lebenszeit. Bald würde die Sonne wieder zurückkehren und mit ihr die Wärme. Meine Gedanken beschränkten sich auf den schützenden Hort der gerade 100 Meter entfernten Schneehöhle, auf heiße Getränke, einen warmen Schlafsack und die Unterstützung durch Mo und Clive.

Ich bemerkte, dass Doug meine Füße massierte, ein Wink mit dem Zaunpfahl, dass seine Zehen dasselbe nötig hatten. Ich ging vorsichtig ans Werk und versuchte, ihm dabei nicht weh zu tun. Er hatte Angst, sich die Füße zu erfrieren, eine Gefahr, die durch seine Verletzungen verstärkt wurde. Die Nacht zog sich unendlich hin, bis es am Himmel endlich heller wurde. Wir saßen auf der Westseite des Ogre und konnten so erst am späten Nachmittag auf Sonne hoffen. Wir dachten nicht daran, so lange zu warten. Doug schaffte es, seine Schuhe anzuziehen – wieder einmal fiel mir ein Stein vom Herzen.

Ich richtete eine Abseilstelle ein und fuhr auf einen fast 50 Meter tiefer liegenden Absatz hinunter. Doug folgte langsamer, aber total kontrolliert. Drei weitere Abseilfahrten, und wir hatten den Schneehang unterhalb des Gipfelturms erreicht. Da wir jetzt in Aktion waren, und auch wegen Dougs absoluter Sicherheit und stiller Kompetenz, erschienen mir unsere Überlebenschancen in deutlich rosigerem Licht als vorher. Nun kam unser nächster Test. Um die Schneehöhle zu erreichen, mussten wir zirka 30 Höhenmeter und 100 Meter horizontale Distanz überwinden. Würde es Doug schaffen, über den relativ steilen Firnhang zu kriechen?

Ich ließ ihn unter der letzten Abseilstelle zurück und machte mich auf den Weg, um die anderen zu alarmieren, die mir knapp vor der Schneehöhle entgegenkamen. Sie hatten am vorigen Abend den Sturz beobachtet und wollten uns zu Hilfe eilen. Ich begab mich in den willkommenen Schutz der Höhle und überließ es den Freunden, Doug aufzulesen. Als sie auf ihn trafen, hatte er in den von mir hinterlassenen Spuren bereits ein Drittel der Wegstrecke zurückgelegt. Doug ist nicht der Typ, der gerne herumwartet. Clive nahm ihm den Rucksack ab, während Mo eimergroße Tritte aus dem Hang herausschaufelte, um Doug das Kriechen zu erleichtern. Glücklicherweise hatte er keine Trümmerbrüche, sonst hätte ihm das Robben fürchterliche Schmerzen bereitet, und über starke Schmerzmittel verfügten wir leider nicht.

Nach zwei Stunden trafen sie schließlich im Lager ein. Wir waren uns nun sicher, dass Doug den Abstieg trotz seiner Länge und Kompliziertheit schaffen würde. Es war einfach nur schön, eingepuppt in die Geborgenheit der Schneehöhle im Schlafsack zu liegen und endlos Tee zu kochen. An diesem Tag aßen und tranken wir nach Herzenslust, doch am Abend verzehrten wir unsere allerletzte gefriergetrocknete Mahlzeit. Nun blieben uns nur noch einige Brühwürfel und ein paar Teebeutel. Das schien uns allerdings kein großes Problem zu sein, denn in zwei Tagen würden wir uns ja bestimmt im Vorgeschobenen Basislager zurückmelden.

Mo hatte ein Kartenspiel dabei, und so verbrachten wir den Rest des Tages bei unserem Lieblingsspiel MIN, in manchen Kreisen läuft es unter dem Namen »Schwarze Hure«. Ein herrliches Spiel, mit dem wir uns schon während der gesamten Expedition die freien Stunden vertrieben hatten, bei dem das Mogeln Ehrensache ist. Zwar verdeckte wieder mal eine schwarze Höhenbewölkung den westlichen Horizont, aber wir hatten in den vergangenen Wochen schon viel zu viele Sturmzeichen ge-

In Sicherheit: Doug in der Schneehöhle auf 7000 Meter. Das Team zeigt sich optimistisch.

sehen, die nichts zu bedeuten gehabt hatten. Wir legten uns im festen Glauben zur Ruhe, am nächsten Morgen den größten Teil des Abstiegs zu schaffen.

Als ich aufwachte, war das Licht noch so gedämpft, dass ich dachte, es sei noch viel zu früh zum Aufstehen. Ich blickte auf meine Uhr, nur um festzustellen, dass der Zeiger bereits auf sechs stand. Eigentlich hätte es draußen schon taghell sein müssen. Ich schaute durch die Höhle zu Mo hinüber und stellte fest, dass er mit Schneestaub bedeckt war. Der Eingang war total unter Neuschnee begraben. Das Wetter war also schließlich doch umgekippt. Ganz langsam nahm ich meine Umgebung wieder bewusst wahr. Clive, der am dichtesten beim Kocher lag, kratzte ein wenig Schnee von der Wand und begann damit, das erste Getränk

Draußen tobt ein heftiger Schneesturm.

des Tages zu brauen. Wir hatten Gas im Überfluss, was ein Segen war. Man kann es ohne große Probleme ein paar Tage lang ohne Nahrung aushalten, die Wirkungen der Dehydratation sind dagegen viel gravierender. Ohne Flüssigkeit würden wir sehr schnell unsere Kräfte einbüßen, und um Schnee in Wasser zu verwandeln, brauchten wir eben Brennstoff.

Erst nachdem alle eine Tasse Tee zu sich genommen hatten – jeder verrührte andächtig die letzten Zuckerwürfel –, machten wir uns daran, den Eingang freizuschaufeln. Eine dichte Pulverschneewolke wirbelte herein. In der Höhle war es still wie in einer Gruft, draußen tobte ein Inferno mit heulendem Wind und peitschendem Schnee. Doch wir mussten schauen, dass wir weiterkamen; Clive und ich begaben uns hinaus, um herauszufinden, ob es wirklich so schlimm war.

Ich sicherte ihn, während er bis zu den Oberschenkeln durch den Schnee pflügte und Schwimmbewegungen machte, um überhaupt vorwärts zu kommen. Als er schließlich nach einstündigem Kampf ganze 20 Meter Seil ausgegangen hatte, gab Clive auf. Im Nu wurde der Graben, den er auf seinem Rückweg ausfräste, wieder vom Neuschnee aufgefüllt. Kalt und nass krochen wir zurück in die Schneehöhle. Unsere Lage stellte sich jetzt deutlich ernster dar. Aber was immer auch jeder für sich gedacht haben mochte, so machte sich in der Truppe doch nicht der geringste Anflug von Verzagtheit bemerkbar. Mo Anthoines Humor war um keinen Deut weniger sarkastisch als sonst und Doug gab nur Laut, wenn sich jemand auf eines seiner verletzten Beine setzte. Wir verkrochen uns in den Schlafsäcken und ließen den Tag verstreichen.

Am nächsten Morgen heulte draußen immer noch der Sturm. Wie bei jeder anhaltenden Tiefdrucklage hatten wir das Gefühl, dass das Hundewetter ewig währen würde. Es war bereits unser zweiter Tag ohne feste Nahrung; wir konnten einfach nicht länger warten. Egal wie

Für Doug beginnt die lange Odyssee des Abstiegs.

es stürmte und schneite – wir mussten uns ins Tal durchkämpfen. Um unseren Vorsatz zu unterstreichen, packten alle ihre Rucksäcke, wobei wir Dougs Material zwischen uns aufteilten, und traten hinaus in den Sturm. Clive und Mo lösten sich dabei ab, eine Spur zum Westgipfel zu pflügen, wo sie ein Seil fixierten. Doug musste seine gesamte Kraft einsetzen, um durch den Schnee zu kriechen, wobei er sich mit dem Jümar vorwärts zog.

Ich stampfte hinter ihm mit den Füßen und nahm das Seil auf. Bis ich oben war, brauchte ich vier geschlagene Stunden. Ich hockte droben auf dem Westgipfel, während sich Doug den tief verschneiten Grat teils kriechend und teils abseilend hinabmühte. Bei meinen letzten beiden Besuchen war der Himmel wolkenlos gewesen und die Sonne hatte geschienen – ein ganz anderes Programm. Nun beschränkte sich die Sicht auf einen einzigen Meter. Nur manchmal erhaschte ich einen Blick auf Felswände, die dunkel in das Weiß des wirbelnden Schnees hinabstürzten.

Mo hatte die Führung übernommen, richtete Abseilstellen ein und suchte den Weg durch diesen Irrgarten aus Schnee, Wolken und Fels. Ich musste nur der vom Seil markierten Strecke folgen, dem Faden durch das Labyrinth des Minotaurus. Das Brüllen des großen Stiers war nicht zu überhören.

Es war absolut unmöglich, über den Grat abzuseilen. Das Seil hätte sich beim Abziehen bestimmt verhängt. Deshalb musste ich abklettern und dabei das Seil aufnehmen. Drunten warteten die anderen, denen das Seil ausgegangen war. Sie sahen aus wie Schneemänner, die Gesichter mit Eis verkrustet, die Kleidung überzogen von einer weißen Schicht. Mo fuhr an den Seilen, die ich ihm übergeben hatte, in

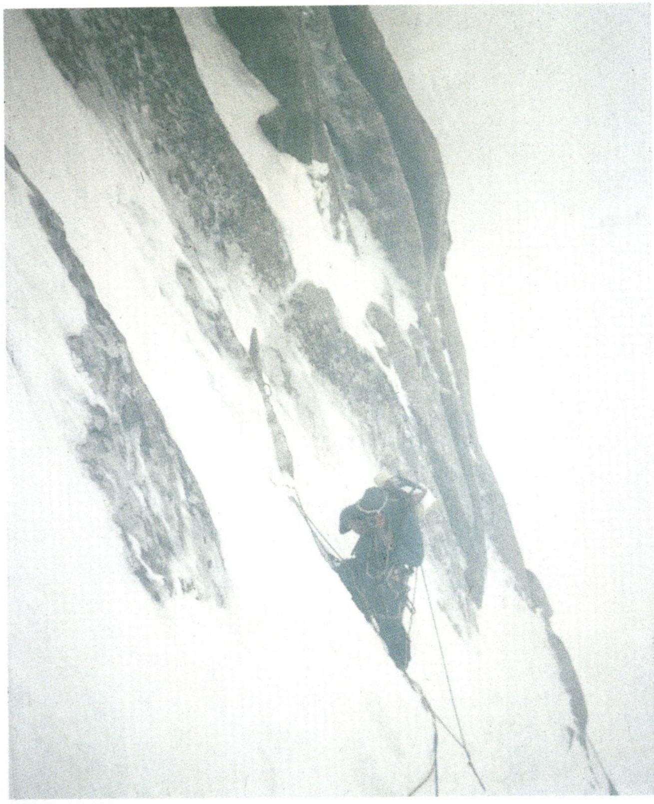

Kein Ende in Sicht!

Wir müssen biwakieren. Wie lange kann ein Mensch das durchhalten?

die Tiefe, während ich mich hinhockte, gefasst auf eine weitere lange und kalte Wartepause. Wir hatten jetzt die steile Wand aus geriffeltem Schnee unterhalb der Felsen des Westgipfels erreicht. Diese wiederum führte zu dem Eishang, der schon bei günstigen Bedingungen heikel gewesen war. Ich fragte mich, wie Doug es schaffen würde, da hinüberzukriechen und was passieren würde, wenn er stürzte.

Jetzt lag dort jedoch so viel Schnee, der Dougs Gewicht gerade noch trug, während er hinüberrobbte. Wieder machte ich den Schlussmann, wobei mir unangenehm bewusst wurde, dass mich niemand sicherte. Ich konnte mir einen Sturz einfach nicht erlauben. Als ich unseren vorigen Biwakplatz erreichte, war es fast schon dunkel. Mo war bereits in der Schneehöhle verschwunden, die er und ich beim Aufsteigen gegraben hatten.

Sie hatte gerade uns beiden Platz geboten. Nun war sie zum Teil mit Schnee gefüllt und natürlich viel zu klein für vier Personen. Nur einer konnte in ihr arbeiten. Ein zweiter durfte den herausgebuddelten Schnee ins Freie schaufeln, während den anderen beiden nichts anderes übrig blieb, als draußen in der dunklen Kälte herumzuschlottern. Kein Wunder, dass wir uns beide in die Höhle drängten, ehe sie richtig fertig war. Doug wollte uns dazu bewegen, sie weiter zu vergrößern, aber wir waren einfach zu kaputt. Wir wollten nur noch in unsere Schlafsäcke rutschen und etwas Flüssiges zu uns nehmen. Auch wenn das nur noch ein milch- und zuckerloser Tee sein konnte, gebraut aus einem einzigen Teebeutel für uns alle.

Es war ein Kampf, nur unsere mit Schnee verkrustete Schutzbekleidung auszuziehen. Und leider erwies es sich als unmöglich, den Schnee von unseren Schlafsäcken fernzuhalten. Ich war als Letzter in die Höhle gekrochen und versuchte, den Eingang mit Rucksäcken und Klettermaterial zu verschließen, doch der Triebschnee fand selbst die kleinsten Lücken. Durch diese stäubte er ohne Unterlass in unser kleines Domizil und bedeckte bald alles mit einem kalten weißen Film, der sich – als wir ihn durch Drehen und Wälzen abzuschütteln versuchten – auf unseren Schlafsäcken in Wasser verwandelte, das zuerst die Daunen in eine wirkungslose, verklebte Masse verwandelte und dann in unsere Kleidung eindrang, sodass am Morgen alles feucht und nass war. Zwar froren wir während der Nacht nicht, da wir uns gegenseitig wärmten, aber am Morgen – es war der 17. Juli, vier Tage nach dem Unfall und zwei nach unserer letzten Mahlzeit – begann uns die Kälte sofort unter die Haut zu kriechen, als wir aus dem Schutz der Höhle in den Sturm hinaustraten, der immer noch um den Ogre tobte.

Ein messerscharfer Grat führt hinab zum Pfeilerkopf. Mo ging voraus, um die erste Abseilstelle einzurichten. Clive und ich nahmen Doug zwischen uns ans Seil und folgten ihm im Schneckentempo. Wir konnten nichts zu seiner Unterstützung tun, als sein Material in unsere Rucksäcke zu packen, ihm wenn möglich badewannengroße Tritte zu graben und ihn im Falle eines Ausrutschers zu halten. Er bewegte sich vorsichtig und in gleichmäßigem Tempo. Falls er Schmerz oder Stress empfand, so ließ er sich das nicht im Geringsten anmerken. Endlich erreichten wir den Kopf des Pfeilers. Mo hatte das Doppelseil eingefädelt und war bereits verschwunden. Wenigstens ging es jetzt gerade nach unten – je steiler, desto besser.

Doug seilte als Nächster ab. Wir schauten ihm nach, sein Umriss verschwamm im wirbelnden Schnee und verschwand. Von unten ertönte ein Ruf, aber wir konnten kein Wort verstehen. Das Seil wurde freigegeben und Clive glitt in die Tiefe. Eine weitere lange Wartepause. Dann hängte auch ich den Abseilachter ein und rutschte am Doppelseil hinunter. Der wirbelnde Schnee, den der Wind aus allen Richtungen gegen meinen Überanzug peitschte, raubte mir die Sicht. Die gefrorene Kleidung war wie eine Ritterrüstung, die meine Bewegungen behinderte. Es war jedoch ein gutes Gefühl, am Seil zu hängen. Ich musste jetzt nur noch rutschen; wenigstens ein paar kurze Minuten lang konnte ich es mir erlauben, in meiner Konzentration nachzulassen. Ich war schon fast unten und konnte gegenüber und ein wenig unterhalb von mir Clives Umriss erkennen. Das war bestimmt der Beginn des Fixseils. Das Schlimmste hatten wir also schon fast hinter uns.

Dann war ich am Fallen. Mit dem Kopf voraus stürzte ich in die Tiefe. War der Abseilpunkt ausgerissen? Blankes Entsetzen durchfuhr mich. Das war es wohl gewesen. Dann spürte ich einen durch Mark und Bein gehenden Schmerz in meiner Brust. Ich hing frei baumelnd im Seil. Ich blieb dort eine ganze Minute lang hängen,

Im White-out erkämpft sich das Team den Weg nach unten.

total geschockt und verängstigt. Dann übernahm mein Bewusstsein wieder die Kontrolle und ich analysierte instinktiv das Geschehen.

Ich war mit meiner Abseilbremse nur noch an einem einzigen Seil befestigt. Die Stränge mussten ungleich lang gewesen sein, sodass ich über das Ende des kürzeren hinausgerutscht war. Mit dem Seil, an dem ich noch hing, war ich in die Tiefe gezischt, bis mein Sturz nach sieben Meter von einer um einen Felszacken geschlungenen Seilschlaufe zum Stillstand gebracht wurde. Ich pendelte hinüber und hängte mich ins Fixseil ein. Meine Rippen mochten zwar schmerzen, aber ich hatte keine Ahnung, dass ich mir durch den Aufprall mehr zugezogen hatte als ein paar Prellungen. Ich hatte

Doug und sein ungebrochener Wille zu überleben. Auf allen vieren kriecht er schon den zweiten Tag im Schneesturm.

aber keine Zeit, mir darüber Sorgen zu machen, denn wir mussten heute unbedingt noch die Zelte erreichen. Ich konnte Doug drüben sehen, wie er sich am Fixseil gesichert mit äußerster Sorgfalt eine unangenehme Felstraverse hinüberarbeitete. Mit Steigeisen an den Stiefeln war es nicht allzu schlimm, aber er musste kriechen.

Erst am Abend hörte ich, dass Doug noch knapper dem Unheil entgangen war als ich. Bei einer Abseilstelle hatten wir versäumt, die Stricke am unteren Fixpunkt zu sichern. Doug war über die Seilenden hinausgerutscht und die Rinne hinuntergezischt. Zum Glück verlief das Fixseil, das wir hinterlassen hatten, ungefähr fünf Meter tiefer quer durch das Couloir. Doug schaffte es, sich im Vorbeischießen daran festzuklammern und dadurch seinen Sturz zu bremsen. Sonst wäre er 1300 Meter tiefer auf den Gletscher gestürzt.

Wir hatten jetzt aber keine Zeit, uns Gedanken über Beinaheunfälle zu machen. Langsam arbeiteten wir uns abseilender- und querenderweise an den Fixseilen hinunter, bis wir ein wenig oberhalb des Schneesporns standen, der zu den Zelten hinabführte. Mo hatte sie bereits erreicht und wir konnten ihn dabei beobachten, wie er begann, sie auszugraben. Das Fixseil endete genau über dem Bergschrund. Es war kein Problem gewesen, ihn unverletzt und unter günstigen Verhältnissen im Aufstieg zu bewältigen. Aber es war ein ganz anderes Spiel, im Schneesturm mit einem Verletzten über die Kluft hinabzusteigen. Genau für einen solchen Eventualfall hatte ich ein kurzes Seilstück mitgenommen. Wir banden Doug ein und begannen ihn abzulassen. Es war aber ein wenig zu kurz. Das Heulen des Sturms wuchs zum Crescendo an. Triebschneelawinen zischten den Sporn herab, zerrten an uns und raubten uns die Sicht; es schien, als ob der Ogre seine Opfer nicht freigeben wollte. Konnte es sein, dass wir sterben sollten, wo die relative Sicherheit doch nur noch ein paar Meter entfernt war? Da flaute der Sturm ab. Doug schaffte es,

Mo und Doug in der Sicherheit ihres Zeltes.

im flacheren Schnee Halt zu finden und konnte sich vom Seil lösen. Auch Clive und ich stiegen hinunter und buddelten die unter dem Schnee vergrabenen Zelte aus. Wenigstens verfügten wir jetzt über eine Art Schutz vor der Unbill des Wetters, wo doch unsere Schlafsäcke und unsere Kleidung durchnässt waren und wir nur noch einige Teebeutel hatten, ergänzt durch ein paar Würfel Oxo-Currysuppe und ein Päckchen Zucker. Feste Nahrung gab es keine mehr.

Als ich mir die Kleider vom Leib schälte, stellte ich fest, dass ich mir doch etwas Ernsthafteres zugezogen hatte als ein paar Prellungen. Deutlich ließ sich auf der linken Seite meines Brustkorbs eine ungleichmäßige Einkerbung ertasten. Wahrscheinlich hatten einige Rippen etwas abbekommen. Zudem war meine linke Hand zum Teil gelähmt und das Handgelenk war geschwollen. Hatte ich es mir gebrochen? Ich kroch in meinen nassen Schlafsack. Mo, mit dem ich das Zelt teilte, brachte mir einen Becher Tee. Er war heiß und süß und schmeckte wie Nektar. Ich rollte mich im Schlafsack zusammen, versuchte mich am letzten Stückchen Wärme festzuklammern, das er abgab und überlegte mir, was der nächste Tag wohl bringen würde.

Ich döste vor mich hin, hörte dem um das Zelt heulenden Wind zu und betete um eine Wetterbesserung am kommenden Tag. Am Morgen war der Sturm aber noch genauso wild wie zuvor. Ich kroch aus dem Zelt, um auszutreten und stellte fest, wie geschwächt ich inzwischen war; es ging mir grausig und ich kroch zurück in meinen Schlafsack. Der war dabei auszutrocknen, wodurch mir allerdings nur noch mehr Körperwärme entzogen wurde. Ich rollte mich zusammen und ließ den Tag im Halbkoma verstreichen. Mein Brustkorb war schmerzfrei, solange ich mich nicht bewegte oder hustete. Das geringste Hüsteln schmerzte wie ein Messerstich. Mein Rachen hatte sich unterdessen durch die unmenschliche Schinderei entzündet, wodurch sich immer wieder ein unerträglicher Kitzelreiz aufbaute, der sich in unkontrollierbaren Hustenanfällen entlud. Ich krümmte mich dann zusammen und umklammerte meine Rippen, um die Schmerzen ein wenig zu lindern.

Beim Husten förderte ich jetzt einen großblasigen Auswurf zutage. War dies das Symptom eines durch den Unfall verursachten Lungenrisses oder Lungenödems? Wie sich der Tag so dahinschleppte, gelangte ich zur Überzeugung, dass mir der Tod drohte, wenn ich nicht bald in tiefere Lagen kam. Im bläulichen Dunkel des Zeltes verstärkten sich meine Ängste. Ich stolperte hinüber zum anderen Zelt und erzählte den Freunden von meinen Sorgen. Ich drängte sie, aufzubrechen, ehe das Ödem mich total aktionsunfähig machte und schämte mich dabei wegen der Schau, die ich abzog.

Mo machte mir klar, dass wir den Weg über das Plateau bei absolut fehlender Sicht unmöglich finden konnten. Wir mussten warten, bis das Wetter aufklarte. Er hatte Recht, und ich kroch zurück ins Zelt, um den Rest des Tages und die lange Nacht hindurch auf das Nachlassen des Sturmes zu hoffen. Diese Herumwarterei war viel schlimmer als die Plackerei beim Absteigen.

Und dann graute der Morgen. Der Wind hämmerte immer noch gegen unsere Behausung, doch plötzlich fiel ein Lichtstrahl auf die Zeltwand. Der Himmel war wolkenfrei, wir konnten das sich unter uns ausdehnende Plateau sehen und der Falle entwischen.

Mo und Clive mussten sich mit riesigen Rucksäcken herumplagen, während wir langsam über die steilen Hänge abseilten, die hinunter zum Plateau führten. Eines der Zelte, das Clive unter einem Riemen seines Rucksacks befestigt hatte, rutschte heraus und sprang in gro-

Doug über die letzten Meter des großen Plateaus des Westcols kriechend, bevor der Westsporn 1000 Meter bis zum Uzun-Brakk abbricht.

ßen Sätzen über die Flanke hinab. Clive fluchte, fügte sich dann aber in sein Schicksal und stellte sich auf einen weiten Umweg ein, um es zu holen. Endlich hatten wir die relative Sicherheit des Plateaus erreicht. Unter dem klaren blauen Himmel fühlten wir uns schon fast außer Gefahr. Doug bot sich an, Clives Rucksack zu übernehmen, während der das Zelt holen ging. Auf allen Vieren krabbelte er unter der Last des riesigen Rucksacks davon. Ich folgte ihm und war entsetzt, dass ich nicht mit ihm Schritt halten konnte. Meine Kraft war total aufgezehrt. Ich ging ein paar Schritte, setzte mich hin und wankte dann weiter.

Wir hatten nun seit fünf Tagen keine feste Nahrung mehr zu uns genommen, aber jetzt waren es ja nur noch 1000 Höhenmeter Abstieg bis auf den Gletscher, das meiste davon mit Fixseilen gesichert. Bestimmt würden Nick und Tut im Vorgeschobenen Basislager bereitstehen, um zu helfen, da sie sich Sorgen um uns machten. Dann würden sie die Verantwortung übernehmen und die Quälerei hätte ein Ende.

Am Morgen des 20. Juli brachen Mo und ich als Erste auf. Um das Gewicht meines Rucksacks zu verringern, hatte ich jedes Ausrüstungsstück zurückgelassen, das nicht überlebensnotwendig war. Sogar von meiner Kamera hatte ich mich verabschiedet. Mo fixierte den oberen Teil des Grates. Ich folgte ihm und schlug dabei größere Stufen, um Doug das Abwärtskriechen zu erleichtern. Die Arbeit war schwierig, da meine linke Hand den Einsatz total verweigerte. Dies erschwerte das Hinunterkommen, vor allem auch weil die Fixseile stark gelitten hatten, während wir oben am Berg waren. In einigen Passagen hatten sie sich gedehnt, an anderen Stellen waren sie total verheddert. Der Abstieg schien sich unendlich hinzuziehen. Immer wieder starrte ich hinunter auf den Gletscher, um das auf uns wartende Empfangskomitee auszumachen. Aber wo das Vorgeschobene Basislager hätte sein sollen, waren weder Zelte zu sehen noch irgendein Lebenszeichen.

Die Fixseile endeten an den letzten Felsen. Hierher waren wir vor einigen Tagen über einen Schneehang aufgestiegen, der sich inzwischen in eine Eisflanke verwandelt hatte. Eigentlich hätte ich nur mit den Steigeisen über ihn hinunterstapfen müssen, aber jeder Einsatz der Eisen verursachte einen stechenden Schmerz in meiner Brust. Ich hielt es nicht aus. Zum Teufel mit der Hatscherei, dann rutsche ich eben! Ich warf den Rucksack über den Hang hinunter und folgte ihm auf meinem Hosenboden. Allerdings konnte ich den Eispickel nur mit einer Hand halten, sodass die Bremswirkung eher bescheiden war. Bald fegte ich total außer Kontrolle in hoher Geschwindigkeit den Hang hinab und versuchte dabei, meine Rippen so gut wie möglich zu schützen. Mit einem Knirschen kam ich zum Stillstand und blieb einfach im Schnee liegen, erschöpft und erleichtert, dass der schlimmste Teil des Abstiegs hinter mir lag.

Mo wartete bereits auf mich. »Wir sollten uns auf dem Gletscher besser anseilen«, meinte er. »Nach allem, was wir durchgemacht haben, habe ich keine Lust darauf, mein Leben in einer Spalte auszuhauchen.« Ich nahm das angebotene Seil und Mo machte sich daran, sich durch den tiefen, weichen Schnee zu wühlen. Er war wie ein Schlepper, der auf hoher See ein Wrack hinter sich herzog. Ich spürte den Zug des Seils an meinen Hüften und setzte todmüde in den Spuren, die Mo hinterlassen hatte, einen Fuß vor den anderen. Endlich erreichten wir eine felsige Moräne am Ende des Gletschers. »Ab hier kannst du dich wohl alleine durchschlagen«, meinte Mo. »Ich würde gerne vorausgehen und schauen, was die anderen da unten so treiben.«

Er war schnell außer Sicht, während ich die Moräne hinunterwanderte. Ich stolperte immer wieder ein paar Schritte weit, um dann niederzusinken und die Sonnenhitze zu genießen, die ganz allmählich meinen fröstelnden Körper zu durchdringen begann. In der öden Steinwüste zeigten sich nach und nach die ersten Pflanzen, zuerst ein Büschel von Primeln, versteckt in einer Felsspalte, und dann, als ich um eine Ecke bog, die kleine Oase mit der Wiese und dem Seelein, wo wir unser Basislager errichtet hatten – smaragdgrünes Gras, umschlossen von den Armen der Moränenhügel. Aber die Zelte waren verschwunden. Weit und breit keine Menschenseele. Ich erreichte den Felsblock, wo wir unseren Kochplatz eingerichtet hatten. Unter dem Überhang fanden sich keine Töpfe und Pfannen oder Verpflegungskartons. Nur ein Zettel mit einer Botschaft. Sie war verfasst in Nicks Handschrift und auf den 20. Juli datiert. Einigermaßen erschüttert las ich:

Liebe Freunde,
in dem unwahrscheinlichen Fall, dass Ihr dies lest, möchte ich Euch mitteilen, dass ich abgestiegen bin, um Tut und die Träger einzuholen, sodass wir wieder hochkommen können, um nach Euch zu suchen. Wir haben Euch dabei beobachtet, wie Ihr am 14. Juli vom Gipfel abgestiegen seid und sind dann davon ausgegangen, dass Ihr am folgenden Tag hier unten seid. Die Träger waren bereits eingetroffen, und wir haben weder die Verpflegung noch das Geld gehabt, um sie hier halten zu können. Deshalb sind Tut und Aleem mit den Trägern abgestiegen. Dabei haben sie auch das gesamte Bergmaterial mitgenommen, während ich mit sechs von ihnen hier gewartet habe, um Euch beim Tragen zu helfen.
Ich kann nur annehmen, dass etwas fürchterlich schief gegangen ist, aber ich habe leider nicht hochkommen können, um mir selbst ein Bild zu machen, weil ich meine gesamte Bergausrüstung weggeschickt habe. Tut und ich werden so schnell wie möglich wieder da sein.

Nick

Darunter war noch eine Nachricht in Mos Handschrift:
Ich bin sofort weitergelaufen, um Nick noch einzuholen. Ich werde mit ihm zusammen die Träger hochbringen, damit sie so schnell wie möglich hier sind, um Euch runterzuhelfen.

Mo

Wir waren also immer noch auf uns gestellt. Würde Doug es schaffen, den ganzen Weg ins Basislager zu kriechen? Das waren immerhin fünf Kilometer. Ich hätte eigentlich wieder hochgehen sollen, um Clive zu helfen, aber ich war dazu einfach zu müde. Ich fühlte mich sogar zu kaputt zum Essen. Ich hatte zwar seit fünf Tagen keine feste Nahrung zu mir genommen, aber ich verspürte dennoch kaum Hunger. Ich legte mich nur der Länge nach hin und genoss es, wie die warmen Grashalme mein Gesicht berührten, ich sog durch die Nase seinen Duft ein, den satten Geruch des Lebens; ich hörte das Summen der Fliegen und das Rascheln des Windes im Schilf des Sees. Ich war am Leben, und ich wusste, dass es mir gelingen würde, mich an diesem Dasein festzuklammern. Ich musste nur ein wenig Geduld haben, dann würde ich auch endlich wieder daheim sein.

Währenddessen erkämpfte sich Doug zusammen mit Clive den langen und gefährlichen Weg über den Westgrat in die Sicherheit des Basislagers. Mit einem Abstand von 24 Jahren erinnert sich dieser Ausnahmebergsteiger an die letzten Momente dieses dramatischen Abstiegs:

Doug kriecht auf allen vieren fünf Kilometer über den Uzun-Brakk-Gletscher bis in das Basislager.

Doug mit den beidseitig gebrochenen Knöcheln und durchgescheuerten Knien im Basislager – das Ende einer großen Odyssee.

Doug:
Eine besonders üble Situation beim Abstieg vom Plateau werde ich nie vergessen. Ich hing eine Stunde im tiefsten Punkt eines Seilverhaus, das sich in einem Fixseil gebildet hatte, und kämpfte mit dem Verschluss eines verdammten Schraubkarabiners, den ich trotz meiner verzweifelten Anstrengungen nicht öffnen konnte. Irgendwie kriegte ich ihn dann doch auf und rutschte weiter hinunter bis zum Gletscher. Das war am siebten Tag nach dem Unfall. Dann begann die unendliche Kriecherei zum Basislager, ungefähr fünf Kilometer weit. Auf dem Schnee war es noch einigermaßen erträglich und ging recht schnell. Einmal schickte mich Clive sogar vor, um die Brücken über die Spalten auszuchecken. Er meinte wohl, meine Gewichtsverteilung sei günstiger.

Dann begann die Moräne, und das war eher schmerzhaft, mit all dem Granitschotter, den kleinen Steinchen und den Blöcken, über die wir beim Aufstieg einfach drübergesprungen waren. Das dauerte den ganzen Nachmittag hindurch und bis in die Nacht hinein. Clive war vorausgegangen, wohl um eine Stirnlampe zu holen und Proviant. Mir ging es inzwischen richtig dreckig. Ich hatte an den Beinen vier oder fünf Schichten an. Auf der Haut trug ich ein Seidentrikot, dann kamen meine Hosen und darüber einige von den Kameraden überlassene Überanzüge. Bald waren alle Lagen durchgescheuert, sodass meine Knie ziemlich blutig wurden. Das tat weh. Zudem schlugen die gebrochenen Knöchel dauernd irgendwo an. Dennoch erreichte ich so gegen 9.30 oder 10 Uhr die Moräne, wo wir das Basislager errichtet hatten, und ließ mich ins Gras fallen. Ich war erleichtert.

Clive verbindet Chris den Brustkorb.

Ich erinnere mich noch, wie ich am nächsten Morgen unter einem Block aufwachte. Das Beste war, dass die Sonne auf den feuchten Schlafsack schien, der in der Hitze dampfte. Der Duft des Grases und der Blumen war unvorstellbar intensiv. Ich hatte sie vor unserem Aufstieg gesammelt und bestimmt, es waren nicht weniger als 35 verschiedene Arten. Dazu die Wärme und der Geruch der Erde.

Es war die Phase, die du nach jedem Gipfelerfolg erlebst. Du bist außer Gefahr und musst dich noch nicht mit der Außenwelt – den Trägern und so weiter – auseinander setzen. Das ist eine Zeit, in der du mit dir selbst im Reinen bist. Ich fühlte mich unglaublich gut.

Wir hatten es geschafft. Wir waren am Leben. Die Lösung der Probleme, die jetzt noch vor uns lagen – Verzögerungen und andere kleine Unannehmlichkeiten – , war nur noch eine Frage der Zeit.

Auch Clive ist von diesem dramatischen Abenteuer Ogre schwer gezeichnet.

Doug wird mit einer behelfsmäßigen Trage 40 Kilometer über den Biafo-Gletscher zurück in die Zivilisation getragen.

▲ Zeltlager ● Schneehöhle — Route mit Fixseilen --- Route ohne Fixseile CN: Chris/Nick

Zwei Bergsteiger, die immer noch den Geist der modernen Bergsteigerei in sich tragen und das Abenteuer suchen – Doug Scott und Chris Bonington im November 2001:

Doug: *Unsere Ogre-Besteigung war eine echte Odyssee. Später haben die Leute viel Aufhebens gemacht wegen des Einsatzes, der notwendig war, um mit zwei gebrochenen Beinen runterzukommen. Dabei hätte das jeder von uns hingekriegt. Wir waren alle recht fit, sonst hätten wir ja am Ogre nie eine solche Höhe erreicht. Jeder, der beim Abseilen einen so saublöden Fehler macht wie ich und sich dabei beide Beine bricht, würde alles daransetzen, um mit dem Leben davon zu kommen. Und wie die Dinge nun einmal standen, blieb mir gar nichts anderes übrig als durch den Schnee zu robben und beim Abseilen die Beine in die Luft zu strecken. Ich hatte eben das Glück, dass meine Beine direkt oberhalb der Knöchel gebrochen waren, mit einem kaputten Oberschenkel hätte ich wahrscheinlich keine Chance gehabt. Und allein so oder so nicht! Chris hat mich am Gipfelturm jeden Meter hinuntergesichert. Später halfen mir Mo und Clive beim Abseilen und beim Abstieg über die Fixseile. Unsere Ogre-Unternehmung war zwar keine Besteigung im Alpinstil – wir hatten ja lange Strecken fixiert –, aber wir waren dennoch recht exponiert da oben und total auf uns selbst gestellt. Als dann der Unfall passierte, gingen wir auf Schulterschluss. Wie ein militärischer Stoßtrupp hinter den gegnerischen Linien, der abgeschnitten ist und dessen Mitglieder total aufeinander angewiesen sind. Genau das ist da oben passiert. Die anderen haben sich um mich geschart, und gemeinsam sind wir runtergekommen. Das zeigt nur, was man im Team schaffen kann.*

Chris: *Nach meiner Meinung haben wir unser Überleben zwei Faktoren zu verdanken. Einer davon war ganz bestimmt die Qualität des Teams. Und das ist gar nicht so selbstverständlich, denn es ist schon viel schief gegangen, weil eine Gruppe nicht gut zusammengearbeitet hat. Wären die Unverletzten in unserem Team nicht bereit gewesen, ihr Leben zu riskieren, um dich und mich runterzubringen, hätten wir ausgespielt gehabt. Clive und Mo haben in dieser Richtung ungeheuer viel geleistet! Auf der anderen Seite bin ich der Meinung, dass du, Doug, deinen Beitrag zu gering bewertest! Was ich an dir bewundere ist nicht so sehr deine physische Stärke und auch nicht dein technisches Können und dein Überlebensinstinkt. Denn mindestens so entscheidend war, dass du in unserer Vierergruppe immer eine positive dynamische Kraft geblieben bist. Du hast nie ans Aufgeben gedacht und du hast uns wenn immer möglich unterstützt. Du warst ein entscheidender Faktor unseres Überlebens. Nicht wir haben dich runtergekriegt, jeder Einzelne von uns hat auf seine Weise zu unserem Durchkommen beigetragen. Das ist nach meiner Auffassung das wirklich Wichtige an dieser Erfahrung.*

In den Anfangsphasen der Expedition waren wir vier Individuen, die immer wieder Meinungsverschiedenheiten hatten. Als es dann aber hart auf hart kam, wurde aus diesen Individuen eine geschlossene Einheit. Wenn du dir den Oberschenkel gebrochen hättest, wärst du wahrscheinlich ohne jede Überlebenschance gewesen. Es war für mich immer eine Horrorvorstellung, jemanden bei mir zu haben, der so schwer verletzt ist, dass ich keine Möglichkeit hätte, ihn zu bergen. Wenn ich in einer solchen Situation wäre, würde ich hoffentlich alles geben, um ihn zu retten, auch wenn ich dabei mein Leben aufs Spiel setzen müsste. Es ist erschreckend, wenn man von Vorkommnissen an den Modebergen wie am Everest hört, bei denen Leute einfach an Schwerverletzten oder Sterbenden vorbeisteigen. Diese Zeitgenossen schauen nicht weg, weil sie Angst haben oder weil eine Rettung unmöglich wäre. Nein, diese Typen sind vom Ehrgeiz besessen, den Gipfel zu erreichen! Ihr Erfolgszwang ist so groß, dass sie bereit sind, einen neben der Aufstiegsspur liegenden Bergkameraden sterben zu lassen. Das hat nichts mehr mit Bergsteigen zu tun.

Chris Bonington und Doug Scott.

DER MYTHOS

Die weiteren Expeditionen am »Menschenfresser«

1978 Japanische Expedition an der Südwand – bis 20 Meter unter dem Gipfel

Fast, aber nicht ganz

Japanese Alpine Club

Der Shizuoka Tohan Club ließ nicht locker. Sie ließen sich von der Nachricht der ersten Besteigung durch die Britische Expedition nicht beirren und beantragten im darauf folgenden Jahr erneut den Ogre - und sie erhielten das Permit. Auch von der Idee, den Ogre über die Südwand zu besteigen, wichen sie nicht ab, obwohl ihre Expedition 1974 nur um Haaresbreite nicht mit einer Tragödie endete.

Die größte Gefahr bei dieser Route birgt ein unscheinbares, nicht allzu steiles U-förmiges Gletschertal, das auf eine Scharte zwischen einem massiven Pfeiler des Ogre und einem Steilaufschwung des Ogre II führt. Death Alley – so heißt diese eigentlich harmlose Gletscherzone, die von Ogre und Ogre II eingezwängt ist. Die todbringende Gefahr kommt vom kleinen Bruder des Ogre, dem Ogre II. Die rechte Talseite wird von einer senkrechten, 400 Meter hohen und über 1500 Meter breiten Wand begrenzt. Über diesem Steilabbruch befindet sich ein Gletscher, der einen gewaltigen Schub von der Gipfelregion des Ogre II erhält und dadurch ständig in Bewegung ist. Jede noch so kleine Bewegung löst eine gewaltige Eislawine aus, die tosend über die senkrechte Wand in das Gletschertal kracht. Es gibt dadurch für keinen Bergsteiger die Garantie, lebend durch diese »Allee des Todes« zu kommen: gehen und nicht denken, hoffen, dass nichts passiert, oder erschrecken, wenn es kracht und in den nächsten Sekunden alles schwarz wird. Das ist die schlimmste Vorstellung für einen Bergsteiger: dass sein eigenes Schicksal zu 100 Prozent durch die Natur bestimmt ist, dass er der Natur machtlos ausgeliefert ist.

Das Team bestand aus sieben Bergsteigern unter der Leitung von Yokoi Katsumi. Sie errichteten ihr Basislager mitten auf dem Uzun-Brakk-Gletscher, um sich den mühevollen und langwierigen Anstieg von Baintha aus zu sparen. Offensichtlich war ihnen das Basislager der Briten am rechten Rand des Uzun-Brakk-Gletschers auf 4500 Meter noch unbekannt.

Am 24. Juni richteten sie ein Lager am Beginn des vom Eisschlag bedrohten Death Alley ein. Alle sieben Teammitglieder beteiligten sich an diesem extrem gefährlichen Transport, bei dem ihre Lasten bis auf die 5600 Meter hoch gelegene Scharte zwischen Ogre und Ogre II geschleppt werden mussten. Sie gingen nur in der Nacht, wo durch die Kälte die Eisschlaggefahr geringer ist, um die Gefahr ein wenig zu mindern.

Bis zum 30. Juni kletterten sie von der Scharte noch 300 Meter an einem markanten Granitpfeiler, ehe sie wieder in das Vorgeschobene Basislager am Uzun-Brakk-Gletscher zurückkehren mussten. Anhaltend schlechtes Wetter unterbrach ihre Aktivitäten am Berg bis zum 11. Juli. Dann ging es wieder los. Bei guten Bedingungen kletterten sie zu siebt an diesem markanten Felspfeiler. Sie verbrachten vier Nächte im Sitzen schlafend in der steilen Wand, bis sie den ersten großen Pfeileraufschwung unter sich lassen und auf einer Höhe von 6150 Meter ihr Lager III errichten konnten. Ab hier verfolgten sie ein großes, nach links aufwärtsziehendes Firnfeld und erreichten schnell eine Höhe von 6800 Meter. Und wieder zwang schlechtes Wetter sie zurück in das Basislager. Zwei Teilnehmer litten an angefrorenen Zehen und beendeten die Expedition vorzeitig.

Die übrigen fünf Bergsteiger starteten zu ihrem letzten Versuch, den Gipfel zu besteigen. Am 29. Juli erreichten sie ihr Lager III mit Hilfe von 500 Meter Fixseil. Am nächsten Tag erklärten noch zwei weitere Teilnehmer, dass sie nicht mehr weiterklettern wollen und kehrten ins Basislager zurück.

Zuletzt waren es noch Toshiro Kitamura, Kimio Itokawa und Yokoi Katsumi, die Richtung Gipfel weiterkletterten. Der steile zentrale Felsaufschwung der Südwand lag bald unter ihnen und der Anstieg wechselte zu einem 50 Grad steilen Eisfeld. Die drei hofften in den nächsten zwei Tagen den Gipfel zu erreichen. Die Kletterei am Gipfelturm begann am 1. August. Schlechtes Wetter und die Knappheit an Proviant und Gas bremsten das Team. Am 4. August erreichten sie den großen Block auf 7260 Meter, den Doug Scott und Chris Bonington rechts umgehen konnten. Sie fanden diese leichte Variante jedoch nicht und versuchten stattdessen, direkt über den 15 Meter hohen, überhängenden Block auf den Gipfel zu klettern. Nach einer weiteren Biwaknacht teilten sie am 5. August die letzten sechs Kekse und Yokoi Katsumi unternahm einen letzten Versuch, diese schwierige Stelle zu meistern. Um 23 Uhr erreichten sie gemeinsam das Ende der Felsschwierigkeiten - 20 Meter unter dem Gipfel. Sie waren schwer angeschlagen und total erschöpft. Doch obwohl die letzten Meter zum Gipfel keine Schwierigkeit mehr darzustellen schienen, ließen sie Gipfel Gipfel sein und begannen sofort mit dem Abstieg. Auch wenn sie die Expedition ohne Gipfelerfolg beenden mussten, so waren sie am Ende doch glücklich, die Südwand bestiegen zu haben, ohne dass ihnen etwas zugestoßen war.

Das Death Alley.

Thomas Huber:
Diese Geschichte ist unglaublich. Ein Team kämpft neun Tage am Ogre, hat schon lange das Limit überschritten und verzichtet auf den Gipfel, obwohl der höchste Punkt ohne Seil in fünf Minuten zu erreichen gewesen wäre und das gerade hinter ihnen Liegende um Dimensionen schwieriger war. So wenig nachvollziehbar diese Geschichte auch sein mag, so sehr beeindruckt mich die Ehrlichkeit über diesen Fast-Erfolg. Einige andere Expeditionen hätten diese Geschichte, wären sie in derselben Situation gewesen, vermutlich zum großen Erfolg - zur zweiten Besteigung des Ogre - gemacht.

1983 Französische Expedition – die Erstbegehung des Südpfeilers

Im Alpinstil am Südpfeiler

Gérard Pailheiret

Nach Erledigung der Formalitäten bei den Behörden in Rawalpindi – eine fünf Tage dauernde Zerreißprobe für unsere Nerven – und einer mehrere Tage langen Anreise erreichen wir, Michel Fauquet, Vincent Fine, Dominique Suchet und ich, am 22. Mai endlich das Basislager am Rand des Uzun-Brakk-Gletschers. Doch hier wartet eine böse Überraschung auf uns: Dort wo die Briten ein paar Jahre zuvor im Gras gelegen waren, lagen nun anderthalb Meter Schnee. Am 24. Mai beginnen wir mit der Arbeit am Berg. Lager I wird auf 5300 Meter errichtet. Es steht gerade eine Viertelstunde, als es von einer Staublawine niedergerissen wird. Uns selbst bleibt nur, die eisige Dusche stoisch zu ertragen. Wir klettern weiter und etablieren ein weiteres Lager auf 6000 Meter. 800 Meter Fixseil ermöglichen uns ein gefahrloses Pendeln zwischen den Lagern.

Am 6. Juni – die Vorbereitungen sind abgeschlossen und wir fühlen uns gut akklimatisiert – starten wir zu viert unseren Besteigungsversuch. Schon nach vier Seillängen zwingt uns ein heftiger Sturm zum Rückzug und wir müssen bei widrigsten Bedingungen biwakieren. Es läuft nicht gut. Erste Anzeichen von Erfrierungen an den Füßen kündigen sich an und zwei

Das exponierte Lager am Pfeiler, wir sind voller Hoffnungen.

Neuland – bester Granit auf 6400 Meter am Ogre-Südpfeiler.

von unseren vier Seilen müssen ausrangiert werden. Unsere Steigklemmen und das Nachziehen unseres Materialsackes haben die Seile verschlissen, der raue Granit tat noch das seine dazu. Wir brechen diesen Versuch ab.

Dominique und ich haben genug vom Ogre. Als das Wetter wieder besser wird, widmen wir uns den Sechstausendern, die in der Nähe des Basislagers auf dem Uzun-Brakk-Gletscher liegen.

Am Ende der Expedition hat jeder von uns vier unbestiegene Sechstausender im Alleingang erklettert.

Michel und Vincent starten am 10. Juni einen neuen Versuch an unserem eigentlichen Ziel und nehmen sich den Südpfeiler vor. In fünf Tagen klettern sie als erste Menschen durch den grandiosen, 800 Meter langen, kompakten Felspfeiler. Die Schwierigkeiten sind extrem: 24 Seillängen zwischen dem fünften und siebten Schwierigkeitsgrad und A3 im technischen Grad und zwei große Pendelquergänge sind zu meistern – und alles ohne Fixseil. Eine Erstbegehung im saubersten Stil.

Vor ihnen liegen jedoch noch die letzten 800 Meter bis zum Gipfel. Wieder bricht über Vincent und Michel heftiges Schlechtwetter herein. Den 16. Juni verbringen sie unter einer an die Felswand gespannten Zeltplane und fasten, um sich den letzten Proviantrest aufzusparen!

Am 17. Juni unternehmen die beiden einen letzten Versuch, bei einem Meter Neuschnee und akuter Lawinengefahr den Gipfel über die Route der Engländer zu erreichen. Doch es ist nichts zu machen: Auf 7100 Meter Höhe setzt der Sturm jedem Weiterkommen ein Ende. In den nächsten zwei Tagen seilen sie über den Südpfeiler ab. Das permanente Schlechtwetter und der Hunger malträtieren die beiden bis zur letzten Minute.

Das Hauptziel – der Südpfeiler – wurde erreicht, der Gipfel jedoch nicht. Die Erfrierungen an den Füßen als Folge der kalten, unbequemen Nächte (die sie zum Teil im Gurt hängend verbrachten) werden als eine schmerzhafte Erinnerung an ein großes Abenteuer sichtbar bleiben.

Kurz unter dem Ausstieg: Ein großer Pendelquergang bringt uns in leichteres Gelände.

Ein Inferno: der Rückzug aus dem Südpfeiler.

1990 Deutsche Expedition – Kletter-Marathon am Südpfeiler

Fünf Freunde und ein ehrlicher Kampf

»Der schönste Platz ist immer an der Theke.«
Ton, Steine, Scherben

Malte Roeper

Für sechs Wochen wird diese Wiese unser Lager sein. Kurzer saftiger Gebirgsrasen bedeckt den Boden, dazwischen kleine Edelweiß: wie zu Hause die Gänseblümchen. Es ist die letzte grüne Oase vor der üblichen Wüste aus Steinen und gefrorenem Wasser. Ich sage: übliche Wüste, obwohl es meine erste Expedition ist. Aber im Mont-Blanc-Gebiet, wo ich normalerweise meine Zeit verbringe, ist es genau dieselbe Wüste. Als Wüste empfindet man es natürlich erst, wenn man gerade wieder genug hat. Wenn der rituelle Kreislauf in der Psyche des jungen besessenen Bergsteigers wieder den tiefsten Punkt durchläuft und er alles zum Teufel wünscht. Wenn er wieder denkt: Was ist das alles für ein trostloser Irrtum? Warum kreise ich in dieser senkrechten Sackgasse wie ein Singvogel, der in der Wohnung gegen die Wände flattert, weil er zu doof ist, das offene Fenster zu finden?

Auch diesmal wird jener Punkt kommen, und zwar nach unserem Rückzug, als wir in tagelangem Schneefall auf die Träger warten. Aber er geht ganz schnell vorbei. Die Expedition zum Ogre war – das sage ich heute mit zwölf Jahren Abstand – eines der verdammt noch mal besten Abenteuer meines Lebens.

Wir sind zu fünft: Michi, der Ingenieur-Student; Jürgen, der Heeresbergführer; Hans, der Krankenpfleger; Toni, der Physiotherapeut und ich, der Verkäufer im Outdoor-Laden. Und im Grunde haben wir alle keine Ahnung. Niemand von uns hat je einen Berg vom Kaliber des Ogre probiert. Doch Michi und Jürgen waren im Jahr zuvor mit einer DAV-Trainingsexpedition im selben Basislager und kennen wenigstens die Gegend. Die beiden akklimatisieren sich schnell und steigen ein. Irgendjemand muss schließlich einsteigen, denn seit über einer Woche scheint die Sonne. Das ist ja eine der schrulligen Pflichten dieses Bergsteigerlebens: bei Schönwetter nicht stillsitzen zu dürfen.

Während Michi und Jürgen also bereits den Kampf kämpfen dürfen, für den wir gekommen sind, leiden Toni, Hans und ich noch immer unter Kopfschmerzen. Ferner macht seit dem ersten Tag eine Bärenmama mit ihren zwei Jungen unser Lager unsicher. Die Essensmengen, die ausreichen, um uns über all die Wochen zu ernähren, müssen Mama Bärs Nase einfach überwältigen. Als unser Koch die Bären sah, sagte er nur »Ich habe Familie« und ging. Er verzichtete auf sechs Wochenlöhne, und das ist viel Geld in einer Gegend, in der die Kinder keine Schuhe haben. Unser Begleitoffizier ging gleich mit. Wir »Sahibs« hatten Captain Fakhar Islam als außerordentlich hilfsbereiten, gebildeten und sanftmütigen Mann kennen gelernt. Den Trägern jedoch, die unsere Wohlstandslasten über den mächtigen Biafo-Gletscher schleppten und die wir dafür so maßlos bewunderten, begegnete er mit tiefer Verachtung. Für ihn sind die Einheimischen einfach Analphabeten, die sozial unter ihm stehen. Im K2-Hotel in Skardu will er auf uns warten.

Nacht für Nacht kämpfen wir drei mit den drei Bären den einfachen, elementaren Kampf ums

Essen. Angeblich gehen sie nicht in Zelte, in denen sich Menschen aufhalten, und so schlafe ich zur Abschreckung im Küchenzelt.

Ich sehe noch heute vor mir, wie der Bär durch die Zeltwand nach den übereinander gestapelten Tonnen greift. Nun schlagen wir jede Nacht wenn sie kommen – und meist kommen sie mehrfach – mit Suppenkellen auf die größten Töpfe, bis sie irgendwann verschwinden. Da sind wir also: erwachsene Männer, unterwegs in einem der letzten gesicherten Reservate traditioneller Männlichkeit, dummerweise noch nicht am Berg, weil wir Kopfschmerzen haben (»Heute noch nicht, Liebling, ich habe Migräne«) und nachts laufen wir in Unterhosen ums Zelt und spielen – Topfschlagen.

Je näher der Tag rückt, an dem wir akklimatisiert sind und endlich einsteigen können, desto mehr beschäftigt uns die Frage, was aus unserem Lager wird, wenn wir es nicht mehr bewachen. Hans und ich waren Augenzeugen, wie dieselbe Bärin in einem anderen Basislager das Zelt einer holländischen Expedition verwüstete. Es war ihr nicht eben schwer gefallen. Am letzten Abend, unsere Rucksäcke sind gepackt, taucht ein Balti bei uns auf: Jussuf.

»You need cook«, sagt er. – »There is a bear«, sagen wir. – »No problem«, sagt er, »I have rifle.«

Es ist eine Schrotflinte. Wenn du einen Bären mit einer Schrotflinte verwundest, wird er wütend und dann, Schätzchen, dann bist du erledigt. Das haben wir doch alle aus den Wildwest-Filmen gelernt. Aber erstens: Das würde er auf Englisch nicht verstehen. Zweitens: Wenn wir die Stärke seiner Waffe anzweifeln, verletzen wir ihn in seinem Ehrgefühl. Drittens: Wir haben sowieso keine Wahl. Auf die Idee, dass er – ein Balti, also: ein Analphabet – vielleicht einfach weiß, was er tut, kommen wir nicht.

»O.K.«, sagen wir, »how much?« – »You say!«

Dass wir seinen Lohn festlegen sollen, überzeugt uns endgültig. Wir überlassen ihm drei Zelte und alles, was zurückbleibt.

Am nächsten Morgen brechen wir auf. Hans ist blass. Er hat am längsten mit seiner Höhenanpassung zu tun gehabt und scheint unter dem Druck zu leiden, dass wir seinetwegen warten mussten. Gestern sind wir wegen ihm noch

Nächtlicher Besuch von langzotteligen Bären, bei den Einheimischen Dremos genannt.

einmal umgekehrt, was immerhin den Vorteil hatte, Jussuf zu treffen. Aber heute sieht er wieder nicht gut aus. Ich habe das Gefühl, er will es erzwingen, obwohl er nicht fit ist. Mit einer schneidenden Härte, die mich heute noch sowohl reut als auch wundert, fordere ich ihn auf umzukehren. Meine eigene Chance auf den Gipfel bedeutete mir also mehr als der Teamgeist. Auf dem Basar in Rawalpindi habe ich ihn angeschrien, weil er meines Erachtens zu viel Zeit mit Fotografieren verbrachte. Ich habe irgendein Problem mit ihm, ich weiß nicht welches. Hans seinerseits will vernünftigerweise nicht aufgeben. Toni schlichtet, und das Schicksal löst unseren Streit ganz friedlich. Im Zustiegscouloir übernehme ich mich beim Lastentragen und breche beinahe zusammen. Ohne jede verbale Revanche nimmt Hans mir einen Teil des Gepäcks ab. Für diese mehr als faire Geste bin ich ihm grenzenlos dankbar. Seitdem und bis heute sind wir Freunde.

Jedenfalls: endlich am Berg! Für Momente sind wir immer vollkommen glücklich, ganz einfach, weil wir das tun dürfen, was wir am besten können. Wir sind schneller als Michi und Jürgen, denn zu dritt haben wir die ideale Zahl für eine Bigwall-Mannschaft: einer führt, der zweite sichert und bringt ihm das Klettermaterial, der dritte kümmert sich um den Transport und anderes.

Tag für Tag kommen wir ihnen näher. Manchmal können wir sie von unten sehen. Manchmal verlieren sie etwas, und dann fällt es knapp an uns vorbei. Jeden Abend um halb neun funken wir mit den Jungs. Wir fragen, wie es ihnen geht, sie geben uns Tipps für den nächsten Tag. Wir benutzen ihre Namen nicht mehr. Für uns sind sie nur noch »die Jungs«.

An den senkrechten Alltag gewöhnen wir uns relativ schnell. Es ist alles sehr umständlich, aber na ja, Klettern können wir ja, das ist nichts Neues: Ein Seil ist ein Seil, ein Haken ein Haken, ein Griff ein Griff. Wir gewöhnen uns an

Im unteren Teil des Südpfeilers sind die Biwakplätze noch bequem auf großzügigen Bändern.

Das Portaledge-Camp auf 6000 Meter am Ende des vierten Tages, im Visier der Gipfel des Ogre.

Der Expeditionsalltag und die Lagerromantik in einer senkrechten Wand. Selbst die Kaffeetasse erhält eine Fangschnur.

das Leben im Portaledge: Kochen, Essen, Reden, Schlafen. Nur diese tagelange Paranoia, dass wieder etwas runterfällt, macht uns langsam wahnsinnig. Alles bekommt Fangschnüre, bis hin zur Kaffeetasse. Alles wird ständig in irgendwelche Karabiner geklinkt. Und dann legst du einen Handschuh zur Seite, und schwupps ist er weg.

Viel mehr als nach einem warmen Bad oder eine Kneipe sehne ich mich nach der Möglichkeit, alles, was ich im Moment nicht brauche, irgendwo liegen lassen zu können, so wie zu Hause auch.

Tag fünf. Die Jungs haben gesagt, fünf Seillängen sind es bis zum nächsten möglichen Biwak, einem großen Band. Fünf Längen! Und dazu noch drei Längen jümarn und haulen, die Toni gestern fixiert hat. Fünf Längen sind normalerweise noch nicht mal eine Halbtagestour. Mit unserem Gepäck wird es ein Marathon. Wir haben: Felsausrüstung für den Pfeiler und den Gipfelturm, Eisausrüstung für das große Eisfeld, Schlafsäcke, Matten, Überhosen, Mützen, Handschuhe, Kocher, Gaskartuschen und Essen für ich weiß nicht wie viele Tage, Fotoapparate, Filme, Batterien, Stirnlampen. Das muss alles in der richtigen Reihenfolge in die zwei Haulbags, die Nachziehsäcke.

Als Erstes müssen wir die Säcke entleeren, um sie von innen mit den Matten zu polstern. Das ganze endlose Zeug, das da zum Vorschein kommt, müssen wir auf zwei Quadratmetern gegen Absturz sichern. Genauso gut könnten wir hier eine Pyramide aus Sektgläsern bauen. Und zuerst, also als Unterstes kommt wieder hinein, was zuletzt gebraucht wird. Ferner ist auf Risikostreuung zu achten, damit nicht zum Beispiel alle Kartuschen im selben Gepäckstück reisen. Von all meinen großen Westalpentouren bin ich eine fliegende Eile gewohnt. Und nun sitzen wir morgens wieder eine halbe Stunde rum und keiner tut einen Handschlag, weil uns die Mühsal dieses Zusammenpackens einfach mental überfordert. Haushälterin für Bigwall-Seilschaften, das wäre noch ein Beruf mit Zukunft.

Wir ziehen die Säcke natürlich nicht während des Kletterns hinter uns her, sondern erledigen das mit Umlenkrollen, die wir an den Standplätzen fixieren. Nach der Schule habe ich im Hamburger Hafen gearbeitet und in Doppelschichten Säcke geschleppt, direkt auf den Schiffen: 1400 Sack à 50 Kilogramm, also 70 Tonnen, gaben sie uns pro Mann. Im Vergleich zu der Schinderei mit den Nachziehsäcken war das alles ein Witz. Für kein Geld der Welt würde man sich so etwas antun. So etwas tut man nur freiwillig. Aber ich glaube, wer aus freien Stücken so viel zu geben bereit ist, trägt den Keim des Glücks in sich. Wer jedoch den Spielregeln unserer Gesellschaft allzu blind folgt, der lernt viel zu nehmen und wenig zu geben und bleibt – das scheint mir eine der obersten Regeln des Materialismus – ein Leben lang unzufrieden.

Obwohl wir endlich in steilem Gelände sind, in dem das Haulen eigentlich leichter fällt, verhängt sich der dumme Sack weit neben der direkten Linie, in der Hans eigentlich jümart, und so taucht er mit seinem Zwanzig-Kilo-Rucksack frei schwebend in die riesigen Überhänge unter meinem Stand. Beim Klettern sind 20 Kilogramm schon ziemlich schrecklich. Aber beim frei hängenden Jümarn sind 20 Kilogramm absolut mörderisch. »Hans hat einen Willen«, hat Michi gesagt, »von dem können wir uns alle etwas abschneiden.«

Ich habe Stand in einem saukalten breiten Kamin und haule, während Hans jümart und Toni sich weiter unten mit dem zweiten Sack he-

Endlich sind wir in steilem Gelände.

rumquält. Wieder bleibt der Sack hängen, und da ich sowieso mit dem ganzen Körper als Gegengewicht arbeite, lasse ich mich - über die Umlenkrolle an meinen Gegner gekettet - hinunter, mache ihn frei und pumpe ihn höher bis zur völligen Erschöpfung. Ich habe mich so sehr verausgabt, dass ich zwei Tage brauchen werde, um mich zu erholen.

Unsere Jungs erreichen den Pfeilergipfel. Sie sind die Zweiten, die so weit gekommen sind. Die Erstbegeher waren zwei Franzosen, von denen ich einen, Michel Fauquet, später kennen lernte. Sie erreichten den Gipfel des Pfeilers, mussten dann aber wegen Schlechtwetter umkehren. Unter Insidern ist Michel Fauquet kein Unbekannter. Er war es, der auf Michel Piolas Expedition zum Nameless Tower of Trango mit dem Gleitschirm vom Gipfel sprang. Sein Rückzug wurmte ihn immer noch, aber als er hörte, dass wir für die Zweitbegehung doppelt so lange gebraucht hatten, konnte er seine Genugtuung kaum verbergen. Ich verstand ihn nur zu gut.

Jürgen und Michi entscheiden sich für den Rückzug.

Am nächsten Tag führt Hans bis zu dem Portaledge, das die Jungs zurückgelassen haben. Der Wind fuhr hinein, als es nicht gut fixiert war, und drehte es wie einen Propeller, bis es kaputt ging. Bei bitterer Kälte steigt Hans eine kleingriffige Platte im siebten Grad vor. Toni und er fixieren, soweit unsere Seile reichen. Hans, der Unermüdliche, repariert das defekte Portaledge. Drei Tage und drei Nächte werden wir hier verbringen.

Am letzten Abend mit Hoffnung auf den Gipfel erleben wir nochmal ein fantastisches Abendrot. Der Eisstrom des Biafo-Gletschers, über den wir ins Basislager marschiert sind, zieht sich sicher 20 Kilometer schnurgerade hin wie eine zwölfspurige Autobahn: Seit zehn Millionen Jahren ist hier autofreier Sonntag. Gegenüber, weit weg, steht der K2. Rechts, noch weiter weg, der Nanga Parbat. Und überall und überall nur diese Wüste aus Steinen und gefrorenem Wasser. Ich habe es nie genossen, von einem Berg nur andere Berge zu sehen. Als ob es überhaupt nichts anderes gäbe.

In der Mitte des großen Eisfelds haben unsere Jungs eine Schneehöhle gegraben. Morgen starten sie Richtung Gipfel. Morgen oder übermorgen können sie es schaffen. Dreizehn Jahre sind seit Scott und Bonington vergangen. Wir sind so stolz. Doch der Tag beginnt mit Schneefall. Dennoch jümarn wir an den fixierten Seilen hinauf. Vielleicht bessert sich das Wetter. Vielleicht schaffen wir es noch. Wir sind doch so nah dran. Doch es schneit und schneit und hört nicht auf. Die Sicht beträgt wenige Meter. Wir kehren um. Am Abend reißt es kurz auf: alle Berge, alle Gletscher, alles, dessen Anblick wir seit über einer Woche hier oben genau kennen, hat sich verändert: Alles ist weiß. Nur der Himmel ist schwarz, dicht verhangen mit dunklen, schnell fahrenden Wolken. Die Wolken ziehen dahin wie eine mächtige, schweigende Herde gefährlich großer Tiere.

Die Funkverbindung am Abend ist schlecht. Die Batterien sind so gut wie am Ende.

Wegen Lawinengefahr im großen Schneefeld haben die Jungs den Rückzug beschlossen. Denn bis der Schnee sich setzt und der Hang sicher ist, dauert es Tage. Wären wir abgebrüht, Routiniers, alte Hasen auf ihrer zehnten Expedition, würden wir die Rationen halbieren und abwarten. Aber wie gesagt: Es ist unsere erste große Expedition. So gibt es nur eine Entscheidung: zurück. Gemeinsam zurück. Wir drei werden warten, bis sie kommen.

Zum ersten Mal rückt das Problem in den Vordergrund, wie wir hier wieder runterkommen. Klar, wir werden abseilen, genau wie wir es geplant haben. Jeden Stand haben wir zum Abseilen präpariert. Und doch beschleicht mich das Gefühl, dass wir vielleicht ein bisschen zu weit gegangen sind. Als ob du weit in einen großen See hinausschwimmst und beim Blick zurück zum Ufer unsicher wirst.

Schnee fließt den Fels herab, staut sich zwischen Wand und Überzelt und presst die Plane auf meinen müden Körper, denn ich liege auf der zur Wand gerichteten Seite des Portaledges. Schnee umschließt mich wie eine Vakuummatratze, warm, aber leider sehr beklemmend. Toni kocht ohne Pause. Hans liegt einsam im zweiten Portaledge. Toni und ich sind froh, dass wir Gesellschaft haben. Nebel und der frische Schnee schlucken jedes Geräusch. Die Stille ist gespenstisch. Mein Gott, wir sind so weit weg: 6000 Meter Höhe, eine senkrechte Woche entfernt von einem vielleicht nicht mehr existierenden Basislager, sechs Tagesmärsche von der letzten menschlichen Siedlung im pakistanischen Karakorum. Immer wieder schauen wir an dem Seil hinauf, an dem irgendwann unsere Jungs auftauchen werden. Mit einer dicken Eisschicht verkrustet, verschwindet es im Nebel wie das Kabel einer Seilbahn. Gestern hat Hans diese Länge fixiert. Gestern? Wie lange ist das her?

Michi kommt abseilend auf das Lager zu.

Also warten wir. »Esperar«, das spanische Wort für »warten«, bedeutet gleichzeitig »hoffen«, und genau das tun wir hier: warten und hoffen. Es kann noch so viel passieren.

Am späten Nachmittag des folgenden Tages hören wir Karabinergeklimper. Da kommen sie! Da sind sie. Oben, über ein kleines Dach, kommt Michi abgeseilt.

Sein Rucksack ist riesig. Toni geht als Erstes hinaus, um sie zu begrüßen. Ich knie im Portaledge und schließe eilig meinen Gurt. Auch ich will hinaus, sie begrüßen und nach zwei Wochen Funkkontakt endlich in die Arme schließen. Ich höre einen erschrockenen, unterdrückten Schrei. Und höre, wie etwas Schweres gegen die Wand schlägt. Dann schlägt es mir auf den Kopf. Im selben Moment, als das Schwere auf der Außenseite des Portaledges in die Tiefe gleitet, wird mir klar, dass das ein Mensch ist. »Jetzt ist einer abgestürzt!«, fährt es mir durch den Kopf. »Jetzt ist einer abgestürzt! Jetzt ist einer weg. Futsch, aus, tot. Immer war das Glück dabei, wenn du unterwegs warst, immer war das Glück bei dir und deinen Kameraden. So ist das also. Und jetzt ist es zu spät.«

Ich stecke meinen Kopf hinaus: Fünf Meter unter uns steht Michi. Sein Karabiner hatte sich aus dem Abseilachter ausgehängt. Im Fallen versuchte er, sich am Seil zu halten. So vereist, wie das Seil ist, hatte er mit seinem riesigen Rucksack nicht den Hauch einer Chance, sich zu halten, aber er probierte es. So blieb er aufrecht, krachte mit den Stiefeln auf meinen Kopf, der ihn ein wenig bremste und sauste mit den Füßen voraus weiter auf einen Absatz, der über und über mit weichem Neuschnee bedeckt war und als Bremsschaum wirkte. Dem Schnee und der aufrechten Körperhaltung verdankt er es, dass er nach 15 Metern Sturz auf diesem Absatz zum Stehen kam.

900 Meter hätten es werden können. Es ist vollkommen unlogisch, dass er da steht und nicht einmal verletzt ist. Man soll eben nie aufhören, um sein Leben zu kämpfen. Außerdem habe ich zum ersten Mal in meinem Leben das Gefühl, dass mein Kopf eindeutig zu irgendetwas gut gewesen ist: Er hat Michis Sturz verlangsamt und geholfen, sein Leben zu retten.

Mit ungeheurer Anspannung verfolgen wir, wie Jürgen zu uns abseilt: als wäre er ein Anfänger. Die nächste Entscheidung ist schnell gefasst: Hier ist nicht Platz genug für fünf. Bevor wir drei jetzt alles zusammenpacken und uns fertig machen, seilen die beiden gleich die wenigen Seillängen weiter ab bis zum großen Band, wo sie biwakieren werden. Morgen früh holen wir sie dort ab. Michi und Jürgen verschwinden im Nebel. Wir schließen die Überzelte und in Gedanken sind wir bei ihnen. Kaum fünf Minuten haben wir sie gesehen – zwei Wochen nachdem sie aufgebrochen sind.

Hans steigt ein letztes Mal an unserem Fixseil auf und bringt die Seile herunter. Wie der Kapitän, der als Letzter das sinkende Schiff verlässt. Es muss ein trauriges Gefühl gewesen sein, als er die Knoten löste. Aber wenn er seinem Sohn einmal von der Expedition erzählt, bin ich sicher, dass der kleine Simon sehr stolz auf seinen Papa ist.

Michi kurz nach seinem Sturz.

Unser letzter Funkkontakt ist dramatisch. Knarzend und von atmosphärischen Störungen unterbrochen, berichtet Michi, dass Jürgen sich verletzt hat. Als er versuchte, ihr verhängtes Seil freizumachen, stürzte er sechs Meter und fiel auf den Rücken. Auf dem großen Band hat er es vor Schmerzen nicht mehr aus eigener Kraft in den Schlafsack geschafft. Michi hat ihn eingepackt, und nun sitzt er mit einem Verletzten auf 6000 Meter im Sauwetter, wenige Stunden, nachdem er selbst dem Tod von der Schippe gesprungen ist. Der Funk ist kaum noch zu verstehen, denn die Batterien sind am Ende.

Ich lege alles in die letzten Sätze, die diese Batterien noch übermitteln werden. »Haltet durch. Wir kommen morgen früh. Wir bringen euch zu trinken. Haltet durch. Haltet durch. Haltet durch.«

Dann bricht die Verbindung ab. Wie bringen wir Jürgen hier wieder runter? Um Himmels willen – wie?! Wenn er nicht mal alleine in den Schlafsack kommt? Unsere dritte Nacht in Folge an diesem Ort wird die härteste. Endlich waren sie wieder da, unsere Jungs, und schon sind sie wieder fort und in Not und wir können nichts tun. Es schneit ununterbrochen. Obwohl im zweiten Portaledge ein Platz wäre, bleibt Hans im Portaledge bei Toni und mir, sodass wir alle sitzen müssen und keiner liegen kann. Es ist ein schweigendes Einverständnis. Niemand will alleine sein in dieser Nacht, auf die jener Tag folgen wird, an dem sich entscheidet, ob wir alle das hier überleben werden.

Die meiste Zeit bin ich wach und sammle meine letzten mentalen Energien, um den morgigen Rückzug zu organisieren. Ich habe die meiste Erfahrung in großen Wänden, auch wenn wir drei ein völlig homogenes Team bilden und mein Vorsprung an Erfahrung keinerlei Vorsprung an Kompetenz zur Folge hatte. Aber der Instinkt sagt mir: »Mach du das. Übernimm die Verantwortung.«

Der Aufbruch ist gespenstisch. Nebel und Neuschnee schlucken weiterhin jedes Geräusch. Die Portaledges und anderes, was wir nicht unbedingt brauchen, lassen wir hängen. Das ist das Problem, wenn du wirklich in der Wildnis bist: Wenn es ums Überleben geht, lässt du deinen Müll eben doch dort.

Toni während des Rückzuges am Südpfeiler.

Am großen Band schließe ich Michi in die Arme. Das erste, was mir auffällt, ist sein Mundgeruch. 15 Tage ohne Zahnbürste, da ist Mundgeruch kein Wunder. Jürgen hat sich über Nacht tatsächlich so weit erholt, dass er selbstständig abseilen kann. Wir geben ihm den leichtesten Rucksack. Er hat starke Schmerzen, aber so wie wir ihn kennen, wird er die Zähne ganz eisern zusammenbeißen.

Der Rückzug gelingt. Es läuft wie am Schnürchen. Wir haben Glück. Man kann auch sagen: Noch einmal zeigen wir, was wir können. Weit unten schon, in den technischen Längen als Erster abseilend, finde ich mich frei schwebend und hilflos unter einem Überhang wieder und knüpfe mit dem Restseil ein Lasso, das ich über einen Felszacken werfe und ziehe mich wieder an die Wand. Später, im Einstiegscouloir, begehe ich als Einziger den Fehler, die Steigeisen abzunehmen und bin zu faul, sie wieder anzuziehen. Ich fahre auf dem Hosenboden ab und bremse mit dem Eisbeil. Ich kalkuliere ein, die Kontrolle zu verlieren. Der Bergschrund – die Gletscherspalte am Einstieg der Wand – war geschlossen, erinnere ich mich, und der Auslauf flach, also kann nichts passieren. Wie eine Kanonenkugel schieße ich über den Bergschrund. Dass da unten wohnwagengroße Eistrümmer herumliegen, habe ich vergessen und pfeife unverletzt in der Mitte zwischen ihnen durch.

Drei schwere Zwischenfälle innerhalb von vierundzwanzig Stunden geben eine deutliche Lektion: Nach so vielen Tagen lässt offensichtlich ganz einfach die Konzentration nach. Dass wir nicht oben waren, ist im Moment nicht wichtig. Auch nicht, dass Michi und Jürgen 15 Tage nonstop in der Wand verbracht haben, wahrscheinlich mehr als deutsche Bergsteiger irgendwann oder irgendwo in einer anderen Wand. Unser Lager steht noch, und Jussuf ist noch da. Er hat einmal in die Luft geschossen und die Bären nie mehr gesehen. Wir schicken den Helfer, den er sich geholt hat, nach Trägern für den Abmarsch.

Wir sind wieder in Sicherheit.

Vor und nach uns sind am Ogre – am Südpfeiler und auf anderen Routen – so viele Expeditionen gescheitert, dass ich tatsächlich glaube, dass es der am schwierigsten zu erreichende Gipfel der Erde ist. Dabei spielt es keine große Rolle, dass es weit schwierigere Anstiege gibt als jenen über den Südpfeiler, der 2001 endlich gelang. Aber heute, wo die Original-Führe der Engländer wegen des Gletschervorschubs nicht mehr gangbar ist, gibt es vermutlich auf jeden anderen Gipfel der Welt einen leichteren Weg als auf den Gipfel des Ogre – den K2 eingeschlossen. Dieser Quadratmeter dort oben ist schwerer zu betreten als die Praxis des Therapeuten von Michael Jackson.

Im folgenden Winter fahren Jürgen, Hans und ich für zwei fantastische Wochen zum Eisklettern nach Schottland. Hans und ich unternehmen einen Versuch an der Direttissima Piola-Ghilini am Eiger. Später ziehe ich nach Bayern und trainiere jahrelang mit Michi in seinem Boulderkeller. Als Expeditionsleiter hat er einen phänomenalen Job gemacht. Es wundert niemanden, dass er eine weit steilere Karriere macht als der Rest von uns.

Zwölf Jahre später habe ich nicht nur Abstand zu dieser Expedition gewonnen, sondern auch zum extremen Bergsteigen überhaupt. Der unbedingte Wille, ans Limit zu gehen, hat mich vorerst verlassen, und ich kann ihn mir nicht wieder holen wie einen entlaufenen Hund. Denn was wir wirklich wollen, das suchen wir uns nicht aus: das kommt zu uns. Je deutlicher ich die Dinge aus der Entfernung erkenne, desto größer ist der Dank, dass ich so viele Jahre in diesem fantastischen Garten des Abenteuers leben und überleben durfte. Wie viele andere Bergsteiger hänge ich dabei mit nostalgischer Verklärung an den Felsen der Jugend, wo alles anfing und wo man alles lernte. Bei mir sind es die Kalktürme des Ith, die nördlichsten Kletterfelsen Deutschlands. Ich übertreibe das so weit, dass ich den Boden küsse, wenn ich mich ihnen nähere.

Als Thomas Huber mit Urs Stoecker und Iwan Wolf im Juli 2001 den Gipfel des Ogre erreichte, ließ er dort oben für mich zwei kleine Steinchen aus dem Ith zurück. Tom hat meine Heimaterde hinauf auf den Punkt getragen, von dem ich so lange geträumt habe.

1992 Spanische Expedition – Versuch über die Ostseite

Ein Abenteuer zwischen Himmel und Hölle

Elies Coll i Bonet

Die Lage ist dramatisch ... Seit drei Tagen sitzen wir zu zweit in unserem Portaledge und sind auf 6500 Meter eingeschlossen, frei über dem Abgrund, unser Leben hängt nur an ein paar Haken. Wir sind dem Sturm ausgeliefert, der von Tag zu Tag heftiger wird.

Es ist kalt, unser Atem gefriert und der extreme Wind verfrachtet immer noch mehr Schnee durch die Lüftungsschlitze in unser Portaledge. Alles ist weiß, die Daunen der Schlafsäcke sind verklumpt, die Feuchtigkeit sitzt uns in den Knochen, ich habe Hunger und Durst - und der Sturm tobt weiter ...

Die Stunden verstreichen langsam. Wir liegen bewegungslos da, versunken in Erinnerungen. Eine erdrückende Stille, die nur von unseren Atemgeräuschen und vom Knattern des Überzeltes unterbrochen wird. Vor 63 Tagen sind wir in Barcelona aufgebrochen, und jetzt, im Schlafsack zusammengerollt, bin ich zum Nichtstun verurteilt. Ich kann nur warten und denken ... meine Gedanken schweifen ab ...

Mir wird klar, dass das Leben wie ein Fluss ist, der sich nach Lust und Laune um die Hindernisse schlängelt. Und dieser Fluss hat uns bis hierher getragen, in lebloses Gewässer. Wir wissen nicht, ob es für immer sein wird oder ob wir nur kurz innehalten, darauf wartend, dass ein neuer Strom uns aus dieser Leblosigkeit löst und wir wieder auf dem Fluss des Lebens treiben können.

Ich wurde im Winter 1990 von den besten katalanischen Alpinisten - Toni Casas, Xavi Bonet, Jordi Sunyer und Joan Amils - zu einer Expedition nach Pakistan eingeladen. Das Ziel: den Ogre über die Choktoi-Seite zu besteigen. Obwohl ich noch nie von diesem Berg gehört hatte, nahm ich die Einladung sofort an.

Der Trip war für den Sommer 1991 vorgesehen, musste dann aber kurzfristig um ein Jahr verschoben werden, weil die Hälfte des Teams verletzungsbedingt eine Pause einlegen musste. Ich hatte aber schon meine Arbeit gekündigt und wollte unbedingt etwas erleben. Ich konnte nicht bis zum darauf folgenden Jahr warten.

Ich suchte aus meiner Kletterausrüstung nur das Nötigste aus, presste alles in einen Rucksack und zwei Taschen und schnallte das 45 Kilogramm schwere Gepäck auf mein Fahrrad. Und dann zog ich los nach Chamonix. Fünf Tage später und mit 900 geradelten Kilometern in den Beinen, kam ich bei dem bekannten Zeltplatz Pierre d'Orthaz an.

Der Fluss des Lebens trieb mich wieder dem Ogre zu, denn als ich in Chamonix einen Klettergefährten suchte, lernte ich den Deutschen Malte Roeper kennen. Kurioserweise war Malte einer der Bergsteiger, die sich bereits am Ogre versucht hatten. Sein Team wollte den Gipfel über den Südpfeiler besteigen und er erzählte mir von Freunden, die den Ogre von Osten versucht hatten, genauso wie wir es geplant hatten!

Ein Jahr später waren wir - Toni Casas, Jordi Sunyer, Joan Amils und ich - auf dem Flug nach Rawalpindi und studierten die neuen Fotos, die Malte mir von der Expedition seiner Freunde geschickt hatte.

Links Ogre II, rechts der Ogre über dem Choktoi-Gltescher.

Etliche Tage später schlugen wir das Basislager an einer Moräne des Choktoi-Gletschers auf, abseits der vom Gipfel des Latok herabstürzenden Séracs. Ein sicherer Ort, aber weit von unserem Ziel entfernt. Wir mussten unsere gesamte Ausrüstung für einen Besteigungsversuch 13 Kilometer über einen Gletscher schleppen, bis wir den Fuß der Sérac-Barriere erreichten, wo die ersten Schwierigkeiten begannen.

Die Tage verstrichen zwischen Warten bei schlechtem Wetter im Basislager und den Transporten zum Fuß der Séracs, wo wir ein Vorgeschobenes Basislager errichtet hatten. Den 400 Meter hohen Gletscherabbruch fixierten wir mit Seilen, um die nächtlichen Aufstiege beim Materialtransport zu erleichtern und somit dem permanenten Stein- und Eisschlag tagsüber aus dem Weg zu gehen.

Unser Team: Elies Coll, Joan Amils, Toni Casas und Jordi Sunyer.

Oberhalb des großen Séracs trennte uns ein Plateau vom nächsten Hindernis: ein 300 Meter hohes und bis zu 75 Grad steiles Couloir. Es endete auf einer Scharte zwischen Ogre und Ogre II. Auch diesen gefährlichen Abschnitt fixierten wir mit weiteren 300 Meter Seil. Unser Plan war es, das gesamte Material bis zum Sattel zu transportieren und ab diesem Punkt den Aufstieg zum Gipfel im Kapselstil zu starten.

Als wir den Sattel zum ersten Mal erreichten, war es bereits spät, die Sonne brannte kräftig herunter und wir beschlossen, mit dem Abseilen zu warten. Das war unser großes Glück, denn 10 Minuten später löste ein herabfallender Eisbrocken eine Lawine im Couloir aus, die alles mit sich riss, einschließlich einiger Seile und Standplätze.

An diesem Tag sahen wir, dass der Ogre ein ernst zu nehmender Berg war, gefährlich und furchteinflößend.

Das große Couloir, das zur Scharte zwischen Ogre und Ogre II führt.

Erst gegen Abend stiegen wir hinunter und rüsteten die beschädigten Stellen neu aus. Am nächsten Tag schneite es und wir ruhten uns im Basislager aus. Toni Casas fühlte sich an diesem Tag nicht gut.

Das schlechte Wetter hielt an und Tonis Zustand hatte sich rapide verschlechtert. Er aß nicht und trank kaum, hatte stark abgenommen und sah zwanzig Jahre älter aus. Er hatte hohes Fieber, ihm war schlecht und seine Lungen schmerzten. Wir beschlossen, ihm eine hohe Dosis Penicillin zu verabreichen. Das führte zu einer Schockreaktion, bei der uns der Atem stockte: Er klammerte sich an Jordis Hand und begann, Blut zu erbrechen. Er flüsterte: »Ich bin hin, ich sterbe ...« Doch scheinbar war die Verabreichung des Penicillins doch nicht so schlecht, denn am nächsten Tag schon ging es ihm etwas besser und das Fieber sank auf 38 Grad.

Nach zwei Tagen, als der Schneefall nachließ, begleiteten Jordi und unser Koch Hussein ihn bis nach Askole, von wo aus er innerhalb weniger Tage nach Barcelona zurückkehrte. Dort wurden ihm eine Lungenentzündung und Hepatitis diagnostiziert.

In der Zwischenzeit waren Joan und ich allein im Basislager zurückgeblieben, mitten in dieser unermesslichen Bergwelt, weit weg von der Zivilisation, das Herz voll Heimweh. Das Wetter wurde wieder besser und unsere Gedanken waren wieder am Ogre. Wir wollten zumindest einen ernsthaften Versuch unternehmen, diesen Berg zu besteigen. Zu viel Anstrengung hatten wir in unsere Vorbereitungen gesteckt, wir konnten jetzt unmöglich unverrichteter Dinge abreisen.

Drei Tage später erreichten Joan und ich den Sattel zwischen Ogre und Ogre II und richteten uns auf eine kalte Biwaknacht ein. Am nächsten Tag brachten uns einige Schneerampen mit 65 Grad Steigung 220 Meter höher hinauf, wo wir unser zweites Lager errichteten. Ab hier begann die Kletterei, Haken und Reste alter Fixseile gaben die Kletterlinie vor.

Wir waren schon einige Tage am Pfeiler unterwegs, als wir zu unserer Überraschung die Stimmen von Jordi und Hussein über das Funkgerät hörten. Sie hatten Toni gut nach Askole gebracht und kehrten zurück, um uns beizustehen. Irgendwo da unten waren sie, und wir konnten zwar nichts von ihnen sehen, aber es war sehr beruhigend, ihre Stimmen zu hören.

Die Umgebung war unglaublich, und wir konnten in bestem Fels fast alles frei klettern. Nur wenige Passagen mussten wir in technischer Kletterei überwinden. Auf 5900 Meter richteten wir Lager III ein und Tage später erreichten wir den vierten Lagerplatz auf 6500 Meter.

Hier sitzen wir nun schon drei Tagen, gefangen in der weißen Hölle des Ogre. Seit drei Tagen haben wir nichts Warmes mehr trinken können, zu essen haben wir nur noch ein halbes Päckchen Kekse. Wir haben immer wieder versucht, den Gaskocher in Gang zu bringen, um wenigstens etwas Schnee zum Trinken schmelzen zu können, aber er funktioniert nicht. Die Luft im Zelt ist durch unseren Atem verbraucht. Aber immer wenn wir den Reißverschluss unseres Zeltes zum Lüften öffnen wollen, füllt der Wind das Portaledge sofort mit Schnee. Es ist aussichtslos!

Dabei trennen uns nur 150 Meter von unserem Depot, in dem sich genügend Proviant befindet. Aber bei diesem schlechten Wetter ist das eine endlose Entfernung.

Eine Windböe reißt mich aus meinen Tagträumen. Endlich blitzt ein Sonnenstrahl durch eine Wolkenlücke und scheint auf das rote Dach des Portaledgezelts. Das Barometer fällt aber weiter. Wir wissen, dass dies vielleicht unsere einzige Chance ist. Hinunter!!!

Es dauert Ewigkeiten, bis der Schlafsack eingepackt ist und wir die Bergschuhe angezogen haben. Wir sind schwach und schwerfällig nach drei Tagen in der Höhe ohne Essen und Trinken. Während Joan einen kleinen Absatz in

Gefangen im Schneesturm.

den Schnee gräbt und das Material einsammelt, versuche ich vergeblich, das Portaledge abzubauen.

Die ganze Rahmenkonstruktion ist stark vereist, ich strenge mich an, um sie zu trennen, aber plötzlich sehe ich alles schwarz und innerhalb eines Augenblicks stürze ich in die Welt der Finsternis, ins tiefste Dunkel. Ich bin zutiefst erschrocken, unter diesen Umständen kann ich unmöglich absteigen, ich muss für immer dableiben! Joan versucht mir zu helfen, aber er kann nichts für mich tun.

Eine Ewigkeit scheint vergangen zu sein, bis ich ganz allmählich wieder sehen kann. Wir müssen aufbrechen, wir müssen uns beeilen.

Der Wind kühlt uns komplett aus, ich habe starke Lungenschmerzen. Wir beschließen, alles aufzugeben und so schnell wie möglich abzusteigen. Joan verschwindet unter meinen Füßen. Er folgt den Fixseilen, die uns zu unserem Proviantdepot führen.

Die Kälte ist fast nicht zu ertragen.

Endlich bin ich mit dem Abstieg an der Reihe. Ich versuche, das Seil durch das Abseilgerät zu ziehen, aber ich schaffe es nicht. Ich versuche es verzweifelt noch einmal, aber es ist, als wöge das Seil zwei Tonnen. Ich bin zu erschöpft und schwach. Ich habe gerade noch die Kraft, Joan um Hilfe zu rufen, aber mein Schrei verliert sich im Wind.

Ich weiß, wie ernst die Lage ist, aber im Gegensatz zu vorhin bin ich ruhig, habe keine Angst vor dem Sterben, ich weiß, dass dies das Ende ist ... Ich setze mich auf den kleinen Schneeabsatz und warte auf das Unvermeidliche. Ruhig verstreichen einige Minuten ...

Plötzlich höre ich eine Stimme in mir: Sie befiehlt mir weiterzumachen, mich anzustrengen, bis zuletzt zu kämpfen.

Ich schöpfe Kraft aus dem Nichts, fasse die Seile an, stehe auf und versuche ein letztes Mal, sie einzufädeln. Ja!! Es braucht immense Kräfte, aber ich schaffe es, ich hänge mich erschöpft an den Sitzgurt und beginne den Abstieg.

Elies steigt an den Fixseilen auf. Im Schatten das steile Einstiegscouloir.

Joan wartet auf mich am Proviantdepot. Der Wind ist so stark und der Platz so exponiert, dass wir den Rucksack nicht öffnen können. Joan bindet ihn los und lässt ihn ins Leere fallen. Vielleicht haben wir Glück und finden ihn am Wandfuß wieder.

Wir beschließen, eines der Kletterseile am Standplatz zu befestigen und es zurückzulassen, um schneller voranzukommen. Dieses Mal beginne ich mit dem Abseilen. Die Wand fällt senkrecht ab, der Rucksack zieht nach unten und mit meinen gefühllosen Händen kann ich kaum das dünne Acht-Millimeter-Seil am Abseilachter bremsen. Ich werde immer schneller. Nach dieser schwindelerregenden Abfahrt wird das Gelände flacher.

Nach mehrmaligem Abseilen gelingt es uns, das Schneeband von Lager II zu erreichen, wo wieder ein Lebensmittelvorrat liegt. Wir sind erschöpft, ich spüre meine Füße nicht mehr und Joan hat eine blaue Hand. Wir müssen uns erholen, sonst kommen wir nicht mehr weiter.

Wir finden einen vom Wind freigeblasenen Winkel, schlüpfen in den Schlafsack und schmelzen Schnee. Endlich können wir etwas trinken!

Ich finde ein paar Handwärmer und wir stecken sie in die Stiefel und in die Handschuhe. Wir erholen uns etwas und seilen weiter über die Schneerampen ab, bis wir den Sattel erreichen. Dort gelingt es uns, mit Jordi Kontakt aufzunehmen, der sich im Basislager große Sorgen um uns macht. Er versucht, uns Mut zuzusprechen, aber wir sind sehr niedergeschlagen. Er rät uns unter allen Umständen bis zum Vorgeschobenen Basislager abzusteigen. Er weiß, dass ein Biwak in unserer Situation fatal ausgehen kann.

Wir haben nur noch zwei 60-Meter-Seile, den Rest mussten wir zurücklassen. Das Couloir bis zum Plateau ist tief verschneit und extrem

Joan präpariert den Ostpfeiler über dem Lager III.

gefährlich. Alle Fixseile sind stark vereist und nicht zu gebrauchen. Wir legen zwei neue, 60 Meter lange Abseilstrecken an, die letzten Meter klettern wir dann ungesichert.

Im flachen Plateau wühlen wir uns bis zum nächsten Abbruch und hinterlassen eine tiefe Spur. Nach ewigem Suchen finden wir die Fixseile unter der mächtigen Neuschneedecke. Es ist bereits dunkel. Wir seilen an den stark beschädigten Seilen ab, aber wir sind zu erschöpft, um uns über den maroden Zustand der Seile Gedanken machen zu können. Nach drei Stunden sind wir endlich am Fuß der Séracs! Das Abseilen ist vorbei; ich bin nur noch fertig!

Wir finden das Vorgeschobene Basislager nicht, es ist vom Schnee bedeckt. Nimmt das denn alles kein Ende? Wir versuchen mit Jordi Kontakt aufzunehmen, bekommen aber keine Verbindung. Wir fangen an, über die Eisdecke zu laufen. Es ist Nacht, die Spalten sind mit Neuschnee bedeckt und uns bleibt nicht ein Meter Seil zum Sichern. Wir vertrauen auf unser Glück, setzen einfach einen Schritt vor den anderen und bahnen uns im Dunkeln einen Weg. Beide denken wir das Gleiche: Was wäre es für ein Pech, jetzt zu sterben, wo wir schon auf der Ebene laufen und praktisch der Hölle entkommen sind.

Ich weiß nicht, wie viele Stunden wir schon auf der Flucht sind, als wir von Weitem die Stirnlampen von Jordi und Hussein sehen. Kurz darauf umarmen wir uns, es ist unfassbar.

Im Basislager ist alles trocken und warm, kein Wind bläst, das ist das Paradies, ich bin glücklich, wir leben. Diese 13 Tage in der Wand werde ich wohl nie vergessen, sie haben mich für immer geprägt.

1993 Deutsche Expedition – wieder Versuch am Südpfeiler

Träume, um weiterzuleben

Eine Art Nachruf zur Ogre-Expedition 1993

»Erfolglose Expeditionen sind Niederlagen, sind erdrosselte Sehnsüchte, sind Erlebnis-Leichen, die man am besten vergisst, über die es schwerfällt, etwas zu sagen.«

Reinhard Karl, Berge auf Kodachrome

Tom Dauer

Im Sommer 1993 machen Michael Wärthl, Philipp Groebke, Florian Köfferlein, Jochen Haase, Ansgar Baving und ich einen erfolglosen, traurigen Versuch, den Ogre (7285 m) oder Baintha Brakk, wie er in der Landessprache der Baltis heißt, über dessen Südpfeiler zu besteigen. Am 29. August gegen 7.30 Uhr stürzt Philipp beim Jümarn an den Fixseilen ab. Er ist tot, für immer. Und wirklich, es fällt schwer, etwas zu sagen.

Philipp Groebke.

Fast drei Wochen sind wir jetzt schon im Basislager. Und seit fast drei Wochen fällt uns der Himmel auf den Kopf: Immer wieder schneit, graupelt oder regnet es. Das zerrt an den Nerven, geht auf den Geist. Die Ungeduld wächst. Ich will endlich Hand an den Ogre-Granit legen, endlich klettern. Will ich das? Oder mache ich mir etwas vor, habe ich nicht eigentlich schon längst genug von dieser Einöde? Wenn nur dieser Berg nicht wäre, dieses Wunschziel, auf dessen Gipfel zu stehen ich mir so herbeisehne. Dieser Fels- und Schneehaufen, der wie eine Mauer zwischen dem Jetzt und allem Zukünftigen steht. Eine Mauer, an der meine Gedanken abprallen, immer wieder auf dieses eine, selbst auferlegte Ziel zurückgelenkt werden. FSK, so hieß mal eine deutsche Independent-Gruppe: »Freiwillige Selbstkontrolle«. Ihr bester Titel: »Adrenalin«. Davon könnte ich schon mal wieder eine Portion gebrauchen, im Basislager werde ich nur dick und rund.

Den Brief meiner Freundin zum x-ten Mal gelesen. Wie hat sie vor meiner Abreise gesagt: »Ihr Bergsteiger seid doch alle unfrei.« Ich habe gelacht, von Einsamkeit und Wildnis geschwafelt und davon, mich lieber selbst unter Druck zu setzen als dies von irgendeinem Anonymus tun zu lassen. Davon erzählt, wie es ist, sich immer wieder selbst zu überwinden, den Kampf mit dem inneren Schweinehund zu gewinnen. Wie es ist, auf dem Gipfel zu stehen. Habe versucht, sie zu überzeugen und dabei mich selbst überredet. Nun sind wir im Karakorum, diesem aufgestellten Schutthaufen. Klar, Ausnahmen bestätigen die Regel, und der Ogre mit seinen goldgelben Wandfluchten ist so eine. Ein wildes Gebirge, mächtig und unzugänglich, so wie man es sich daheim wünschen

Schlechtes Wetter: warten im Basislager.

würde. Ogre – eine Spinnerei, eine Idee, die Realität geworden ist, und diese ist wie so oft ziemlich ernüchternd. Zwei schöne Tage, seit wir hier angekommen sind, ansonsten Schneefall, Wolken, Wind.

Dennoch können sich unsere Fortschritte sehen lassen. Das Depot ist aufgebaut und eingerichtet. Auf 4900 Meter dient es uns als Zwischenstopp auf dem Weg zum Pfeilereinstieg. Kletterausrüstung, Essen, Kocher und Gaskartuschen hängen in Haulbags auf 6000 Meter, bis dort oben ist der Pfeiler mit Fixseilen versichert. Von diesem Punkt aus wollen wir in zwei voneinander unabhängigen Seilschaften und im Alpinstil weiterklettern.

Eine ätzende Plackerei war das Ganze. Der Materialtransport zum Depot und auf die 5650 Meter hohe Scharte. Lastesel, stumpfsinnig und schicksalsergeben. Und immer wieder der gleiche Weg. Er verlangt viel von uns, dieser Berg.

»Die Bombe« hast du deinen Rucksack immer genannt, Philipp, und geflucht, dass er noch genauso schwer ist wie das letzte Mal. »Eigentlich habe ich ja Klettern gebucht und keine Hochtouren.« Lakonischer Kommentar in trockenem Schwyzerdütsch. Dabei warst du immer einer der Schnellsten von uns. Du warst heiß auf die Kletterei, die vor uns lag. Aber es ging dir zu langsam, im Abwarten warst du einfach nicht besonders gut, alter Schweizer.

Nervöse Warterei auf gutes Wetter. Einziger Trost ist unser wunderschönes Basislager. Es ist wirklich unglaublich, diese prachtvolle Wiese fast auf Mont-Blanc-Höhe. Ich zähle 30 verschiedene Blumenarten, stolpere über ganze Edelweißbüsche. Im Gras liegen, den Bach plätschern hören. Stell' dir vor, auf dem Weißhorn würden Palmen wachsen, es könnte nicht schöner sein. Und wenn du willst, holst du dir hier in fünf Minuten die knackige Bräune eines Côte-d'Azur-Urlaubs. Ein Ruhetag, alle ziehen sich in ihre private Nische zurück. Das Basislager-Séparée, nur ohne passende Begleitung. Jeder braucht ein bisschen Zeit für sich. Es ist nicht so, dass wir uns nicht gut verstehen würden, im Gegenteil. Das Stimmungsbarometer pendelt zwischen ausgelassen und fröhlich. Vor allem die allmorgendlichen Schneeballschlachten sorgen für Heiterkeit und gute Laune. Voraussetzung ist eine gehörige Portion Fatalismus, sonst kommst du leicht ins Grübeln.

Aber irgendwann willst du auch einfach deine Ruhe haben, nicht reden, nicht zuhören. Philipp bastelt an seiner Ausrüstung herum, Jochen ist in seine Mathe-Bücher vertieft. Ansgar steht unter unserer phänomenalen »leisure-shower«, einer aufhängbaren Dusche. Michi hat gerade sein Buch fertig gelesen: 533 Seiten »Dino Park«, die Vorlage zum Spielberg-Film, in Rekordzeit. »Langeweile, nichts als Langeweile«, sagt er.

Ansgars Favorit im Basislager: »Die Lehren des Don Juan« von Carlos Castaneda, die Drogen-Bibel der Sechziger, mit Rauschmittel auf den Weg in andere Dimensionen.

Philipp am Einstieg des Südpfeilers.

Hier oben brauche ich keine Drogen, Einblicke in sich selbst gewinnt man auch so genug. In den Momenten vor dem Einschlafen, wenn der Kopf zu arbeiten beginnt, den man während des Tages ausgeschaltet hatte. Wenn man den »off«-Schalter nicht mehr findet, wenn sich die Gedanken in die letzten Windungen des Gehirns einzufressen beginnen. Die Frage nach dem Sinn des Ganzen, die selbst so sinnlos und unbeantwortbar ist. »Komm' mit uns, verschwende deine Zeit«, haben die Toten Hosen einst gesungen. Im Endeffekt ist es ganz egal, was wir machen. Wichtig ist vielleicht nur wie.

Vielleicht ist der Berg für mich der Drogenersatz. Ein Hilfsmittel, das süchtig macht, eine Krücke, mit der sich die Stolperschwellen des Alltags meistern lassen. Aber was heißt schon »Alltag« hier oben, ich kann mir kaum mehr vorstellen, was das bedeutet, ein Wort für ein Sammelsurium von Zuständen. Jetzt ist hier mein Alltag, und irgendwie habe ich Angst vor ihm.

Davor, morgen wieder diesen Pfeilereinstieg hochzugehen. Durch den Gletscherbruch, unter den kalbenden Séracs, die zum Glück nicht so weit abbrechen wie wir anfangs gedacht hatten. Der verrückte Weg durch den Spaltenkorridor, über dem bedrohlich große Eiszapfen hängen – eine Unzahl gefrorener Damoklesschwerter. Und dann über die schmale Brücke, wo es links und rechts 30 Meter runterpfeift, nur gut, dass dort ein Fixseil hängt.

Wenn du dir etwas nicht vorstellen konntest, Philipp, hast du immer gemeint, »das ist mir noch nicht so ganz plastisch«. Es war ein gesunder Pessimismus, der dich alles erst ein paarmal durchdenken ließ. Doch dann, hattest du dich für eine Taktik, für eine Möglichkeit entschieden, warst du konsequent. Ein Seilpartner, auf den man sich hundertprozentig verlassen konnte.

Ich sitze mit Ismail, unserem Koch und »Mister Chili« Kasim, dem Küchenjungen, im großen

Philipp am Biwak auf 6000 Meter, das Klettern wird zur Arbeit.

Zelt. »Sport Berger/Rothschwaige vor München« ist mit Mühe auf der sonnengebleichten Zeltwand zu entziffern, das Zelt ist immerhin 50 Jahre alt. Wenn es reden könnte ... so viele Geschichten. Ismail und Kasim sind gute Freunde. »As soon as we could walk, we ran around together«, erzählt Ismail. Heute verdienen sie ihr Brot gemeinsam auf Expeditionen. Abwechselnd singen sie einen Sprechgesang, während sie Kartoffeln schälen. Ich trommle auf der Peanutbutter-Dose, Jif Extra Crunchy, und rassle mit der Zuckerschale. Verstehe kein Wort, aber dass es ein Lied von Liebe und Sehnsucht ist, das merkt man auch so.

Das Donnern einer Lawine reißt mich aus meinen Gedanken. Endlich Sonne! Das Wetter scheint tatsächlich besser zu werden.

Aufbruch um 4 Uhr morgens, zum Frühstück Pfannkuchen mit Erdbeermarmelade. Ismail ist ein Goldjunge. Das erste Licht weist uns den Weg, lässt uns schnell vorankommen. Immer wieder wandern die Blicke hinauf zur Westwand, über der immens große Séracs lauern, hinüber zu unserer Route. »Wahnsinnig steil«, das war Jochens erster Kommentar über den Pfeiler. Ich würde sogar sagen: wahnsinnig überhängend.

Nach vier Stunden sind wir auf der Scharte. Der Spaß beginnt, jümarn mit den Rucksäcken auf dem Buckel, da geht einem ganz schön die Puste aus in der Höhe. Das Gelände würde jedes Alpinistenherz höher schlagen lassen: steiler und glatter Granit, dann wieder flachere Passagen, die dafür brüchig und vereist sind. Unser schlimmster Feind ist der Haulbag, der meint, sich hinter jedem Käntchen verklemmen zu müssen. Irgendwann geht dann die Lust flöten, das Klettern wird zu Arbeit.

Wenn die großartige Umgebung nicht wäre, könnten wir genauso gut an irgendeinem Frankfurter Hochhaus Fenster putzen. Da würde wenigstens die Kohle stimmen. So gibt es immerhin etwas fürs Auge, und das ist wirklich vom Feinsten. Wieder und wieder schweift der Blick über die Gebirgsketten des Karakorum. Links machen wir den Masherbrum aus, ganz hinten am Horizont den guten alten Nanga Parbat. Dazwischen Bataillone namenloser Fünf-, Sechs- und Siebentausender, Schönheit im Überfluss. Eine Postkartenidylle. Nach zehn Stunden kommen wir an unserem Biwakplatz an, eine kleine Plattform in einem 45 Grad steilen Schneefleck. Ich bin kaputt, aber glücklich. Die untergehende Sonne taucht alles in ein rot schimmerndes Licht, die Luft ist unglaublich rein. So einen Sternenhimmel kannst du bei uns lange suchen. Momente, deretwegen es sich lohnt, unterwegs zu sein, die unter der Rubrik »positiv, ständig abrufbar« gespeichert werden, die Grundlage für neue Pläne sind. Die aber leider auch genauso schnell vergehen, wie sie gekommen sind. Kurz nach dem Abendessen, Tomatensuppe und Haribo-Gummibärchen, macht sich mein Magen bemerkbar. Es ist die alte Krankheit, ab 6000 Meter schaltet der Verdauungstrakt auf Befehlsverweigerung. In der Nacht mache ich kein Auge zu, verbringe die meiste Zeit damit, darüber nachzudenken, wie ich es am besten vermeide, meinen schönen neuen Schlafsack vollzukotzen. Zum Schluss kommt nur noch Galle, in der Früh bin ich völlig fertig, muss brechen, sobald ich nur etwas getrunken habe. Da bleibt die ganze Bergromantik furchtbar schnell auf der Strecke. Unser Vier-Quadratmeter-Biwakplatz schaut aus wie die Bronx nach einem Streik der New Yorker Müllabfuhr. Ist mir im Moment aber ziemlich egal. Und spätestens als Michi einem zutiefst menschlichem Bedürfnis nachgeht, was bezüglich der Emissionswerte einer mittleren Mülldeponie gleichkommt, will ich nur noch runter. Wir seilen ab. Schlimm, das Gefühl, versagt zu haben. Im Basislager geht es mir wieder hervorragend, bloß weiß ich nicht, ob ich das gut oder schlecht finden soll. Die Ungewissheit, ob da oben das Ganze von vorne losgehrt. Ich werde nicht mehr mit hochgehen, will auf keinen Fall, dass wieder jemand wegen mir umdrehen muss.

Die Selbstzweifel nagen. Bin ich nicht hart genug, hat die Einstellung nicht gestimmt? Hätte ich es einfach weiter probieren sollen? Müßig, sich solche Fragen zu stellen ... Eine Hürde, die ich nicht übersprungen habe. Die mich zum Stolpern gebracht hat, aber noch lange nicht zum Fallen. Vor dem Scherbenhaufen einer zerbrochenen Wunschvorstellung stehend, grabe ich meine zurechtgezimmerten Überwindungsstrategien aus. Jemand hat mal gesagt,

Ansgar und Flo bei Schlechtwetter am Pfeiler.

Philipp im Biwak auf 6000 Meter – wieder einmal warten auf besseres Wetter.

Philipp kurz vor der Unfallstelle.

positives Denken sei destruktiv, da es sich mit dem Status quo zufrieden gebe. Ich ziehe mich damit selbst aus dem Dreck, Kraft sammmeln für den nächsten Schritt. Zwei Tage sind seit der Umkehraktion vergangen, die anderen sind wieder am Pfeiler unterwegs, kommen aber wegen des schlechten Wetters bald runter. Es ist zum Verzweifeln, dieser Berg scheint uns nicht zu mögen. Neuer Einsatz, neues Glück. Bergsteigen als organisiertes Großunternehmen. Die wichtigste Frage: Wie arbeite ich am effizientesten bei möglichst geringem Zeitaufwand? Das Kapital: Energie und Ausdauer der Akteure. Der Unsicherheitsfaktor: das Wetter. Marktstrategen hätten ihre Freude an diesem Spiel. Es ist bereits Ende August, langsam rinnt uns die Zeit davon. Ganz zu schweigen von der Motivation. Jochen und Ansgar klettern wieder mal am Pfeiler. Philipp und Flo gehen heute ins Depot. Michi hat die Schnauze voll, er kann sich nicht mehr aufraffen. »Ich habe genug von

Hey, Philipp, eigentlich hast du gar keine Lust mehr gehabt, wieder auf die Scharte zu gehen.

diesem Berg, der kann mich mal.« Die nächsten Tage wollen wir uns ein bisschen die Gegend anschauen.

He, Philipp, eigentlich hast du gar keine Lust mehr gehabt, noch mal auf die Scharte zu gehen. Zum fünften Mal warst du dort oben. Warum? Keiner von uns hätte was dagegen gehabt, wenn du unten geblieben wärst. »Na bravo«, das war dein ironischer Kommentar, als du losgegangen bist. Vom Pfeiler hatten wir da schon immer weniger gesprochen. Eher von den Plänen daheim, vom Klettern an sonnigen Kalkwänden, von Filmen und Musik, und hauptsächlich von Frauen. Und uns selbst darüber gewundert.

29. August, abends im Basislager. Michi und ich kommen von einem Tagesausflug zurück. Betretene Gesichter, Fassungslosigkeit, Verzweiflung. Philipp ist tot. Was passiert ist, weiß keiner, er muss in der Früh beim Jümarn an den Fixseilen einen fatalen Fehler gemacht haben und ist 400 Meter abgestürzt. Die Nachricht trifft uns wie ein Schlag. Tod – nur ein Wort, eine Aneinanderreihung dreier Buchstaben. Wie lange dauert es, bis einem bewusst wird, was sich dahinter verbirgt. Ein Mensch, den ich gerade richtig kennen gelernt und lieb gewonnen hatte. So schnell, so schmerzhaft. Und der Berg schaut zu uns herab, steht da, als ob nichts gewesen wäre, die Sonne scheint, alles ist so ruhig und friedlich. Hier oben gelten andere Maßstäbe, andere Zeiträume. Aber für mich wird nichts mehr so sein, wie es vorher war.

Kerzen an der Fundstelle.

Alles erscheint so sinnlos auf einmal. So sorglos weggefahren, so voller Zuversicht, in der Gewissheit, dass schon nichts passieren wird. »Passt auf«, »Kommt alle heil zurück«, locker abgetan die ganzen Ratschläge, wollten sie nicht hören. Und dann ein Unfall, der überall und jederzeit und jedem passieren kann. Auf unserer Solar-Walkmann-Anlage läuft Herbert Grönemeyer: »Gefühle sind Luxus, weil wir hart sind, sind wir hier.« Oh ja, und wie hart wir sind. Klein sind wir, armselig angesichts des Todes, machtlos und verletzlich. Meine Tränen schmecken salzig. Es wird Herbst hier im Basislager, das Grün der Wiese wird stumpf, die Blumen blühen schon lange nicht mehr. Aus dem Geröllfeld oberhalb des Lagers kommen die ersten Steine. Unsere Vorräte gehen zur Neige. Und obwohl das Wetter seit ein paar Tagen erstaunlich stabil ist, habe ich das Gefühl, irgendjemand will uns hier oben nicht mehr haben. Es ist Zeit zu gehen.

Wenigstens für eine halbe Stunde diese Gedanken abstellen können. Quälend, unnachgiebig, zäh. Der Tod, so abrupt er ist, kommt langsam für die, die am Leben bleiben. Langsam und unerbittlich fräst er sich ein, sämtliche Emotionen einnehmend. Zum Glück können wir uns hier oben mit irgendwelchen Tätigkeiten ablenken. Zum Glück sind wir eine gute Gruppe, helfen uns gegenseitig. Noch nie zuvor hatte ich einen toten Menschen im Gebirge gesehen. Eingewickelt in seinem Schlafsack liegt er da, ein zertrümmerter, verwundeter Körper. Einsam und leblos wie die Felsen ringsum. Flo hat ein paar Kerzen mit heraufgebracht. Minuten der Stille. Und obwohl ich nicht gläubig bin, überkommt mich das Gefühl, dass es Philipp gut gehen müsse, wo immer er auch ist. Vielleicht geht es uns wie den Raupen, die mühsam am Boden herumkriechen. Die werden es nie verstehen, wie es ist, sich als bunter Schmetterling in die Luft zu erheben.

Flo, Jochen, Ansgar und ich bringen die Leiche bis ins Basislager. Wir brauchen fast zwei Tage. Der Weg durch das Spaltengewirr, über den Moränenschutt, zu viert das Portaledge tragend, wird zur körperlichen und seelischen Qual. Mechanisch arbeiten wir uns runter. Richtig schlimm wird es, wenn einem bewusst wird, was man da eigentlich trägt. Schmerzhafte Gedanken an den toten Freund.

Michi und Ismail rennen unterdessen in einem Tag die 40 Kilometer und 1500 Höhenmeter nach Askole hinunter, dann weiter nach Skardu, um einen Hubschrauber und Träger zu organisieren. Philipps Leichnam wird von einem Heli abgeholt und nach Skardu geflogen. Ansgar fliegt mit, um Michi bei dem ganzen bürokratischen Kram zu unterstützen, der leider erledigt werden muss. Zum Glück hilft ihnen dabei die Schweizer Botschaft schnell und unkompliziert. Jochen, Flo und ich warten noch zwei Tage, bauen das Lager ab und verheizen den brennbaren Müll, dann kommen die Träger. Wir wollen nur noch runter und heim, haben erstmal genug vom Ogre. Als wir über den Biafo-Gletscher hinunterlaufen, zeigt er sich nochmal in seiner ganzen Pracht. Ich werde den Verdacht nicht los, dass er uns leise auslacht.

Ogre ist englisch und bedeutet »grausamer, menschenfressender Riese«.

Bei deiner Beerdigung, Philipp, wird der Pfarrer sagen, die Angehörigen und Freunde würden den Berg nachdem, was passiert ist, hassen. Ich weiß, dass du ihn nie gehasst hast. Klettern war dein Leben und die Berge eine Art Zuhause. Und außerdem, was kann der Berg schon dafür, wenn wir uns einbilden, ihn besteigen zu müssen.

Beim Runtergehen formen sich erste Gedanken an neue Reisen, neue Expeditionen. Ein Traum, der Ogre-Traum, ist ausgeträumt. An seine Stelle sind Erfahrungen getreten, gute und sehr schlechte. Es darf wieder geträumt werden. Ich erschrecke über mich selbst. Warum diese Unrast, dieses In-Bewegung-sein-Müssen? Es ist das alte Spiel von Aufbruch und Heimkehr. Ein Perpetuum mobile. Noch herrscht die Freude auf das Ankommen vor, auf die Zivilisation, die Menschen, die erste Brez'n, das erste Bier. Heimat, dort, wo man liebe Menschen um sich hat, denen man vertraut und die einem zuhören.

Gedenktafel im Basislager.

Aber irgendwann wird sich wieder ein Gefühl der Unzufriedenheit einschleichen, werden die negativen Dinge vergessen sein, wird man woanders, irgendwohin fahren. Grenzenlose, unerfüllbare Sehnsucht. Dem Ziel hinterherjagen, das mit jedem Schritt unerreichbarer wird. Ich merke, dass ich hier nur auf der Durchreise bin.

»Etwas Besseres als den Tod finden wir überall.« Ein Untertitel, irgendwann mal auf einem Filmplakat gelesen. Ein Spruch, der zynisch wirkt angesichts deines Todes, Philipp. Die Frage nach dem »Warum«, die sich nicht beantworten lässt. Wie geht es weiter, was mache ich daraus, vielleicht sind das die wichtigsten Fragen? Vor zwei Jahren hat mich Ismail einmal gefragt, warum ich so viel aufschreibe. »Um die Dinge festzuhalten«, war meine Antwort. »I'm not able to write – only possible writing with my heart«, sagte er. Für dich ist ein fester Platz in meinem Herz reserviert, Philipp.

1997 Deutsche Expedition – die Kunst des Scheiterns

Alltag am Ogre

»... in der Überzeugung, Werte errungen zu haben, die das Leben lebenswert gestalten, die dem Dasein dauernden Inhalt zu geben vermögen, die den Menschen aus dem Alltagsdasein emporführen zu wahrer Menschlichkeit ...«

Willo Welzenbach nach der Erstbegehung der Nordwand des Lauterbrunner Breithorns

Jan Mersch

Nach Hause zu kommen von einer Expedition gehört mit zum Besten überhaupt, egal ob die Expedition erfolgreich ist oder nicht. Stück für Stück kehre ich zurück in die Zivilisation: die erste Coca Cola, pisswarm in Askole, die Betten in Skardu, der Bäcker in Rawalpindi, das erste Bier auf dem Heimflug, die unbestechlichen Zollbeamten in München, die erste Dusche, in der ich den Mund einfach offen lassen kann, ohne mich am Wasser zu infizieren, der erste Salat, das satte saftige Grün der oberbayerischen Wiesen und Wälder, das angenehme und ausgeglichene Klima, die Geborgenheit in der Familie und unter Freunden, manchmal auch die Wärme und Nähe einer Frau. Allein um des Nach-Hause-Kommens willen ist jede Expedition eine unheimliche Bereicherung und ermöglicht mir, den Alltag gelassen und mit Freude zu leben. Eine Expedition zeigt mir, wie wenig es braucht, um glücklich und zufrieden zu sein.

Anfang Juni 1997 steigen wir die Basislagermoräne hinauf und es ist fast ein bisschen wie »nach Hause kommen«. Nachdem wir 1995 bei der Expedition zum Latok II bereits sechs Wochen hier oben verbracht haben, ist uns die Umgebung doch sehr vertraut. Der Latok II schaut mächtig auf uns herunter und schickt zur Begrüßung gleich einmal eine ordentliche Eislawine aus den unteren Séracs. Bei unseren Versuchen 1995 an der Südwestwand und dann am Nordwestgrat lernte ich Jochen kennen und schon damals auf dem Heimweg beschlossen wir, 1997 wieder zu kommen.

In einem kleinen, homogenen Team ohne großen Organisationsaufwand den Ogre über den Südpfeiler anzugehen, bestimmte dann zwei Jahre lang unser Denken und Handeln. Neben Vorbereitungstouren im Yosemite Valley oder in Chamonix bestimmten vor allem die Suche nach zwei weiteren Mitstreitern und lange Diskussionen über Taktik, Möglichkeiten und Chancen unser Leben. Die Menschen in unserer nächsten Umgebung waren schon am Rande des Wahnsinns. Wenn man bei uns den Knopf drückte, kam nur OGRE. Im Laufe der zwei Jahre hatten wir mindestens zwanzig verschiedene dritte und vierte Männer, doch letztendlich sind wir doch nur zu zweit, da der Kauf der Eigentumswohnung, die aktive Familienplanung

Das kleine, homogene Team: Jan Mersch und Jochen Haase.

oder ein ehrgeiziges Filmprojekt eine neunwöchige Abwesenheit nicht gestattet. Unsere Gipfelchancen setzten wir kühl und rational mit 20 Prozent an, mit Herz und Seele glaubten wir aber fest an unsere Unsterblichkeit. Die taktischen Höhenflüge, wie »Drei-Tage-bis-zum-Gipfel«, waren bald an unser schwaches körperliches und technisches Niveau angepasst, sodass wir uns ein Portaledge und eine Haultonne besorgten und damit rechneten, nach einer längeren Akklimatisations- und Vorbereitungsphase mindestens zehn Tage unterwegs zu sein.

Es kommen die Tage, an denen unser Besteigungsversuch akribisch vorbereitet wird. Schleppen wie ein Lastesel unter gleißender Sonne wird zu einem Martyrium. Bald haben wir das Material inklusive Leckereien auf 5400 Meter deponiert und den Weg dorthin mit 100-Meter-Fixseilen versehen. Es kann losgehen, aber vorerst bremst permanenter Schneefall unseren Bewegungsdrang in Richtung Gipfel. Warten auf besseres Wetter.

Auf Expedition bin ich hinausgeworfen in die unmenschliche Natur, ich bin ein ganz kleines Menschlein inmitten der gewaltigen Stein- und Eiswüsten, die von den Granitriesen und dem Wetter beherrscht werden. Hier gibt es keinen Helikopter, den ich mit dem Handy anrufen kann und der mich bei nächstbester Gelegenheit direkt ins nächste Krankenhaus bringen kann. »Hilf dir selbst, sonst hilft dir Gott!« wird somit zur Maxime und Überlebensstrategie. Ich muss versuchen, mit dem Berg zu leben. Das Wissen um meine eigene Verletzbarkeit, um meine Stärken, Schwächen und Grenzen und die meines Partners ist das Regulativ. Nirgends sonst in meinem Leben liegen Härte, Stärke, Demut und Schwäche so nahe beieinander.

Zu zweit im alpinen Stil, ohne die sichere Rückzugsmöglichkeit von 1000 Metern Fixseil, exponiert am Ogre-Südpfeiler zu hängen, ein Spielball des Berges und des Wetters zu sein, das zerrt an den Nerven, das ist Abenteuer pur.

Beste Bedingungen unter gleißender Sonne.

Es sind nicht vorhersehbare Unwägbarkeiten im Spiel, die es zu überwinden gilt. In einer Genuss-Kletterroute mit genormten Haken, genormter Schwierigkeit und Nirosta-Abseilpiste habe ich dieses Abenteuer nicht, da empfinde ich vielleicht Genuss und Freude an den schönen Kletterzügen und Bewegungen, ansonsten handelt es sich aber um ein vollkommen planbares Freizeitprogramm, das in der Erinnerung neben ähnlichen Aktionen verblasst. Die Erprobung und Überschreitung der eigenen Grenzen ist für mich nie so intensiv möglich wie während einer Expedition. Hier kann ich sehen, was mir im modernen, komplizierten westlichen Leben normalerweise verborgen ist. Der Sinn des Lebens reduziert sich ungemein auf meine existentiellen Grundbedürfnisse. Der nächste Schritt zählt, der nächste Biwakplatz, der nächste Topf mit Essbarem. Es verliert an Bedeutung, was morgen, nächste Woche, nächsten Monat, nächstes Jahr sein wird.

Pfeileralltag: Seit Tagen bestes Wetter, wir sind schon vier Tage unterwegs, quälen uns mit dem viel zu schweren Haulbag, die Kletterei im glatten Sechser wird in stoischer Routine abgespult. Wir können das Eisband und somit das

Ende der Schwierigkeiten schon 100 Meter über uns erahnen, schräg rechts über uns die Eiswand und der Gipfelturm. Zum Greifen nahe.

Die Euphorie packt uns: »Morgen das Schneeband, übermorgen unter den Gipfelturm, dann der Gipfel und zurück.« Im ersten Licht steigen wir los. Was folgt, ist ein Trauerspiel, wir kämpfen uns über komplett vereiste Risse nach oben. Stunden vergehen, während das Seil nur zentimeterweise durch die Karabiner gleitet. Nachmittags um vier trennen uns gerade noch 30 Meter vom Schneeband, als wir von dichten Wolken verschluckt werden. Wir fixieren unsere Kletterseile, seilen ab zu unseren Portaledges und hoffen auf bessere Zeiten. Am nächsten Morgen schneit es und nach einigem Hin und Her überzeugt mich Jochen, die Flucht nach oben anzutreten. Also rein in die Gore-Klamotten und hinaus ins Sauwetter. Und wie am Vortag machen wir unsere Fortschritte nur im Zeitlupentempo und wieder kämpfen wir in den eisgefüllten Rissen mit vollem Einsatz.

Der Schneesturm um uns wird immer heftiger, kleine Lockerschneerutsche ergießen sich in regelmäßigen Intervallen über uns und der Sturm peitscht unsere Seile weit in die Luft. Am frühen Nachmittag sind wir beide durchgefroren, am Boden zerstört. Zehn Meter haben wir geschafft und wir haben alles gegeben. Zwanzig verdammte Meter, dann wären wir im Gehgelände. Ohne Vorwarnung dröhnt ein ohrenbetäubender Knall, der von einem grellen Licht begleitet wird. Es hat wohl in nächster Nähe auf der Pfeilerkante eingeschlagen. Das gibt uns den Rest und zwei Stunden später kriechen wir erschöpft ins Portaledge. Die nächsten 15 Stunden werden hart.

Unser Überzelt hält dem immer stärker werdenden Sturm kaum noch stand. Ohne diesen Schutz sind wir verloren. Gegen den Druck des Windes halten wir das Fly verkrampft in der Position und schaufeln den eingewehten Schnee aus unserem Hängezelt. Die Nacht wird lang und erst am Morgen bessert sich das Wetter.

Die Wand über uns ist mit einer dicken Eisschicht überzogen. Unsere Situation ist eindeutig: Wir haben nur noch Essen für zwei Tage, unsere Schlafsäcke haben ihr Gewicht verdoppelt und vor allem sind wir zwei Weicheier durchgekocht. Jochen meint nur: »We have had enough fun! Let's get out of here!« Unser Rückzug gestaltet sich undramatisch mühsam.

Der Pfeilergipfel ist zum Greifen nahe. Wir sitzen in unserem Portaledge auf 6300 Meter.

Wir kämpfen mit vollem Einsatz in den vereisten Rissen, doch wir haben keine Chance.

Am Ende bleiben acht Tage Abenteuer und das Wissen um ein geschenktes Leben. Zu Hause die immer wiederkehrende Frage: »Und wart ihr auf dem Gipfel?« »Nein, aber wir haben ein Wahnsinnserlebnis gehabt.«

Qualität am Berg hängt von Erlebnis, Gefahr und Grenzgang ab. Monate später, zu Hause, zählt nur noch Gipfel oder Nicht-Gipfel. Alpinismus ist in unserer Zeit wieder zum Spiegel der Leistungsgesellschaft geworden. Es zählt nur höher, schwerer, Erster, die Frage nach dem »Wie« ist zurückgetreten. Wir wollen Erfolge und strahlende Sieger, Übermenschen, die »top« sind, und gerade auf Expedition ist »top« nun mal der Gipfel.

Im Augenblick des Rückzuges empfinde ich nicht das Gefühl des Versagens, des Verlierens, ich bin nur unglaublich froh darüber, den Sturm überlebt zu haben, keinen Fehler begangen zu haben, noch am Leben zu sein, vom Ogre wieder mehr oder weniger gesund ausgespuckt worden zu sein. Noch im Basislager bin ich nur stolz, so weit gekommen zu sein. Schon in Skardu, als ich von anderen »erfolgreichen« Expeditionen höre, schleicht sich in mein Denken das Gefühl von Misserfolg ein, spätestens zu Hause, zurück in der Gesellschaft, muss ich mir eingestehen, dass dies eine erfolglose Expedition war. Auch wenn ich weit weg im Karakorum unglaublich zufrieden war, ein »Erfolgs«-Erlebnis hatte, das mir keiner mehr nimmt, hier im Jetzt und Heute, in der Gesellschaft – und ich bin nun einmal Teil dieser Gesellschaft – war ich nicht auf dem Gipfel und somit nicht am Ziel. Dieses Gefühl setzt sich so in meinem Kopf fest, dass es das Positive und Schöne fast schon überdeckt, dass ich mich immer wieder gedanklich an den Pfeiler zurückbefördere, um zu wissen, warum es trotzdem super war und auch immer noch ist.

Ich werde wieder zum Ogre zurückkehren. Obwohl dieser Gedanke unsinnig ist: Ich kenne den Pfeiler Meter für Meter. Genuss-Kletterei, die man einfach um ihrer Schönheit willen immer wieder macht, ist das bestimmt nicht. Pakistan, Rawalpindi, Karakorum-Highway, Skardu, Askole, Biafo-Gletscher, unser schönes Basislager, das ist für mich alles ein alter Hut. Die alpinistische Herausforderung kann nicht mehr gesteigert werden, wir waren nur zu zweit, gleich schlecht und fast ganz im alpinen Stil unterwegs. Dennoch nagt er in mir, der Wurm, der »Ogre-Virus« und lässt mich nicht los. Ich will diesen Berg besteigen, der wie eine unnahbare Trutzburg so mächtig am Rande des Biafo-Gletschers steht. Es ist kein schöner Gipfel im Sinne von Linien, Gestalt, Form, Ästhetik. Aber es ist ein absolut abweisender Gipfel, er verströmt den Hauch von Unberührbarkeit, von Macht und Gewalt. Und dann ist da noch die Geschichte, der Mythos, den sich dieser Berg seit nun mehr als zwanzig Jahren aufgebaut hat.

Wir haben überlebt, Jochen ist an diesem Berg zweimal gescheitert, der Ogre verliert die Kraft in seinen Träumen – endlich!

DER TRAUM

Der lange Weg zum Ogre

1997 Latok-II-Südwestwand

Meine erste Expedition

Thomas Huber

Seit unserem Abflug nach Pakistan läuft alles schief. Tägliche Streitereien unter den Expeditionsmitgliedern gehören zur Tagesordnung. Kompetenzen werden in Frage gestellt und jeder hat eine bessere Idee, wie diese extrem schwierige Latok-II-Südwestwand anzupacken wäre. Lauter unterschiedliche Meinungen und eine Wand. Eine Wand, die mit zum Schwierigsten im Himalaja gehören soll. Senkrecht, monolithisch, von 5000 bis auf 7108 Meter aufragend, ein großartiges Ziel. Noch nie wurde in der Höhe zwischen 6000 und 7000 Meter so schwierig geklettert. Dafür braucht man auch das beste Team, und bekanntlich sind die besten Bergsteiger auch immer extreme Charaktere. In Bayern waren wir das Dreamteam, bereit, gemeinsam die Grenzen zu sprengen: Toni Gutsch und Christian Schlesener aus München, Conrad Anker aus Kalifornien, mein Bruder Alexander aus Traunstein, Franz Fendt, Mi-

Die Latok-II-Südwestwand.

Unterwegs zu unserem Vorgeschobenen Basislager.

Bedrohlich liegt das Couloir vor uns.

chael Grassel und ich aus Berchtesgaden. Jetzt im Basislager geht es drunter und drüber.

Und dann ist da noch das Filmteam, Chris McGeough und sein Assistent Jean Phillippe. Sie wollen einen spektakulären Film über den höchstgelegen Bigwall der Erde drehen, und natürlich wollen sie immer in erster Reihe die atemberaubenden Szenen auf Film festhalten.

Aber bevor wir sie in unsere Planung mit einbinden können, müssen wir unser Chaos untereinander ordnen.

Wer geht mit wem, und vor allem, wer geht als Erster, wer übernimmt den undankbaren Job des Lastesels und wer bekommt den Vorzug, ganz oben in bestem jungfräulichem Granit zu klettern? »Natürlich derjenige, der am besten und schnellsten ist!« Aber in unserem Team gibt es keine Schwachstellen, jeder ist für sich und speziell in diesem Gelände extrem gut. Also: Sechs steigen an den Steigklemmen nach und einer übernimmt die Führung. Dazwischen zwängt sich noch das Kamerateam, und das Chaos ist perfekt. Unter uns Kletterern sollte die Position des Seilersten durchgewechselt werden, aber für diese Gruppe ist sogar diese große Wand zu klein und am Ende bleiben für jeden im Schnitt so etwa fünf Seillängen bis zum Gipfel. Das ist für ein hoch motiviertes Ego zu wenig. Auch das Problem einer einheitlichen Routenfindung und Expeditionstaktik ist nicht zu unterschätzen: Alexander sieht die beste Chance auf Erfolg am linken Rand der großen Wand, Conrad will weit rechts unten einsteigen und später durch die Mitte zum Gipfel, Toni und ich finden den direkten Weg durch das Zentrum der Granitmauer am besten, Schlesi, Franz und Michael glauben weiter rechts den idealen Weg zum Gipfel zu sehen. Conrad will auf großen Fixseilaufwand verzichten, ich bin wieder der Meinung, wenn wir alle sieben plus zwei Kameraleute durch die Wand kommen wollen, werden wir die Fixseile brauchen, Chris pocht auf das Recht, ganz vorne dabei zu sein, um im Film alles optimal festhalten zu können, Conrad glaubt nur an ein Gelingen, wenn man die Teams auf zwei Routen in der Wand verteilt, aber wer ist dann im A-Team und wer im B-Team?

Ein Durcheinander, wie es schlimmer nicht sein kann.

Zuerst besteht die große Herausforderung darin, dass wir alles ordnen, klare Positionen

Unser Lager auf 5500 Meter inmitten des Couloirs.

schaffen und am Ende wieder an einem Strick ziehen. Des Öfteren gab es mitten auf dem Gletscher lautstarke Diskussionen, die aufgrund der dünnen Luft aber sehr schnell wieder verstummten.

Ich bin verzweifelt. In der ersten Nacht in unserem Vorgeschobenen Basislager auf 5000 Meter kotze ich das ganze Abendessen wieder aus. Nudeln in roter Soße. Schöne Sauerei, die Apsis meines Zeltes gleicht einem Schlachthaus. Ich bin am Boden zerstört, dazu kommen noch unerträgliche Kopfschmerzen, die selbst nach der dritten Aspirin-Tablette nicht besser werden. Verdammt, ich tauge nicht für die Höhe, das ist schon mal sicher. Und wenn diese cholerischen Schreiereien wegen irgendwelcher Lappalien ebenfalls zum Expeditionsalltag gehören, dann ist dies meine erste und letzte Expedition.

Die Selbstzweifel werden noch durch meine Ängste verstärkt. Alexander ist 1995 an dieser Wand wegen des permanenten Stein- und Eishagels im Einstiegscouloir gescheitert. Dieses Jahr sind wir von der Jahreszeit her früher dran, das könnte ein Vorteil sein. Es bleibt jedoch die Angst, dass in dieser Schneerinne die Wahrscheinlichkeit sehr hoch ist, dass wir diesen Trip nicht überleben. Ich zähle die Tage, an denen ich noch in einer vermeintlichen Sicherheit lebe. Es sind nur noch wenige Tage, und mit einer Sicherheit von 100 Prozent rast die Stunde X auf mich zu, der Zeitpunkt, an dem ich meinen ersten Schritt in dieses unkalkulierbare Risiko setzen werde.

Aber warum bin ich mir so sicher, dass ich diesen Schritt wagen werde? Die Vernunft sagt: »Geh nicht.« Und der Entscheidungsträger Vernunft hat oft recht. Keiner kann mir vorschreiben, dass ich gehen muss. Ich bin erwachsen und kann selbst über mein Leben bestimmen.

Morgen packe ich mein Zeug zusammen und verlasse diesen Ort. Draußen, hinter der Moräne, 50 Kilometer weiter im Süden, pulsiert das

Leben. Ein paar Tage später könnte ich zu Hause sein, in der Geborgenheit. Hinter mir wären das öde Granitchaos des Karakorum, die Streitereien im Team und diese bedrohliche Wand mit dem verfluchten Couloir. Nichts, was ich vermissen werde, aber was liegt vor mir?

Was würden meine Freunde zu mir sagen? Die endlosen Erklärungen, warum ich schon wieder in der Heimat bin. Die Angst vor mir selbst, wo wären meine Perspektiven, was würde die Zukunft bringen? Ein Nichts, das sich vor mir aufbauen würde. Aber warum existiert dieses Vakuum, warum muss der Weg meines irdischen Daseins über diese Wand gehen? Irgendwie ist alles fremdbestimmt oder eine unterbewusst programmierte Einbildung, von der ich nicht mehr abweichen kann. Weg mit den Freunden, vergessen die Heimat, was bleibt, ist die Angst.

Schneller als erwartet ist dieser Moment gekommen. Die Vorzeichen der Zeitrechnung werden vertauscht und jede Stunde ist wieder ein Geschenk gewonnenen Lebens.

Alexander sitzt unten im Basislager und kuriert seinen Schnupfen aus. Er hat es gut, liest Bücher und versetzt sich dabei in eine Traumwelt, die besser ist. Vor uns liegt die todbringende Realität. Es ist kalt, so etwa minus 10 Grad. Gerade haben wir unsere Stirnlampen ausgeschaltet und hinter uns liegt ein 200 Meter hoher Eis- und Felsanstieg. Toni, Conrad und ich stehen am Anfang dieser Schneerinne und versuchen den besten und sichersten Weg durch diesen Schlund des Todes auszumachen. Jedenfalls können wir dem Steinschlag besser aus dem Weg gehen, wenn wir in der Nacht und in den frühen Morgenstunden gehen. Wenn die Sonne um die Ecke kommt, dann müssen wir draußen sein. Aber die Séracs darüber sind unberechenbar. Sie fallen, wann sie wollen. Es ist still, fast zu ruhig. Auch Conrad, der von uns die meiste Expeditionserfahrung hat, ist sich seiner Sache nicht sicher und murmelt einen Spruch auf Englisch, der unsere

Toni in einer der schwierigsten Seillängen.

Situation ganz gut beschreibt: »Dancing with the fat lady of faith in the ballroom of death«. Jetzt sind wir da, und jetzt gehen wir auch. Wir waren uns einig, dieses bis zu 50 Grad steile Couloir seilfrei nach rechts ansteigend bis zu den überhängenden Felsen hinüberzuqueren. Vielleicht haben wir Glück und können am rechten Rand schräg diagonal über uns ein Zeltlager aufbauen, das einigermaßen geschützt ist.

Ich schnalle mir den viel zu schweren Rucksack um und quere hinaus in die unkalkulierbare Welt dieser riesigen Eisflanke. Conrad und Toni schließen schnell auf, und langsam setzt sich wieder die Routine durch. Einen Schritt, den nächsten, hinüberqueren zu der Rippe und jetzt den steileren Hang frontal hinauf bis die Oberschenkel brennen. Auf einmal existiert dieses über mir hängende Damoklesschwert nicht mehr. Es gibt nur noch die kleine Welt des nächsten Meters. Der Horizont ist extrem eingeschränkt und ich fühle mich erstaunlich

Alexander liegt im Portaledge auf 6500 Meter (Wandmitte).

Conrad meistert eine heikle Passage im senkrechen Granitozean auf 6800 Meter.

gut dabei. Ich gehe, beiße die Zähne zusammen und habe nur noch ein Ziel vor Augen, diesen verdammten 30 Kilogramm schweren Rucksack unter diesen Felsüberhang dort drüben zu bringen.

Nach drei Stunden haben wir es geschafft. Wir sind am rechten Rand des Couloirs, unter einer kleinen überhängenden Felswand auf 5500 Meter, deponieren unser Material und beginnen sofort mit dem Abstieg. Drüben am Nanga Parbat scheint schon die Sonne. Ein imposanter Berg, den Hermann Buhl 1953 erstbestiegen hatte, ein Teufelskerl. Heute kann ich sein Handeln, seine Motivation besser verstehen. In dem Moment wenn du gehst, sind alle Zweifel und Ängste eliminiert und Gefahren werden nur noch analytisch registriert. An die Grenze gehen ist somit keine große Sache, obwohl es immer so sein wird, dass man sich im Basislager vor Angst regelrecht in die Hosen macht, wenn der große Tag bevorsteht. Die Reaktion ist aber auch irgendwie verständlich: an die Grenze des Machbaren gehen zu wollen – und das ist auch unsere Motivation als Bergsteiger – kommt der Grenze zwischen Leben und Tod gefährlich nahe. Jeder weiß es und jeder verdrängt es: Extrembergsteigen auf die Spitze getrieben ist ein Spiel mit dem eigenen Leben und dem Tod. Die Kunst, dieses Spiel für sich zu entscheiden, ist die Intuition.

Endlich beruhigen sich auch die Gemüter im Team und für alle Teilnehmer scheint eine Lösung in Aussicht. Das Filmteam mit Chris und Jean erkennt die Ernsthaftigkeit der Wand, nachdem Jean gerade noch mit viel Glück einem Steinhagel im Couloir ausweichen konnte. Sie wollen noch ein paar Eindrücke der Expedition auf Film festhalten, vielleicht etwas in der Wand filmen, aber auf einen Durchstiegsversuch bis zum Gipfel verzichten sie. Franz, Schlesi und Michael versuchen einen Bigwall eher im rechten Wandteil und wir, das sind Toni, Conrad, Alexander und ich, wollen durch das Zentrum der Wand klettern.

Von all dem Ärger unbehelligt bereiten Jan Mersch und Jochen Haase, die das Basislager mit uns teilen, ihren Besteigungsversuch am Ogre vor. Bei ihnen scheint alles reibungslos zu funktionieren, ohne Diskussionen. Ein kleines Team, in dem es kaum Streitereien geben kann, weil zwei Meinungen unter Freunden schnell unter einen Hut gebracht sind. Aber wenn es wie in unserem großen Team zu viele unterschiedliche Vorstellungen gibt, ist es trotz Freundschaft schwierig, eine Diskussion auf einem sachlichen Niveau zu führen. Die Extremsituation einer gefährlichen Route wie an dieser Wand tut das ihrige dazu, und dann fliegen die Fetzen.

Wir sitzen mal wieder alle im Basislager und warten auf gutes Wetter, Michael hat eine schmerzhafte Nierenbeckenentzündung und verlässt morgen das Basislager, Jan und Jochen sind schon nervös, sie wollen bei der nächsten Gelegenheit Richtung Gipfel des Ogre aufbrechen. Wir dagegen haben noch viel Arbeit, bis das gesamte Material am Einstieg der Granitmauer auf 6000 Meter deponiert ist.

Dann endlich die ersten Anzeichen einer Wetterbesserung. Um Mitternacht starten drei Teams zu ihrer großen Herausforderung. Jan und Jochen wollen in fünf Tagen den Gipfel des Ogre über den Südpfeiler erreichen, Franz und Schlesi steigen in ein überhängendes Risssystem im rechten Wandteil ein und wir schleppen das restliche Material bis auf 6000 Meter zum Einstieg unserer Wand.

In den nächsten vier Tagen schaffen wir die ersten 400 Meter dieser senkrechten Granit-

Kombiniertes Gelände auf der letzten Etappe zum Gipfel.

Conrad am Gipfel.

Toni, Alexander und Thomas am Gipfel.

wand: beste Kletterei im oberen siebten Schwierigkeitsgrad und immer wieder spannende technische Passagen bis A3. Wir erreichen ein kleines abschüssiges Band, auf dem genügend Schnee liegt, um später das notwendige Wasser zu schmelzen. Ideal für unser Lager. Wir fixieren die gesamte Strecke bis zum Einstieg der Wand mit Seilen, als sich am Horizont wieder eine Schlechtwetterfront ankündigt. Am Tag darauf sind wir zu acht wieder zurück im Basislager, es schneit. Chris hat die ersten Eindrücke der Wand im Film festhalten können und verlässt uns wenige Tage später mit seinem Kameraassistenten. Franz und Schlesi haben mit extrem anspruchsvollen, überbreiten kaminartigen Rissen zu kämpfen und wissen selbst nicht so recht, ob diese Route den Gipfelerfolg bringen wird. Jan und Jochen stecken im Schneechaos kurz unterhalb des Pfeilergipfels. Keiner von uns möchte jetzt an ihrer Stelle sein und wir hoffen, dass ihr Abenteuer zu einem gesunden Ende führt.

Vier Tage später zeigt sich der Karakorum wieder von der besten Seite. Überall donnern die Neuschneelawinen aus den umliegenden Wänden und auch Jan und Jochen kommen von ihrem Abenteuer zurück. Sie verlassen unser Basislager mit den besten Wünschen nach Hause zu den Freunden. Ich kann meinen Neid nicht verbergen, wie gerne wäre ich mit ihnen gegangen. Sie haben den ganzen Heldenfeldzug schon hinter sich, haben ihren Kampf mit der rauen Natur des Berges überlebt. Vor einem Monat haben sie gleichzeitig mit uns voller Hoffnung das Basislager erreicht. Sie waren gekommen, diesem Riesen auf das Haupt zu steigen, aber der Berg hatte die beiden nicht auf der Audienzliste. Zumindest hat der Berg sie unbeschadet gehen lassen. Der Berg! Was ist das für ein Berg? Ogre – ein Koloss, breit, wuchtig. Der höchste Gipfel der Latok-Gruppe. Ein komplexer Haufen aus steilen Eisfeldern, Granitwänden und kompakten Pfeilern, und doch scheint er mir weniger schwierig und gefährlich zu sein als unser Ziel, die Latok-II-Südwestwand.

Aber warum ist dieser Berg seit über 20 Jahren nicht bestiegen worden, obwohl sich schon über 20 Expeditionen auf verschiedenen Routen an ihm versucht haben? Am Wetter oder am Unvermögen der Gipfelaspiranten kann es nicht immer gelegen haben, oder vielleicht doch? Auf jeden Fall hat der Berg ein gewisses Geheimnis, das auf den ersten Blick nicht zu erkennen ist, aber schon sehr bald spüre ich die Macht, die von diesem Koloss ausgeht. Sollte ich wieder einmal diesen Wahnsinn in mir haben, auf eine Expedition gehen zu müssen, dann muss es dieser Berg sein.

Zwei Wochen später stehen wir am höchsten Punkt des Latok II, hinter mir liegt mein bisher größtes Abenteuer. Wir haben es geschafft, den höchstgelegenen Bigwall der Erde zu durchsteigen, im Team, zu viert. Feine Risse, Verschneidungen, Überhänge, lose Schuppen, Eisspuren, Kamine und oft haltlose Platten haben uns in den letzten Tagen durch diese steile Mauer aus hartem Granit geleitet. Wir haben gearbeitet wie die Berserker und noch einmal und immer wieder den Mistsack eines Haulbags nach oben gezerrt, ohne das scheinbar sinnlose Handeln zu hinterfragen, weil alles auf ein Ziel ausgerichtet war: diesen Moment des »Oben-stehen-dürfens« zu genießen. Es ist einfach großartig, oben zu stehen und zu sehen, dass es nicht mehr weiter geht. Für kurze Zeit bist du ein Held. Und jetzt, zurück im Basislager, zur Feier des Tages vor uns ein Festmahl unserer Köche Ismail und Kasim, sind wir alle wieder auf dem Boden der Tatsachen gelandet. Wir waren die Helden, die Größten, als wir am Gipfel des Latok II den Erfolg mit einer Tasse Tee feierten, aber bei keinem wird sich das Leben durch diesen Erfolg ändern. War es nicht so, dass ich diesen Weg durch die Wand gehen musste, um nicht ein Leben in völliger Orientierungslosigkeit führen zu müssen. Um ehrlich zu sein, es hat sich nicht viel verändert, nur dass ich bald wieder in dieses Basislager zurückkehren muss, weil mein neuer Weg über den Ogre führen wird, ja, führen muss!

Unser neues Ziel: der Ogre.

1999 Der Ogre bleibt hart

»Like every year«

Alexander Huber

Zwei Jahre nach der Expedition an der Südwestwand am Latok II fischen Toni Gutsch, Thomas und ich unser deponiertes Material hinter einer großen Felsspalte hervor. Auch Jan Mersch ist dabei, seine versteckten Sachen zu bergen. Wir öffnen die Tonnen, Erinnerungen an unsere Expedition von 1997 werden wieder wach. Ungelesene Bücher, das Schachspiel, Schafkopfkarten – vieles, das uns die Schlechtwettertage im Basislager verkürzen sollte. 1997 wurden wir am Latok II mit einer langen Schönwetterphase verwöhnt. Doch wir wissen, dass wir ähnlich gutes Wetter für den Ogre nicht erwarten dürfen ...

Das Wetter ist nach dem persönlichen Können der entscheidende Knackpunkt beim »Planspiel Ogre«. Wir haben eine recht einfache Taktik – und die heißt: schneller sein als das schlechte Wetter. In nur vier Tagen wollen wir vom Basislager aus den Gipfel erreichen – in zwei Tagen den Südpfeiler erklettern, am dritten Tag das große Eisfeld bis zum Fuß des Gipfelturmes ersteigen und am vierten Tag nach dem Gipfel im Abstieg wieder den Ausstieg des Südpfeilers erreichen. Von dort aus könnten wir sogar bei schlechtem Wetter absteigen. Nur vier Tage schönes Wetter in Folge – das ist eigentlich alles, was wir für den Gipfel brauchen.

Unser Team: Thomas Huber, Jan Mersch, Alexander Huber und Toni Gutsch.

Zum zweiten Mal sitzen wir in unseren Portaledges auf 6000 Meter, mit den allerbesten Voraussetzungen, in den nächsten Tagen den Gipfel zu erreichen. Kobaltblauer Himmel über uns, morgen soll es wieder losgehen.

In der Nacht peitscht ein eisiger Wind um die Pfeilerkante und das knatternde Fly lässt ein ruhiges, erholsames Schlafen kaum zu. Um 2 Uhr geht der Wecker, wir wollen los, nur – wollen wir wirklich? Es ist viel zu windig und außerdem steht wieder einmal eine von Blitzen erleuchtete Wolkenfront hinten am Nanga Parbat. Die Entscheidung nicht zu gehen wird von allen angenommen. Keiner will einen halbherzigen Versuch wagen, jeder hat Angst, aufgrund einer voreiligen Entscheidung die Expedition zum Scheitern zu bringen. Also noch einmal warten im Basislager, warten auf besseres Wetter. Wir steigen ab.

Doch als wir unten sind, ist das Wetter wieder unbarmherzig schön. Alle hoffen wir, dass es dann wenigstens morgen schlechter wird. Haben wir falsch entschieden? Am Abend fällt der

Wir haben bestes Wetter: unterwegs durch den zerrissenen Gletscher zum Pfeilereinstieg.

Druck, der Höhenmesser steigt um zehn Meter. Unsere Gemüter beruhigen sich, wir haben das Gefühl, die richtige Entscheidung getroffen zu haben.

Der nächste Morgen. Wieder bestes Wetter, keine Wolken, kein Wind, auch nicht in der Höhe. Das Frühstück wird zur Schweigeandacht. Unsere Köche meinen, dass wir jetzt besser am Berg sein sollten. Ihre Belehrung bleibt in dieser frustrierten Stimmung unbeantwortet. Noch dazu ist der Höhenmesser wieder um zehn Meter gefallen. Wir haben es versiebt, morgen könnten wir auf dem Gipfel stehen. Und wir Warmduscher sitzen im Basislager beim Sonnenbaden.

In der Nacht werde ich von einem Rascheln geweckt. Was für ein Segen, das Geräusch von Regen auf eine Zeltwand! Ich bedanke mich beim Himmel für den Wettersturz und ich bin heilfroh, jetzt nicht hoch oben am Berg zu sein. Ich drehe mich im Schlafsack um, lausche noch eine Zeitlang dem erlösenden Geräusch des Regens und schlafe beruhigt ein. Die Bergsteigerehre ist gerettet!

Die ersten Seillängen über unserem Lager: kompakte Risssysteme im sechsten Schwierigkeitsgrad.

Kurz vor unserem Lager auf 6000 Meter, links der monolithische Pfeiler, rechts der Gipfel des Ogre in Wolken.

Der Monat Juli ist fast vorbei und wir haben nur fünf Tage brauchbares Wetter gehabt, nie aber mehr als drei hintereinander. Wenn sich die Großwetterlage nicht ändert, dann werden wir keinen einzigen ernst zu nehmenden Versuch am Ogre starten können. 30 Tage Rumsitzen im Basislager führen dazu, dass ich mich langsam fragen muss, was denn der Sinn des Bergsteigens ist.

So unproduktiv bin ich mir in meinem Leben noch nie vorgekommen! Du sitzt im Mannschaftszelt des Basislagers, machst den Reißverschluss des Fensters auf und wirfst das Geld mit vollen Händen raus. Und anschließend kommt unweigerlich die Frage, was dir das Ganze gebracht hat. Aber eigentlich musst du dich das gar nicht fragen, du weißt es schon vorher: Es ist ja mittlerweile gar nicht mehr zu übersehen, jedem steht der Frust ins Gesicht geschrieben. Ja, Frust heißt die Gegenleistung, die du für dein sauer verdientes Geld bekommst!

Bergsteigen an den großen Bergen der Welt ist paradox! Bist du am Berg, so wünschst du dir die Ruhe und Sicherheit des Basislagers. Doch zurück im Basislager dauert es nicht lange, bis du wieder unruhig wirst, du willst wieder rauf. Es ist eine zweigeteilte Welt, und egal in welcher Hälfte der Welt ich stehe, immer wieder wünsche ich mir genau dort zu sein, wo ich gerade nicht bin. Zwei, drei Tage Nichtstun - das ist das Schönste, was es gibt. Aber dann beginnt die Unruhe zu wachsen, mit jedem Tag mehr. Es ist unsere Gesellschaft, die uns prägt - wenn du längere Zeit nichts tust, dann stimmt etwas nicht mit dir. Auch wenn du für das Nichtstun gar nichts kannst, du fühlst dich schuldig: Du bist nutzlos, du bist zu nichts zu gebrauchen, du bist ein Taugenichts! Wir Bergsteiger glauben oft, die Unabhängigen, die Wilden zu sein - und doch: Auch wir sitzen fast ausnahmslos im Gefängnis der Zivilisation, obwohl wir für drei Monate von ihr abgeschnitten zu sein scheinen. Doch wir werden zurückkommen, zurück in diese Zivilisation. Die Expedition ist somit kein Ausbruch, sondern lediglich ein Freigang, bei dem wir uns selbstverständlich an die Regeln der Gesellschaft zu halten haben. Das Basislager ist jetzt unser Gefängnis, dessen unsichtbare Mauern die Zivilisation zieht. Jeder Tag des Nichtstuns beinhaltet einen Gang auf die das Lager begrenzende Moräne, wo wir, meist irgendwelche Geschichten von zu Hause erzählend, sehnsüchtig auf den Biafo-Gletscher schauen. Er zeigt die Richtung unseres Rückmarsches, die Richtung, die uns zurück in die Zivilisation führt.

Was hält mich hier?

Wer hält mich auf?

Ach ja, da war doch der Ogre. Sarkastisch könnte ich jetzt sagen, dass ich ihn, den Ogre, schon fast vergessen habe. Doch das wäre

Wir sind in unserem Portaledge auf 6000 Meter und hoffen in den nächsten drei Tagen den Gipfel zu erreichen.

Der Berg lässt uns keine Chance, der Wind peitscht mit über 100 Stundenkilometern um den Gipfel des Ogre.

falsch. Genau das Gegenteil trifft zu: Als unendlich schwerer Brocken schwebt er über meinem Kopf, mit Macht lastet er auf meiner Psyche, die sich durch Verdrängen zu retten versucht, bis er wieder durchbricht - der Ogre - hell, klar und bedrückend.

Seit Wochen warten wir auf den Ogre, aber es läuft nicht rund. Wir haben zwar noch zwei Wochen Zeit - genug, um sich eine realistische Chance auf den Gipfel auszurechnen - und trotzdem kann ich nicht mehr so recht an einen Erfolg glauben. Ich habe das Gefühl verloren, dass wir es schaffen werden.

Es ist schwierig, sich zu motivieren, wenn es einfach nicht laufen will - und es lief von Anfang an nicht, selbst die Vorbereitungen zur Expedition standen dieses Mal unter keinem guten Stern ...

Thomas verletzte sich eine Woche vor Expeditionsbeginn das Knie: Kreuzbandriss. Normalerweise eine Auszeit für Thomas, aber irgendwie hat er es doch geschafft. Dann kommt die Ausrüstung erst mit zehn Tagen Verspätung in Pakistan an. Der Kaschmir-Konflikt steht gerade vor der Eskalation. Wohin dieser Konflikt führen wird, wie weit Inder und Pakistanis gehen werden, weiß niemand. Skardu soll aber in jedem Fall ein attraktives Ziel der indischen Bemühungen im Falle einer Verschärfung der Lage sein - muss es sein. Skardu hat den einzigen großen Flughafen Baltistans und ist gleichzeitig das Tor zum zentralen Karakorum. Hier muss jeder durch, der in das Herz der höchsten Berge Pakistans will!

Nach wie vor ist jedoch die Provinzhauptstadt Baltistans sicher, es wird keine Probleme bei der Anreise geben. Und auch in der Latok-

Gruppe sind wir sicher, dort sind wir rund hundert Kilometer vom Kriegsschauplatz entfernt und die hohen Bergketten dazwischen sind Gott sei Dank auch heute noch für Bodentruppen eine unüberwindbare Hürde. Doch der Weg zurück? Wir sind in der verzwickten Lage, dass uns keiner hier garantieren kann, wie die Situation Ende August aussehen wird! Das sind noch fast drei Monate, und vor allem: Die Kriegssaison in Kaschmir hat gerade erst begonnen. Die Schneeschmelze in den bis 5000 Meter hoch gelegenen Kriegsgebieten hat eben erst eingesetzt und die Kampfhandlungen sind schon jetzt härter, verbissener und blutiger denn je. Wir glauben, im falschen Film zu sitzen!

Wir sondieren die Möglichkeiten für den »Ernstfall« beim Rückmarsch. Die Grenze zu China ist nur 30 Kilometer vom Basislager entfernt. Über den 5400 Meter hohen Lukpe La wäre es möglich, in sechs Tagen China zu erreichen. Bergsteigerisch kein Problem – bleibt nur die Frage offen, was die Chinesen dazu sagen würden. Zumindest habe ich mir die Nummer der Deutschen Botschaft in Peking und eine Karte für den Fluchtweg besorgt.

Wieder steigen wir voller Hoffnung an unseren Fixseilen auf, diesmal muss es klappen.

Seit zwei Wochen hören wir hier im Basislager jetzt schon das dumpfe Grollen schwerer Artillerie im Kampfgebiet. Es war fast zu erwarten, dass Pakistan und Indien so schnell keine Lösung finden und es zu massiven Kampfhand-

Wir sizten fest und können nur warten.

Wir sind optimistisch.

lungen kommen würde - aber den Waffeneinsatz selbst zu hören, das geht an die Nerven. Ismail hört jeden Tag die Nachrichten ab - er ist besorgt um seinen jüngeren Bruder, der Soldat in der pakistanischen Armee ist.

Am 15. Juni kommt mit einem Postläufer eine Nachricht - eine schlechte. Ismails Bruder ist an der Kaschmir-Front gefallen und noch am selben Tag verlässt uns Ismail, um zu seiner jetzt zehnköpfigen Familie zurückzukehren, deren Oberhaupt er jetzt ist.

Seit Tagen schon hängen schwere Wolken in den Gipfeln des Karakorum, wieder fünf Tage hundsmiserables Wetter - wir sind mehr als angeschlagen, das lange Sitzen im Basislager zehrt. Am Berg zu sein würde Ablenkung bedeuten, helfen, die Gedanken wieder zu ordnen. Aber die Großwetterlage ist einfach schlecht, und solange sich an dieser nichts ändert, werden wir wohl auch nicht mit den notwendigen vier Tagen stabilem Wetter rechnen können.

Ich blicke zum Ogre, er steht da wie immer, doch mit jedem Tag wird es schwieriger für mich, den Weg zum Gipfel zu finden. Sicher, ich will keine Chance auslassen, keine einzige, und

In unserem Portaledge.

Das Wetter zwingt uns wieder zur Umkehr.

das ist im Grunde auch die Erklärung, warum ich überhaupt noch hier bin. Aber trotzdem habe ich mit dem Gipfel bereits abgeschlossen. Wie eine Katze stundenlang vor einem Mauseloch sitzt und auf ihre Beute wartet, so sitze ich jetzt wochenlang im Basislager, stoisch und geduldig auf Beute wartend. Wenn sich die Beute nicht zeigt, zieht die Katze wieder ab. Wenn der Gipfel des Ogre nicht in Sichtweite kommt, werde auch ich abziehen. Jagderfolg negativ. Nichts Ungewöhnliches für die Katze, nichts Ungewöhnliches am Ogre.

Doch die Jagd geht weiter, ich werde wieder zurückkehren - nicht unbedingt genau zu diesem Berg, aber bestimmt zurück zum Alpinismus, zu den kalten Riesen: Tonnen von Moränenschotter, Séracs, Lawinen, Hitze, Kälte - das Bergsteigen an den großen Bergen der Welt ist kein Vergnügen, das Abenteuer Berg gewinnt nur über Umwege seine Faszination. Ist man zu Hause, so wünscht man sich, in der Wildheit der Berge unterwegs zu sein. Es ist nicht leicht

Das verschneite Couloir.

Toni steigt an den vereisten Fixseilen auf.

zu verstehen, aber die Faszination rührt aus der Eigenschaft des Menschen, genau das machen zu wollen, was für ihn gerade unmöglich ist. Deswegen werden wir so oft beneidet. Jeder, der voll in die Gesellschaft eingebunden ist, der seinen festen Beruf hat, der Verpflichtungen und eine Familie hat, der beneidet uns um die Unabhängigkeit, sieht eifersüchtig zu, wenn wir wieder zusammenpacken und für zwei oder drei Monate hinaus in die Welt ziehen.

Und genau dort sitze ich jetzt, am Ende der Welt, in der Unabhängigkeit: kein Telefon, kein Funk, keine Post – inmitten von Moränenschotter, Fels und Eis. Im Moment würde ich aber viel lieber im Biergarten sitzen, meine Freunde treffen, das Grün und die Wärme unseres Sommers spüren, im glasklaren Bergsee schwimmen, warmen Fels berühren ...

Ich will diesen Berg da vor mir ja eigentlich schon gar nicht mehr hinauf, ich will mich der Angst am Berg gar nicht mehr aussetzen – der Angst vor dem Schlechtwettereinbruch hoch oben am Ogre, der Angst, mit einem Schneebrett die Südwand hinunterzufahren, der Angst vor den Séracs, vor Steinschlag, vor der Höhe, der Angst, einen Fehler zu machen ...

Doch ich bin gefangen. Ich muss da rauf, zumindest muss ich es versuchen, solange ich hier bin.

Erst dann, wenn ich alles gegeben habe, wenn ich Angst gehabt habe, nachdem ich die Begegnung mit dem Berg wirklich erlebt habe – erst dann kann ich das Zu-Hause-sein wieder genießen, oben am Schleierwasserfall stehen, die feine Gischt auf der Haut des nackten Oberkörpers spüren, warmen Fels berühren, mit ziellosem Blick auf die Zentralalpen auf der Bank sitzen und sehen, wie ich auf dem Gipfel des Latok oder sonst irgendeines Berges stehe, ausgeblendet die Monotonie der Qualen, die Angst vor dem Tod, das nervtötende War-

Am Ende bleibt uns nur noch die Bergung des Materials.

Unser Lager auf 6000 Meter, wir sind am Ende, wir sind gescheitert.

ten auf gutes Wetter – die kurzen, schnelllebigen Momente des Erfolges in der Erinnerung aufleben lassen, das sind die Träume, für die wir immer wieder auf große Berge steigen.

Erfolg – »success« am Broad Peak, »success« am Gasherbrum II, »success« am Trango Tower – immer wieder hören wir die Meldungen im Radio. Mit gewissem Neid hören wir von denen, die jetzt schon oben gestanden sind – hätten wir ein leichteres Ziel gewählt, dann hätten wir den Gipfel schon in der Tasche. Doch immer wieder sind es die gleichen Berge, an denen diese Erfolge gefeiert werden: Ziele mit bekannten Namen und gleichzeitig maximaler Erfolgswahrscheinlichkeit. Der Neid verblasst dann schnell und ich betrachte wieder den Ogre und erinnere mich daran, warum ich gerade ihn als Ziel gewählt habe: weil er eine extrem niedrige Erfolgsrate hat, weil ich nicht wie am Trango Tower, Gasherbrum oder Broad Peak das Basislager mit hundert anderen teilen will, weil wir auf unserem Berg alleine sind und nicht den Trampelpfaden anderer folgen müssen!

27. Juli. Gestern, bei Sonnenuntergang, plötzliches Aufklaren, sodass wir uns entschließen, noch in der Nacht aufzubrechen. Zum dritten Mal steigen wir ins Pfeilerlager in 6000 Meter Höhe auf. Der Weg zum Vorgeschobenen Basislager, durch den Gletscherbruch, durchs Couloir und über die ersten Seillängen am Pfeiler, alles geht mir langsam auf die Nerven. Ich kann es nicht mehr sehen.

Endlich sitze ich mit Thomas im Portaledge – Jan und Toni hängen direkt neben uns. Ruhig und gelassen sehe ich dem entgegen, was morgen auf uns warten wird: 13 Seillängen klassische Felskletterei, nicht allzu schwierig, aber wir wollen – nein, wir müssen in einem Tag durchkommen. Wir werden die Portaledges nicht mitnehmen, also müssen wir zum Biwakieren den Pfeilerkopf erreichen. Ein Haulbag und drei schwere Rucksäcke müssen hinauf.

Das Klettern selbst wird somit zur Nebensache, dominant ist das logistische Problem, das gesamte Material möglichst schnell nach oben zu schaffen.

Doch in der Nacht verdichten sich die Zirren, die sich schon tagsüber gezeigt haben, dazu extremer Höhensturm mit Windscherung auf etwa 6500 Meter. Um 2 Uhr entscheiden wir, nicht wie geplant aufzubrechen, sondern den Morgen abzuwarten.

Am Morgen stehen die Chancen für gutes Wetter in den nächsten Tagen schlecht. Wir wollen keine Energie an einen aussichtslosen Versuch verschwenden und setzen alles auf einen weiteren, letzten Versuch. Wir steigen ab, nun schon zum dritten Mal, ohne jemals einen wirklichen Versuch gestartet zu haben.

Jan steigt jedoch nicht nur ab, er steigt auch aus. Er hat bereits 1997 den Südpfeiler versucht, zu viel Energie hineingesteckt, nichts zurückbekommen: Er ist fertig mit dem Berg – es ist aus!

Der letzte Versuch. Das Wetter wird noch schlechter. In vier Nächten in Folge stehen wir um 2 Uhr auf, jedes Mal hängen die Wolken tief. Dreimal brechen Thomas, Toni und ich noch zum Ogre auf und jedes Mal schwemmen uns Schneefall und Regen vom Gletscher. Zweimal drehen wir noch vor dem Vorgeschobenen Basislager um, doch beim letzten Mal ziehen wir durch – es ist rein rechnerisch der letzte Termin, die letzte Chance. Bei Schneetreiben und starkem Wind steigen wir in den Pfeiler ein, die Seile sind komplett vereist, der Wind fetzt nur so um die Pfeilerkante. Es ist zum Verrücktwerden. Wenn es noch schlimmer wird, kommen wir nicht einmal mehr ins Pfeilerlager, dann müssen wir unser gesamtes Material zurücklassen.

Jetzt ist er für uns gestorben, der Ogre. Endgültig. Endlich.

Scheitern tut weh, aber es gehört zum Bergsteigen: Ich werde irgendwann wiederkommen müssen, zu diesem Berg, dem Ogre.

2000 Shivling – zwischen Licht und Schatten

Der lange Weg zurück zum Ogre

Thomas Huber

Der Ogre liegt schon einige Monate hinter mir. Unsere Niederlage ist schon lange kein Gesprächsthema mehr und der normale Alltag bestimmt wieder mein Leben.

Alle nervenaufreibenden Momente der Expedition, das unendliche Warten auf gutes Wetter sind durch den Filter der Zeit gefallen und es bleibt nur die Faszination der hohen Berge übrig. So entsteht im Alltagsleben auch sehr bald wieder die Sehnsucht, zu den Giganten des Himalaja aufzubrechen. Trotz dieser Faszination habe ich versucht den Ogre zu verdrängen und ich war mir sicher, dass ich nächstes Jahr ein anderes Ziel ins Auge fassen würde. Sollen sich andere die Zähne an diesem Berg ausbeißen, ich brauche die Abwechslung. Klingt gut, und die Erklärung ist auch plausibel. Aber wenn ich die Schublade öffne, in der alle meine Geheimnisse gehortet sind, dann würde ich nichts lieber tun, als gleich im nächsten Jahr zu diesem Berg – dem Ogre – zurückzu-

Shivling, Shivas Lingam, der Berg als Symbol der Gottheit Lord Shiva.

Sadhus, heilige Männer, die in der Abgeschiedenheit in Meditation leben.

kehren. Aber irgendwie fehlt mir gerade das notwendige Selbstvertrauen, einen Berg dieses Kalibers anzugehen. Auch die hohe Wahrscheinlichkeit, ein zweites Mal an diesem Berg zu versagen, hält mich davon ab, meinem innersten Verlangen nachzugeben.

Im Herbst haben Alexander und ich erst einmal unseren körperlichen und psychischen Tiefpunkt erreicht. Alexander hat sich beim Ausbouldern einer Elfer-Route in der Fränkischen Schweiz den Ringfinger zerquetscht. Ich liege in der Uniklinik Innsbruck nach meiner Kreuzband-Operation am linken Knie auf der orthopädischen Station. Das sind also die Huberbuam, unfähig, einen Schritt zu tun – kalt gestellt. Alexander ist noch schlimmer dran, weil sein Arzt keine Garantie geben kann, dass er jemals wieder Millimeterleisten fixieren und im elften Schwierigkeitsgrad unterwegs sein können wird. Bei mir sind zwar noch beide Beine fest einbandagiert, aber es ist nur eine Frage der Zeit, bis ich wieder voll einsatzfähig bin.

Zwei Monate später haben wir unsere Verletzungen einigermaßen auskuriert und finden unsere ersten kleinen Herausforderungen bei

Kaprun an den extremen Mixed-Routen in der Sigmund-Thum-Klamm, eine Mischung aus Eis- und Felskletterei. Jeden Tag kommen wir einen Schritt weiter und gewinnen unser Selbstvertrauen zurück. Bald brauchen wir wieder ein großes Ziel, eine große Herausforderung, um uns zum Weitermachen motivieren zu können. Von extremen Kletteraktionen will Alexander noch Abstand nehmen. Er will den Finger erst im nächsten Sommer wieder voll belasten. Also Expedition – aber wohin? Ogre? Alexander winkt sofort ab. Außerdem hat schon eine amerikanische Expedition das Permit für den

Südpfeiler. Ich beiße die Zähne zusammen. Ob sie es schaffen werden? Aber warum sollten die das Glück auf ihrer Seite haben, das wir nicht hatten? Es ist dieser große Traum, dem Ogre eine Zweitbesteigung abzuringen, der mich zu diesem egoistischen Denken veranlasst.

Wie wäre es mit dem Shivling, die direkte Nordkante, eine der wenigen »Magic Lines«, die noch nicht durchstiegen wurde? Mit 6543 Meter ist dieser Berg nicht so hoch, überschaubar und die Route ist für ein Zweierteam machbar. Alexander ist sofort einverstanden.

Einen Monat später sitzen wir im Basislager am Fuße des »Matterhorns« des indischen Garhwal-Himalaja. Mit seiner magischen Linie gehört der Shivling zu den schönsten Bergen der Welt. Diese geschwungene Kante wird durch ein Spiel aus Licht und Schatten verstärkt, und der Traum, sie zu durchsteigen, lässt uns nicht mehr los. Wir erkennen sehr schnell, dass die Logik dieser Linie in der Einzigartigkeit und Schönheit liegt. Und dass unser Vorhaben der vermutlich schwierigste Weg auf den Shivling sein wird.

Mit nur 20 Trägern erreichen wir nach zwei Tagen das Basislager.

Das Wetter könnte nicht besser sein, und schon am nächsten Tag schleppen wir zwei schwere Rucksäcke Richtung Einstieg. Je schneller, desto besser; umso früher bin ich wieder zu Hause bei meiner Familie. Aber dieser anfängliche Optimismus wird einen Tag später von 15 Zentimeter Neuschnee im Basislager gebremst. Also wieder einmal warten auf bessere Zeiten. Wir kennen dieses nervige »Zeit-Totschlagen« von unserer Expedition am Ogre im letzten Jahr. Mit Essen, Lesen, Kartenspielen und wieder Essen wird der Tag ausgefüllt. Zum Glück kommen nach dem zweiten Schlechtwettertag eine Schweizer und eine französische Expedition, die ebenfalls den Shivling besteigen möchten, und sorgen für etwas Abwechslung. Das miserable Wetter fesselt uns weitere drei Tage an das Basislager, bis die Sonne endlich die letzten dunklen Wolken vertreibt. Die Schweizer Expedition macht sich fertig, den Bhagirathi II zur Akklimatisation zu besteigen, die Franzosen bereiten ihren ersten Materialtransport zum Shivling-Normalweg vor.

Wir wollen auf etwa 5900 Meter ein Lager am Kammerlander-Hainz-Pfeiler einrichten, um eine bessere Ausgangssituation für den Durchsteigungsversuch zu schaffen. Mit schweren Rucksäcken beladen, steigen wir noch vor Sonnenaufgang durch das Couloir und finden am rechten Rand der Schneerinne, nur 200 Meter unterhalb unseres Einstieges in den Felspfeiler, einen guten, vor Steinschlag geschützten Lagerplatz.

Noch einmal müssen wir heute dieses Martyrium auf uns nehmen, mit 25 Kilogramm auf dem Rücken 400 Höhenmeter durch das 50 Grad steile Couloir zu steigen, bis alles Material, Zelte, Kocher, Schlafsäcke, Seile und Kletterausrüstung bei unserem Lagerplatz deponiert sind. Das ist der Alltag eines Expeditionsbergsteigers. Wenn nicht im Basislager auf gutes Wetter gewartet wird, stapft man meistens mit schweren Rucksäcken umher und quält sich Meter für Meter nach oben. Zehn Schritte in einem Zug, hyperventilierend eine Minute lang

Licht und Schatten zeichnen eine magische Linie.

alles verfluchen und sich die Frage aller Fragen stellen: »Warum?« Darauf - wie immer - keine Antwort finden und dann bei der nächsten Etappe versuchen, wieder zehn Schritte in einem Zug zu schaffen. Das alles wiederholt sich zig-mal ...

Als wir unser Tagespensum erfüllt haben, verkriechen wir uns in das viel zu kleine Zelt und beginnen erstmal mit stundenlangem Schneeschmelzen. Keiner will reden und wir starren Löcher in die Luft, nur das ständige Zischen des Gaskochers durchbricht die Stille, ein Geräusch, das mich bis in meine Träume verfolgt. Und das von der Zeltwand tropfende Kondenswasser unterstreicht diese spezielle Abenteuerromantik noch. Irgendwann würge ich noch ohne Hunger das sonst so gut schmeckende, mit heißem Wasser aufgegossene Simpert-Reiter-Menü hinunter, und dann kehrt endlich die verdiente Ruhe ein.

Im ersten Tageslicht erreichen wir den Einstieg des Pfeilers. Durch den Schneefall der letzten Tage wirkt alles sehr winterlich, überall auf den Platten und in den Verschneidungen liegt noch der frische Neuschnee. Alles sieht ziemlich kalt, heikel und sehr schwierig aus. Alexander hat sich sofort bereit erklärt, die Führung der ersten Seillänge zu übernehmen. Entlang von alten, zerfetzten Fixseilresten vorangegangener Expeditionen kämpft er sich über die verschneiten Platten höher, verklemmt die Spitzen seiner Eishauen in feine Risse, klettert einen mit Schnee gefüllten Handriss und kratzt dabei mit seinen Steigeisen auf Millimeterleisten herum - eine Mischung aus modernem Drytooling, Freiklettern und klassischem Mixed-Klettern. Am selben Tag gelingen uns noch vier weitere Seillängen, die sich vom Schwierigkeitsgrad und Charakter her kaum unterscheiden, und wir erreichen eine Höhe von 5700 Meter.

Verschneite Platten am Einstieg unserer Route.

Anschließend seilen wir uns ins Couloir ab und erreichen wenig später unser Zeltlager. Morgen wollen wir unseren geplanten Lagerplatz auf einer Höhe zwischen 5800 und 5900 Meter erreichen. Ein hoch gestecktes Ziel, aber wir können es schaffen.

Anstatt zu klettern, sitzen wir um 7 Uhr morgens im Basislager bei einem guten Kaffee und Pfannkuchen, während sich die letzten Schneewolken verziehen. An diese Wetterkapriolen müssen wir uns erst gewöhnen.

Gegen Abend kommen die Schweizer erfolgreich vom Bhagirathi II zurück. Zwei von ihnen, Iwan und Bruno, haben nach ihrer problemlosen Akklimatisierung die Wiederholung der Japaner-Route an der Nordwand ins Auge gefasst. Ihr geplanter Aufstieg startet ebenfalls im Couloir und verläuft zwischen 6000 und 6200 Meter auf unserer Route, bevor sie kurz unterhalb der steilen Abschlusswand über ein markantes Rampensystem nach rechts ausweichen.

Wir begrüßen ihre Entscheidung, denn bei einem Notfall könnten wir uns gegenseitig helfen. Aber das Wetter ist für eine Durchsteigung zu unbeständig und der Höhenmesser gibt keinen Anlass, auf Wetterbesserung zu hoffen. Trotz der schlechten Prognosen wollen wir in einer Tagesaktion bis zu der Felskanzel zwischen 5800 und 5900 Meter klettern und das Lager einrichten.

Heute steigen wir zu viert in das Couloir ein. Iwan und Bruno wollen ihre Rucksäcke für die Durchsteigung bei unserem Zeltlager auf 5400 Meter deponieren und wieder ins Basislager absteigen. Aber der Einzige, der an diesem Morgen in das Basislager absteigt, bin ich. Meine Maschine, der Organismus, wollte in der Nacht nicht anspringen und ich habe mich so lange gequält, bis ich mich übergeben musste. Jetzt liege ich völlig fertig, mit entleertem Magen und fiebrig, auf meiner Isomatte und verfolge das Geschehen am Pfeiler mit dem Fernglas.

Die ersten Seillängen gestalten sich extrem anspruchsvoll.

Am Nachmittag werden die drei von einem Gewitter aus der Wand geholt, aber zuvor konnte Alexander noch fünf weitere Seillängen klettern und die Route bis auf ungefähr 5900 Meter fixieren. Mit dieser Ausgangssituation wäre ein Erreichen des Gipfels innerhalb von drei Tagen möglich.

Am nächsten Tag fühle ich mich etwas besser und das anhaltend instabile Wetter gibt mir noch genügend Zeit, mich vollständig von dieser Magenverstimmung zu erholen.

Die französische Gruppe bricht in diesen Tagen ihre Expedition ab.

Der Höhenmesser ist um 30 Meter gefallen, das heißt der Luftdruck ist gestiegen. Ein gutes Zeichen, morgen kann es losgehen.

Die Schweizer verabschieden sich im Stirnlampenlicht, während wir noch unser Zeltlager auf 5400 Meter abbauen und in den Rucksäcken verstauen. Wenig später hängen wir schwer beladen in den Fixseilen und kämpfen uns Seillänge um Seillänge nach oben. Am Ende der Fixseilstrecke müssen wir noch eine leichtere Seillänge bis zu dem Absatz klettern, auf dem wir unser nächstes Lager aufbauen wollen. Doch heute fühlt Alexander sich schwach, er kämpft bis an sein Leistungslimit. Unter diesen Voraussetzungen haben wir wahrscheinlich keine Chance, den Gipfel zu erreichen. Die von Westen aufziehenden Schlechtwetterwolken erleichtern uns die Entscheidung. Wir deponieren noch unsere gesamte Kletter- und Biwakausrüstung hinter einem Felsblock und seilen ab. Bruno und Iwan machen weiter. Sie erreichen noch am selben Tag den »Knick«, an dem die Kammerlander-Hainz-Route und die Japaner-Route zusammentreffen.

Am frühen Morgen des nächsten Tages herrscht wieder schönstes Wetter. Ich bin enttäuscht und befürchte fast, dass wir unsere Chance verspielt haben. Aber es war leider nur eine theoretische Chance, denn Alexander hätte nicht die Kraft gehabt. Mit 38 Grad Fieber und einer eitrigen Mandelentzündung ist der Shivling nicht zu bewältigen.

Über Funk hören wir von den Schweizern, dass ein Höhensturm mit über 100 Stundenkilometern um den Grat pfeift und sie an ihr Lager fesselt. Wir sehen jetzt auch die kilometerlangen Schneefahnen, die vom Shivling und den umliegenden Gipfeln geblasen werden, und sind froh, mit unserem gestrigen Rückzug auch in Bezug auf das Wetter die richtige Entscheidung getroffen zu haben. Zumindest rede ich mir ein, dass wir heute am Berg nichts versäumen und hoffe gleichzeitig auf ein kleines Wunder.

Iwan und Bruno sitzen fest. Seit zwei Tagen tobt der Höhensturm mit beißender Kälte, obwohl kaum Wolken am Himmel zu sehen sind. Es ist absurd, während ihres Besteigungsversuches herrscht stabiles, sonniges Wetter und dennoch werden sie durch diesen Sturm fast vom Berg gefegt.

Alexanders Gesundheitszustand hat sich in den letzten Tagen gebessert und er glaubt die Infektion überstanden zu haben. Wir sind wieder unterwegs und wollen dieses Mal bis zum Gipfel durchsteigen. Das Wetter ist immer noch perfekt und der Höhensturm scheint sich etwas beruhigt zu haben. Iwan und Bruno wollen heute zum Gipfel durchstarten. Um 6 Uhr bin ich am Beginn der Fixseilstrecke und warte auf Alexander. Eine Stunde später erreicht auch er den Standplatz – kraftlos, ohne Energie. Er ist am Ende und natürlich bedeutet das auch das Ende unserer Expedition. Alexander hat alles gegeben, aber die in seinem Körper schwelende Infektion schwächt ihn zu sehr. Er hat keine Chance.

Alexander ist enttäuscht, traurig und verärgert zugleich, aber wir wissen beide, dass es jetzt nur noch eine Entscheidung gibt. Mit gesenktem Kopf steigt er durch das von der Sonne bereits durchweichte Couloir ab, während ich an den Fixseilen nach oben steige, um unser Klettermaterial und die Biwakausrüstung zu bergen. Ich erreiche die Felskanzel auf 5800 Meter und nehme Funkkontakt mit Alexander auf. Er hat das Basislager erreicht und noch immer über 39 Grad Fieber. Die Entscheidung war richtig! Damit trösten wir unseren Frust, einmal mehr die Heimreise ohne Gipfelerfolg antreten zu müssen. Unser Selbstvertrauen hinsichtlich Expeditionsbergsteigen versinkt im Boden und mein großer Traum, in den nächsten Jahren den Ogre zu besteigen, verliert immer mehr den realen Bezug.

Bevor ich mit dem Abseilen beginne, habe ich noch Funkkontakt mit den Schweizern: »Thomas an Iwan. Seid ihr schon in der Nähe des Gipfels?« – »Iwan an Thomas. Nein, es ist saukalt, ich spüre einen Teil meiner Zehen nicht mehr. Wir sind kurz unter der Headwall und hier ist es extrem windig. Wir haben keine Chance, wir seilen ab. Thomas wo seid ihr? Kommen« – »Thomas an Iwan, Alexander ist ins Basislager abgestiegen, er ist krank. Ich bin bei unserem Lager auf 5800 Meter und berge das

Material. Wir brechen die Expedition ab. Kommen« – »Iwan an Thomas. Warte noch mit dem Abstieg, wir seilen über euren Pfeiler ab und sind in drei Stunden bei dir. Dann sehen wir weiter. Kommen« – »Thomas an Iwan. O.K., ich warte. Ende«. Wollen die mir etwa? ... Ich traue mich nicht, den Gedanken weiterzuspinnen. Stunden später erreichen Bruno und Iwan die Felskanzel, völlig ausgezehrt, aber glücklich.

Ich muss sie bewundern, sie sind hart wie Tschechen. Nach vier extrem harten Tagen am Berg und drei davon im Höhensturm sind sie immer noch locker drauf. Die Schweizer sind fest entschlossen, mich im weiteren Verlauf der Expedition zu unterstützen, aber erst nach ein paar Tagen Erholung im Basislager. Alexander ist froh über diese positive Wendung, dass ich nochmals eine Chance bekomme, unser gemeinsames Ziel anzugehen. Sein Gesundheitszustand hat sich immer noch nicht gebessert und er verlässt am Tag darauf das Basislager, um seine Krankheit in niedrigeren Lagen besser auskurieren zu können.

Am Abend des 28. Mai steht fest, dass Iwan mit mir den direkten Nordpfeiler angehen wird, während sich Bruno und Irma den anspruchsvollen Normalweg über den Westgrat als Ziel setzen.

Kurz nach Mitternacht wollen wir starten und am selben Tag noch unser Lager auf 6000 Meter errichten. Wenn alles gut geht und das Wetter hält, könnten wir zwei Tage später auf dem Gipfel sein. Dies ist auch unsere letzte Möglichkeit, da unser Permit nur noch bis zum 6. Juli gültig ist und die Träger für den 4. Juli bestellt sind. Wir setzten alles auf eine Karte.

Die Nacht wird kurz. Nach drei Stunden dösen, schlafen und wirren Träumen reißt mich unser

Zusammen mit Iwan starte ich um Mitternacht zu unserem Abenteuer.

Koch mit einem heiteren »Good Morning« aus dem Schlafsack. Was heißt da »Morgen«? Es ist Mitternacht, stockdunkel und es ist kein einziger Stern zu sehen. Der Luftdruck ist laut Höhenmesser nicht allzu schlecht. Zwei Tassen Kaffee, um den Kreislauf in Schwung zu bringen, und dann los. Wir stolpern im Stirnlampenlicht über die Basislagerwiese bis zu den steilen Moränenhängen, die zum Einstiegscouloir hinaufführen. Noch immer ist alles tief mit Wolken verhangen. »Das wird schon!« Iwan ist ein Optimist, hoffentlich hat er recht. Langsam stellt sich der Organismus auf die gleichmäßige Belastung ein. Einatmen - einen Schritt - ausatmen - einen Schritt - an diesem Rhythmus wird sich in den nächsten Stunden nichts ändern. Jeder geht für sich und alle Dialoge werden auf das Nötigste beschränkt. ... »Wie fühlst du dich?« - »Gut« ... Jeder hängt seinen Gedanken und Träumen nach. Am besten kann so ein nächtlicher Stirnlampenmarsch als »Schlafen im Gehen« beschrieben werden.

Was wäre der schönste Moment? Nein - mit Sicherheit nicht der Ogre! Vielmehr in Gangotri mit meiner Familie zu telefonieren und sagen zu können, dass wir alles gesund beendet haben und Tage später die erste Umarmung am Flughafen.

Dieser Berg kann mir diese Wärme und Geborgenheit nie geben. Dieser Berg ist hart und kalt. Wenn mich jetzt jemand fragen würde - genau in diesem Moment, in dem ich mich mit jedem Schritt diesem Abenteuer nähere, das mit dem Tod enden kann -, warum ich da hoch gehe, dann wüsste ich keine Antwort, und ich habe sie noch nie gewusst, weder am Latok noch am Ogre letztes Jahr. Mein Tun zu beschreiben ist deutlich einfacher. Ich steige automatisch, ohne darüber nachzudenken, immer nach oben, solange ich es verantworten kann und möglichst so weit, dass es nirgends mehr hinaufgeht. Das ist der Punkt, auf den mein Handeln ausgerichtet ist, der Gipfel. Den Erfolg nehme ich mit nach unten, mit in die Sicherheit. Riskieren werde ich nichts.

Wir nähern uns dem Einstiegscouloir. Die Flanke steilt bis zu 50 Grad vor uns auf und die Träume an bessere Zeiten weichen der Konzentration. Um 5 Uhr sind wir am Einstieg des

In der Nacht steigen wir durch das Couloir.

Wir klettern in bestem Granit, bei bestem Wetter.

Pfeilers, am Anfang unserer Fixseile. Wir liegen gut in der Zeit und auch das Wetter scheint sich positiv zu entwickeln.

»Vielleicht hast du mit dem ›Das wird schon‹ recht, Iwan.« Sein verschmitztes Grinsen sagt mir alles, ich klinke meine Jümars in das Statikseil und wir steigen die ersten 250 Meter des Pfeilers an den Fixseilen auf. Um 9 Uhr erreichen wir den kleinen Absatz auf 5900 Meter und sortieren unser Material: ein Zelt, zwei Schlafsäcke, einen Kocher, Gas und Proviant für drei Tage, Friends, Klemmkeile, Hammer, fünf Bohrhaken für alle Fälle und wenn nichts mehr geht, jede Menge Haken und Spezialzeug für die ganz feinen Risse. Das Wetter ist mittlerweile perfekt, über uns blauer Himmel und kein Anzeichen von Höhensturm.

Unter diesen Voraussetzungen haben wir gute Chancen, unser Lager 100 Meter weiter oben am »Knick«, dem Ende des Kammerlander-Hainz-Pfeilers, aufzustellen. Mit wenig Gewicht wollen wir bis zum vorgesehenen Lagerplatz hinaufklettern und erst am Nachmittag das gesamte Biwakmaterial nach oben zerren.

Iwan überlässt mir die Seilführung. Nach einer kurzen, leichten Seillänge wird der Granit extrem steil. Eine kurze, schlecht abzusichernde Plattenstelle fordert mein ganzes Kletterkönnen und ich brauche mehrere Anläufe, bis ich den Schritt nach oben wage. Ein Sturz wäre hier nicht angebracht. Nach vier Metern beruhigt ein solider Friend meine Nerven und der Weg darüber scheint leichter zu werden. Der kompakte Granitpfeiler legt sich etwas zurück, wir kommen schnell voran und um 13 Uhr erreichen wir den exponierten Lagerplatz. Ein verrückter Platz, gerade groß genug für unser Zelt.

Vier Stunden später sitzen wir ausgelaugt und müde von der Schlepperei im Hochlager. Schnee schmelzen, essen, trinken, alles spielt sich in der gewohnten Routine ab. Ebenso das Wetter: War es noch vor Stunden sonnig und

Unser exponierter Lagerplatz auf 6000 Meter, gerade Platz genug für unser kleines Zweimannzelt.

warm, so bläst jetzt wieder ein eisiger Wind, es schneit und unser Zelt wird von dunklen Wolken verschluckt. Als es dann auch noch zu donnern beginnt, steigt unser Adrenalinspiegel. Ein Gewitter in den Bergen, in unserem exponierten Lager! Kocher, Haken, Friends beginnen zu surren! Schnell räumen wir das ganze Eisenzeug aus dem Zelt, deponieren es unter einer Felsplatte und hocken dann im Entensitz mit den Plastikstiefeln an den Füßen im Zelt, um der Spannung so wenig wie möglich ausgeliefert zu sein. Ein Gewitter ist schlimmer als die gefährlichste Kletterpassage, denn da hast du alles selbst in der Hand. Aber hier kann man nur warten und hoffen, dass der Blitz möglichst weit weg einschlägt.

Nach einer Stunde zieht das Gewitter nach Osten ab, dann beginnt es zu schneien.

Am nächsten Morgen ist außer einer feinen Neuschneeschicht auf den Felsen keine Spur

Wir kommen der überhängenden Gipfelwand immer näher.

Die ersten Meter sind reine Genusskletterei im siebten Schwierigkeitsgrad.

vom gestrigen Gewitter zu sehen. Wir warten noch, bis die Sonnenstrahlen das Lager erreichen, dann klettert Iwan die erste Seillänge des kombinierten Grates der Japaner-Führe. Leider hat die Sonne heute nicht die wärmende Kraft von gestern, es fegt ein kalter schneidender Wind um die Gratkante. In der Gipfelregion peitscht der Wind wieder Schneefahnen in den blauen Himmel. Iwan verflucht dieses Wetter, er kennt es schon zur Genüge. Wir klettern aber trotzdem weiter und erreichen den Standplatz unter der überhängenden Gipfelwand. Nach rechts verlaufen die alten vermoderten Fixseile der Japaner-Führe. Vor uns ist das Neuland, die Ungewissheit und das Abenteuer, das Risssystem der Magic Line. Ich sortiere das Material an meinem Klettergurt und steige in den überhängenden Riss ein.

Ich komme gut vorwärts, Freikletterei im oberen sechsten Schwierigkeitsgrad an einem kompakten Riss. Wenn dieser Riss so weiter zieht, dann wird das bis zum Gipfel eine gemütliche Freikletteraktion. Nach zehn Metern verändert sich die Qualität des Felses ein wenig und ich verklemme hinter einer soliden Schuppe einen Camalot. Sicher ist sicher, und um ganz sicher zu sein, teste ich das Klemmgerät mit einem kräftigen Ruck. Ich reiße das Klemmgerät durch und halte es verwundert in der Hand. Expanding-Flake, Schuppen, die sich unter Belastung dehnen, zum Klettern neben brüchigen Passagen das Übelste, was einem passieren kann. Dem kommt man am besten mit einem guten, fetten Profilhaken bei, um dieser Schuppe die Dehnung zu nehmen. Ich setzte an, und wenig später, nach ein paar heftigen Schlägen, kippt die gesamte Schuppe neben mir aus der Wand. »IIIWWWAAAN!« Er kann sich gerade noch in Deckung bringen, als die Felsschuppe neben ihm in die Tiefe schießt. Vorsichtig klopfe ich mit dem Hammer die umliegenden, relativ kompakten Felspartien ab. Alles dröhnt wie eine Glocke. Langsam ahne ich, dass hier das Ende meiner Reise nach oben sein wird. Ich stehe gerade auf einem kleinen Sims in der überhängenden Gipfelwand. Zehn Meter unter mir befindet sich Iwan, der mich sichert und friert. Mir dagegen läuft der Schweiß hinunter.

Über mir eine brüchige Zone, ein fragiles Geflecht aus metergroßen Schuppen, die lose ineinander verkeilt in der Wand stecken. Die Angst, durch diesen Gruselkorridor klettern zu müssen, lähmt meinen Verstand. Ich kann keine Entscheidung fällen. Etwas weiter oben zieht ein überhängender Riss in den Nebel. Verdammt, es sind nur 20 Meter, dann hätten wir gewonnen, aber es sind eben 20 Meter, in denen keine Sicherung gut genug wäre, um einen Sturz abzufangen. Soll ich es trotzdem wagen, in diesen überhängenden Bruchhaufen einzusteigen? Und wenn mir irgendwann der Fels entgegenrieselt? Komme ich dann zurück? Oder fliege ich schon vorher mit einer Riesenschuppe hinunter, die wie ein Fallbeil auf Iwan kracht? Selbst wenn wir das überleben würden, sind wir immer noch auf über 6000 Meter in einer Gebirgsregion, in der uns keiner helfen könnte. Ich kämpfe mit mir. Der Wille es zu versuchen ist da, aber diese beängstigende Vision des Versagens hindert mich, den entscheidenden Schritt zu wagen.

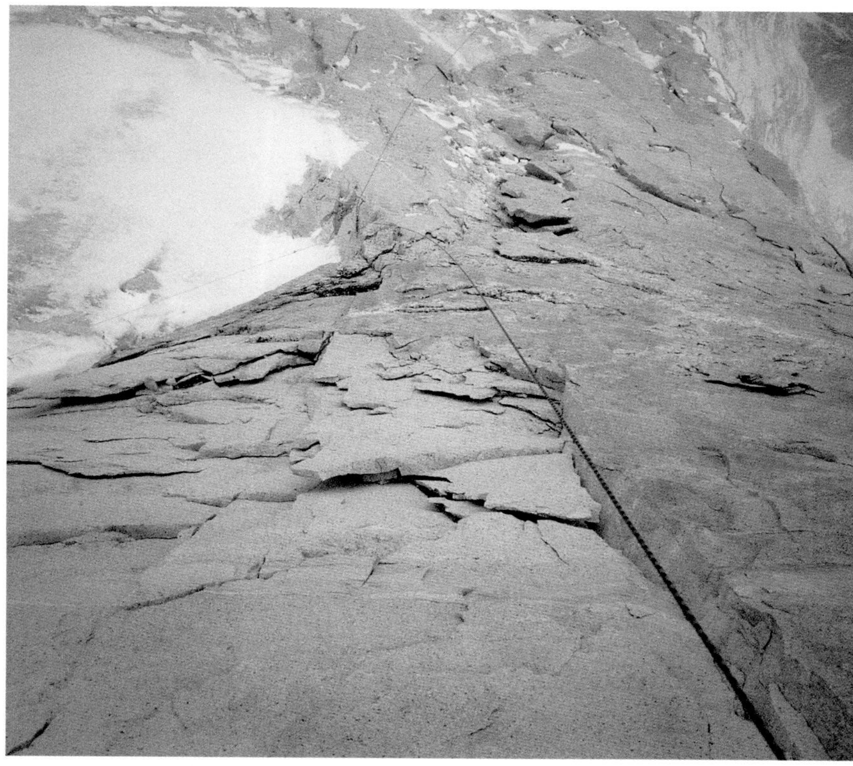

Die Seillänge: ein fragiles Geflecht loser Schuppen.

Mittlerweile hat es zu schneien begonnen. Es ist alles zum Kotzen, dieser Berg, diese Linie, diese unerträgliche Situation. Ich kann nicht mehr ... Iwan ist mit meiner Entscheidung einverstanden, denn er hat noch weniger Lust, diese Seillänge vorzusteigen. Außerdem ist er total ausgefroren. Also zurück ... ich suche noch einmal die Linie über uns ... wegen dieser Wand sind wir hier, wegen ihr haben wir diese Expedition unternommen, wegen ihr die schweren Rucksäcke durch das Couloir geschleppt, das schlechte Wetter im Basislager ausgesessen und jetzt habe ich die Hosen voll ... wegen diese paar läppischen Meter ...

»Iwan warte. Ich will es versuchen.« Warum ich diesen Entschluss fasse, kann ich nicht sagen.

Nur eine schmale Wolkenlücke am Horizont – die Hoffnung auf Erfolg ist minimal.

Ich steige weiter, ohne darüber nachzudenken. Die Angst ist einem unzerrüttbaren Selbstvertrauen gewichen. Ich bin vorsichtig, jeden Meter klopfe ich behutsam mit dem Hammer ab, hinterfrage jede gelegte Sicherung, und gewinne somit langsam an Höhe. Nur würde keine Sicherung einen Sturz halten, weil alle hinter relativ losen Schuppen liegen. An einer zehn Zentimeter von der Wand wegstehenden, zwei Zentimeter dicken Granitplatte quere ich mit Hilfe von Cliffhangern drei Meter nach links und hoffe an einer feinen Rissspur kompakteren Fels vorzufinden.

Meine Bewegungen sind langsam, ich bin sehr vorsichtig mit allem, was ich tue. Ich rede mir selbst Sicherheit ein, eine Sicherheit, die schon lange nicht mehr existiert. Die Deadline habe ich überschritten, alles liegt jetzt in meiner Hand. Vertraue in diesem Moment nur noch deinem Handeln und keinem »Friend«, der dir bei einem Sturz das Leben retten könnte. Die Felsqualität wird nicht besser, hier ist der gleiche Schrott wie rechts drüben, es ist zum Verrücktwerden. Ich fummle zwei kleine Steinchen aus dem anfangs fingerbreiten Riss und verklemme vorsichtig einen Babycamalot. Der sollte halten oder besser gesagt, er muss halten.

Langsam verlagere ich das Körpergewicht auf den Camalot und ich beobachte, immer reaktionsbereit, das Klemmgerät. Bei der kleinsten Regung würde ich sofort auf den Cliffhanger unter mir zurückzusteigen. Doch der Camalot gibt keinen Millimeter nach.

Die Sicherung hält mein Gewicht und scheint vielleicht sogar einem kleinen Sturz standzuhalten, obwohl der Fels immer noch grauenhaft dumpf dröhnt. »Vertraue nur deinem Handeln«, es ist ein zu großes Risiko, das Leben über eine filigrane, millimetergroße Mechanik abzusichern. Es sind nur noch zwei Meter, dann könnte die brüchige Felszone hinter mir liegen. Ich setze meine ganze Energie und Konzentration in die letzten Meter, ich schlage einen langen Messerhaken in den morschen

Fels und belaste ihn langsam mit meinem Körpergewicht. Er hält ... Scheiße, er hält nicht ... der Haken rutscht zwei Zentimeter raus und verklemmt sich wieder, fast wäre ich ... mir wird schlecht! »Scheiße, Iwan, pass gut auf, der Haken hält nicht, ich muss zurück!« ... Jetzt cool bleiben, ich habe sonst keine andere Chance. Ich schlage den Haken noch einmal bis zum Anschlag in den Fels und versuche es erneut, die Belastung langsam auf die fragwürdige Sicherung zu übertragen - durchatmen - jetzt alle ruckartigen Bewegungen vermeiden - einen weiteren Messerhaken einen Meter über mir verklemmen - mit zaghaften Hammerschlägen versenken - noch ein Meter - durchatmen.

Ein Profilhaken fährt singend in den kompakten Riss, es ist meine Siegeshymne, wir haben es geschafft! Zehn Minuten später erreiche ich den Stand, hinter mir ein 40 Meter langer Psychothriller, wie ich ihn noch nie erlebt habe. Langsam schwindet die Anspannung und ich registriere wieder meine Umwelt. Ich bin am Shivling, wir sind auf 6250 Meter und klettern auf unserer Linie, es schneit und es ist kalt. Iwan steigt mit den Jümars nach und klettert noch die ersten 25 Meter der nächsten Seillänge. Anschließend seilen wir im Schneesturm ab, zurück zu unserem Zeltlager. Der Wind nimmt Orkanstärke an, und wir beginnen zu zweifeln.

Der 31. Mai 2000, wir sind beide skeptisch, ob dieser Tag den Erfolg bringen wird. Immer wieder werden wir von dicken Wolken verschluckt, zwischendurch schneit es und es weht ein ungemütlich kalter Wind. Dennoch sind wir unterwegs, hängen schon Stunden in der überhängenden Headwall und kämpfen uns Seillänge um Seillänge höher. Es ist vielleicht unsere letzte Möglichkeit den Gipfel zu erreichen, und die wollen wir auch bei diesen widrigen Wetterbedingungen nutzen. Nach der zweiten Seillänge verliere ich das gesamte Handbohrset, unseren einzigen Rettungsanker, falls eine Passage kompakten Granits den Weiterweg versperren sollte. Aber heute habe ich Glück: Ich finde immer wieder im letzten Moment eine Möglichkeit, einen Messerhaken zu schlagen, einen Birdbeak in feinste Risse zu verklemmen oder einen Cliffhanger hinter einer Schuppe zu platzieren.

Es ist 4 Uhr nachmittags und wir haben nur noch 15 Meter überhängenden Fels zu überwinden, dann müssten wir am Gipfeleisfeld sein. Wir sind also noch voll im Rennen.

Der dachartige Abschluss dieser 250 Meter hohen Wand, der Übergang in das flache, vereiste Gelände wird nochmal spannend. Ich setze all meine Hoffnung in einen Camalot, dessen Segmente mehr Eis- als Felskontakt haben. Eine von vielen zweifelhaften Sicherungen, bei der das Glück wieder auf meiner Seite ist. »Iwan, wir haben es geschafft!« Ich genieße noch einmal den Blick nach unten und die Ausgesetztheit dieser steilen Gipfelwand.

Dann schlage ich zwei Haken am unteren Rand des Eisfeldes und fixiere das Seil für Iwan. Zehn Minuten später steht er neben mir. Ohne Pause übernimmt Iwan in den nächsten Seil-

Kletternd suchen wir den Weg durch die überhängende Gipfelwand. Das Glück ist auf unserer Seite, wir kommen dem Ausstieg immer näher.

Thomas und Iwan am Gipfel des Shivling.

längen am Gipfeleisfeld die Führung und klettert am Ende über die 70 Grad steile, vereiste Gipfelwechte. Punkt 6 Uhr abends erreichen wir den höchsten Punkt des Shivling, und wieder stecken wir voll im Nebel. Der Gipfel, ein flaches Schneeplateau im »White out«, völlig unspektakulär. Wir schütteln uns die Hände, gratulieren uns gegenseitig zum Erfolg und beginnen nach einer kurzen Gipfelrast mit dem Abstieg. Es bleibt keine Zeit für Emotionen – das Gefühl, es geschafft zu haben, wird von der Vorstellung einer nächtlichen Abseilfahrt über die überhängende Gipfelwand gedämpft.

Im Schneegestöber seilen wir über das blanke Gipfeleisfeld ab. Im Dämmerlicht erreichen wir den Standplatz über der 250 Meter hohen Gipfelwand. Jetzt beginnt das Abenteuer des Abstiegs, die erste vogelwilde Luftfahrt vorbei an dem überhängenden A2-Riss. Mit permanenten Pendelbewegungen versuche ich, den Kontakt zur Wand nicht zu verlieren. Nach 20 Metern kann ich in einem handbreiten Riss einen Camalot verkeilen und ich habe wieder eine bessere Ausgangsposition, den nächsten Standplatz 20 Meter schräg links unter mir zu erreichen. Ich schwebe mit mulmigem Gefühl in der Magengegend im Dämmerlicht tiefer. Wieder verliere ich fast den Kontakt zur Wand und schaue nach unten zum Seilende. Nur noch fünf Meter. Unter mir gähnende schwarze Leere. Eine schwache Sekunde, und dieser schwarze Schlund verschluckt mich auf Nimmerwiedersehen. Mit Mühe folgt der erschöpfte Körper dem Befehl aus dem Gehirn und leitet die notwendigen Pendelbewegungen ein, um den Standplatz zehn Meter weiter links zu erwischen. Lautlos segle ich in der Gipfelregion des Shivlings mitten in der Nacht hin und her, bis ich genügend Schwung habe, um links drüben eine brüchige Kante zu erwischen. Mit einer Hand halte ich die Position gegen den Seilzug von oben rechts, mit der anderen Hand lasse ich das Seil langsam durch den Abseilachter gleiten. Immer wieder auf Seilzug piazend, schnappe ich mit der linken Hand weiter, immer in der Hoffnung, nicht im nächsten Moment 15 Meter pendelnd durch die Luft zu segeln.

Es ist bereits stockdunkel, und mit einem Ruck wälze ich mich auf das kleine Band. Ich verklemme zwei Camalots und bereite gleich unsere nächste Abseilstelle vor. Ein teurer Abseilstand, kostet regulär 150 Euro. Aber in unserer Situation ist das völlig egal. Alle materiellen Dinge haben keinen Wert mehr. Was jetzt zählt, ist dieses Abenteuer um jeden Preis zu einem guten Ende zu führen. Als Iwan die Fixierung in der Mitte ausklinkt, pendelt er weit hinaus in die schwarze Nacht. Nur der Schein der Stirnlampe zeugt von seiner Existenz.

Meter für Meter ziehe ich meinen Partner zu mir heran. Beide beten wir, dass sich das Seil nicht verklemmt. Nach mehreren Fehlversuchen lässt sich der Strick ruckweise abziehen. Gott sei Dank. Wir schreien unsere Erleichterung hemmungslos in die Nacht hinaus.

Die nächste Seillänge hinunter. Wieder extrem überhängend, in der Mitte kann ich das Seil an einem Haken fixieren und wieder pendeln, sodass ich den nächsten Stand erreiche. Mit seinem schweren Rucksack schafft Iwan es kaum, den Haken in der Mitte auszuhängen. Er klippt mit letzter Kraft seine Black-Diamond-Trittleiter ein und kann mit Hilfe seines gesamten Repertoires an Flüchen das Seil freibekommen. Er pendelt in die Luft, dafür baumelt seine Trittleiter am Haken, unerreichbar für ihn. Das kostbare Stück wird wohl noch lange dort oben hängen.

Als Iwan bei mir ist, zerren wir zu zweit mit allen Kräften am Seil. Das freie Ende bewegt sich jedoch keinen Zentimeter nach oben. Es ist zum Schreien. Ich hänge mich aus der Standplatzsicherung und turne aus Verzweiflung ungesichert im Schlingenstand umher, klicke meinen Jümar in das abzuziehende Seil und schwinge hinaus in die dunkle Nacht. Iwan schlenkert dabei mit dem freien Seilende, stets auf der Hut, mich nicht unversehens abtauchen zu lassen. Aber immerhin haben wir durch die nicht gerade lehrbuchmäßige Hochseilnummer diesen verklemmten Strick frei bekommen.

In der nächsten Seillänge sorgt ein weiteres Pendelmanöver für Aufregung und ich verliere dabei meine Handschuhe.

Gegen 11 Uhr nachts erreichen wir völlig erschöpft unser Hochlager und verkriechen uns in die feuchten Schlafsäcke. Wir sind zu müde, um unseren heutigen Erfolg zu registrieren und fallen Minuten später in einen tiefen Schlaf. Am nächsten Morgen werden wir von der aufgehenden Sonne am blauen Himmel geweckt. Die zerschundenen und angeschwollenen Finger erinnern uns an ein großes Abenteuer. Erst jetzt realisieren wir unseren Erfolg, den wir gestern wegen der Erschöpfung nur schemenhaft aufgenommen haben. »Shiva's Line«, ein guter Name für diese magische Linie auf Shivas Lingam.

Über Funk erfahren wir, dass auch Irma und Bruno – einen Tag vor uns und bei extremen Wetterbedingungen – den Gipfel erreicht haben. Perfekt!

Wir bauen unser Lager ab und beginnen mit dem Abseilen. Wir erzählen uns Geschichten aus der Vergangenheit und träumen von zukünftigen Unternehmungen – da gibt es den Ogre, den Berg meiner Träume. Falls die Amerikaner dieses Jahr ohne Gipfelerfolg bleiben, dann werde ich nächstes Jahr einen erneuten Versuch starten. Natürlich mit Iwan als festem Teampartner, das ist mir heute schon klar.

Shiva's Line, so nennen wir unsere Magic Line zu Ehren des Gottes Shiva.

OGRE 2001

HANS HAMMERLANDER
LUIS BRUGGER
HANS JOHNSTONE
MARC NEWCOMB
THOMAS HUBER
IWAN WOLF
URS STOECKER

Die Expedition 2001

»Träume, um aufzubrechen, die Freiheit zu finden«

Thomas Huber

Die Vorgeschichte

Endlich zu Hause. Mein angeknacktes Selbstvertrauen hat sich durch den großen Erfolg am Shivling regeneriert. Jetzt bin ich so weit und werde zum Gipfel meiner Träume aufbrechen. Iwan wird mit von der Partie sein – einer, der das notwendige Maß an »Sich-quälen-Wollen« mitbringt, wie ich auch ein »Masochist der Berge«, einer, der an seine absolute Grenze gehen kann und dabei nie jammert.

Alexander hat erst mal die Nase voll vom Expeditionsbergsteigen. Zwei Jahre hintereinander Niederlagen einstecken zu müssen, ist Gift für einen Extrembergsteiger. Er hat keine Lust auf dünne Luft und will seine Grenzen an einem Projekt an der Westlichen Zinne ausloten. Seine im Winter solo erstbegangene Route Bellavista, ein 80-Meter-Riesendach, will er in freier Kletterei durchziehen, ohne Bohrhaken. Ein fantastisches Ziel, das ihn den ganzen Sommer über beanspruchen wird. All meine anderen Wunschpartner haben keine Zeit und so schlägt Iwan seinen Schweizer Kletterpartner Urs Stoecker vor. Ich kenne ihn nicht, vertraue Iwan aber und so nehmen wir Urs in unser Team auf. Er hat letztes Jahr erfolgreich den Nameless Tower bestiegen und wäre aus der Sicht von Iwan der ideale Partner. Ismail und Kasim werden traditionsgemäß wieder unsere Küchenboys sein. Das Permit ist beantragt und so hoffen wir, dass wir wie 1999 alleine am Ogre sein werden.

Das ist allerdings ein Wunschtraum, der sich nicht erfüllt. Der Ogre ist im Jahr 2001 ein heißes Eisen. Es sind an diesem Berg schon zu viele namhafte Bergsteiger gescheitert, und folglich wird viel zu viel über diesen Berg geredet und diskutiert. Das ist einer der Hauptgründe, warum der Ogre zu den begehrtesten

Unser Team: Urs Stoecker, Thomas Huber und Iwan Wolf.

Kasim und Ismail, unsere treuen Freunde.

Zielen der Bergsteigerwelt gehört. Über eine Kletterzeitschrift bekomme ich die Information, dass sich eine slowenisch-amerikanische Expedition das gleiche Ziel gesetzt hat wie wir, nämlich den Ogre über den Südpfeiler zu besteigen. Während wir unsere Expedition aus taktischen Gründen ohne großes Aufsehen vorbereiten, um nicht schlafende Hunde zu wecken, läuft bei ihnen alles hochoffiziell. Sie bekommen den ersten Preis der Ausschreibung »Polartec-Challenge« für das beste Expeditionsziel des kommenden Jahres und stecken dafür eine kräftige Finanzspritze ein. Für uns bricht eine kleine Welt zusammen. Am Südpfeiler können nicht zwei Expeditionen zur selben Zeit klettern, ohne sich gegenseitig zu behindern. Ein Telefongespräch mit dem slowenischen Expeditionsleiter Silvo Karo entspannt die Situation. Wir versuchen eine Lösung für unser gemeinsames Problem zu finden, die alle Beteiligten zufrieden stellt. Silvo, einer der besten slowenischen Bergsteiger, und ich sind nach einem kurzen Gespräch derselben Meinung: Ein gemeinsames Taktieren an ein und derselben Route wird nicht möglich sein. Es würde sehr schnell zu einem Rennen um die besten Plätze am Südpfeiler kommen und das könnte für alle ziemlich gefährlich werden. Außerdem erklärt er mir, dass er in seiner langen und extremen Bergsteigerkarriere noch nie in einem Wettbewerb mit einer anderen Seilschaft gestanden hat. Aufgrund der Tatsache, dass wir unser Permit für die Besteigung des Ogre über den Südpfeiler schon seit einem Monat besitzen und sie ihre Genehmigung erst beantragen müssen, denkt Silvo darüber nach, den Ogre über die Ostseite, den Choktoi-Gletscher, anzugehen. Er muss aber noch mit den anderen Teamgefährten darüber sprechen und will mir bald Bescheid geben.

Tage später bekomme ich das ersehnte E-Mail, in dem Silvo die Absicht erklärt, mit seinen slowenischen Kollegen an die Ostseite auszuweichen. Die Amerikaner im Team beharren jedoch weiter auf dem Südpfeiler, und das spaltet ihre Expeditionsmannschaft.

Die Amerikaner sind zu zweit. Hans Johnstone und Marc Newcomb kommen aus Jackson im Bundesstaat Montana. Sie haben schon seit langem den Traum, den Ogre über diese Route zu besteigen und sie werden diesen Traum wegen uns nicht verwerfen. Das ist auf unserem Weg zum Gipfel ein weiterer Rückschlag, obwohl selbstverständlich jeder das gleiche Recht hat, den Berg zu besteigen, wie und wo er will, solange Pakistan die Permits vergibt. Nach zahllosen E-Mail-Korrespondenzen kristallisiert sich eine neue Teamkonstellation heraus. Die einzige vernünftige Lösung auf dem Weg zum Erfolg ist eine konstruktive Zusammenarbeit mit den Amerikanern am Berg: ein Team zu fünft, wobei jede Expedition für sich autark bleiben soll.

Nach Wochen der Aufregung ist wieder etwas Ruhe in die Vorbereitungsphase eingekehrt, bis ein neues Gerücht für neuen Wirbel sorgt: Der Extrembergsteiger Hans Kammerlander will mit seinem Bergführerkollegen Luis Brugger aus Südtirol dieses Jahr ebenfalls den Ogre über den Südpfeiler besteigen. Stau am Ende der Welt, am Nadelöhr Ogre-Südpfeiler. So kann man diese unglaubliche Situation wohl am besten beschreiben. Wieder können wir uns arrangieren und Hans weicht mit seinem Kollegen an den Westridge aus: Es ist der Anstieg der Briten von 1977, der über die Jahre immer gefährlicher wurde. Das Risiko, das von einem mächtigen Sérac unterhalb des Westcols ausgeht, kann nicht kalkuliert werden. Seit der Erstbesteigung des Ogre hat sich dieser Gletscherabbruch stark verändert und 1999 konnte ich riesige Eislawinen beobachten, die über diesen Anstieg in die Tiefe gekracht sind. Aspiranten für diese Route haben die besten Voraussetzungen, ihre Aktion nicht zu überleben. Ich erzähle Hans von meinen Befürchtungen, die er aber mit einer lockeren Bemerkung abtut: Er wäre schon so oft in gefährlichen Passagen unterwegs gewesen, da komme es auf das eine Mal auch nicht mehr darauf an und ich solle mir wegen ihm keine grauen Haare wachsen lassen.

Gerade in diesen Tagen, an denen sich alle Wogen zu glätten scheinen, erlebe ich den vorläufigen Höhepunkt dieser Nervenschlacht in Form eines E-Mail aus Australien. Glenn Singleman, Doktor, Basejumper und Filmproduzent, will einen neuen Weltrekord aufstellen, indem er mit dem Fallschirm vom Ogre springt und dabei alles auf Video festhält.

Er möchte gerne Informationen über den Berg einholen, weil er wusste, dass ich 1999 schon dort unterwegs gewesen war. Natürlich ist die Ausführung des Plans, vom Gipfel des Ogre zu springen, nicht möglich, würde man doch nach wenigen Metern freien Falls vom Gipfelturm auf dem Hosenboden landen und in rasanter Abfahrt über das Eisfeld der Südwand in die Tiefe rauschen. Aber links neben dem Südpfeiler auf einer Absprunghöhe von zirka 6500 Meter erscheint die Wand hoch und steil genug, um einen Basejump wagen zu können. Glenn war vor kurzem in Pakistan und hat sich mit dem Hubschrauber in diese Region fliegen lassen. Er konnte die Südwand aber nur schemenhaft ausmachen, weil sich der Ogre hinter dichten Wolken versteckt hatte.

Glenn will diesen Sprung mit zwei Frauen durchziehen. Der Aufhänger ihrer Geschichte ist der neue Weltrekord im Basejumpen: Noch nie wurde in einer Meereshöhe von über 6500 Meter ein Basejump durchgezogen. Dieser Sprung soll aber vor allem durch Glenns Frau Heather die Note »außergewöhnlich« erhalten. Die Mutter von fünf Kindern will in die Fußstapfen ihres Mannes treten und ihr Leben mit wilden Luftsprüngen bereichern. Durch ein konsequentes Training mit der Amerikanerin Marga (die zweite Frau im Team) als Basejumpintroducer schaffte sie innerhalb von wenigen Monaten mehrere spektakuläre Sprünge. Der absolute Hype wäre der Rekordsprung am Ogre. Die notwendige Bergsteigererfahrung erhielten die beiden Frauen in einem zweiwöchigen Crashkurs: In Nepal testeten sie ihre Höhentauglichkeit bis auf 5000 Meter und ein Bergführer vermittelte ihnen die notwendigen Grundtechniken für den Umgang mit Pickel und Steigeisen.

Noch erscheint mir ihr Vorhaben als gigantisches Luftschloss. Ich kann mir beim besten Willen nicht vorstellen, wie Glenn mit den beiden Bergsteigeranfängerinnen bis zur Absprungebene auf 6500 Meter kommen soll. Doch Glenn hat vorgesorgt: Er hat ein Team der besten australischen Bergsteiger engagiert, um den gesamten Südpfeiler mit 2000 Meter Fixseilen für die Basejumper zu präparieren. Das Schlimme ist, dass sie das Permit schon haben und ihr Entschluss wegen Verträgen mit großen Sponsoren kaum zu ändern ist. Heather plant unter anderem ein Buch zu schreiben, das ihren spektakulären Weg aus dem Dasein als Mutter und Businessfrau zum Weltrekordhalter in dieser extremen Sportart beschreiben soll.

Die kleine Welt um den Ogre bricht für mich zusammen. Allein die Vorstellung von einem komplett präparierten Südpfeiler, von installierten Kameraplattformen mitten in der Aufstiegsroute und von vorbeifliegenden Hubschraubern lässt mir die Haare zu Berge stehen. Das Ganze erinnert mich sehr an den Hollywoodfilm »Vertical Limits«.

Vor kurzem habe ich noch geglaubt, diese abartige Entwicklung im Bergsport wäre eine Fiktion. Aber die Zeit holt uns ein und wir sind schon mittendrin in dieser harten Realität des modernen Expeditionsbergsteigens, das von außen durch die Medien gesteuert wird – mit den Prämissen höher, weiter, spektakulärer, perverser. Das Resultat dieser Entwicklung sind dann diese Möchtegern-Bergsteiger, die an solchen schwierigen Bergen naturgemäß nichts verloren haben, die aber durch die Präparierung und Verkabelung eines gesamten Berges durch eingekaufte Spitzenbergsteiger die Möglichkeit haben, sie zu besteigen. Eine Entwicklung, die vom höchsten und populärsten Berg der Welt, dem Everest, langsam aber sicher auf die schwierigsten Berge überschwappt.

Das Ziel der Begierde, der Ogre, am linken Bildrand der Südpfeiler.

Vor mir liegt eine zerschlagene Illusion, aber gleichzeitig stellt sich mir eine neue große Herausforderung: Den direkten Weg auf den Ogre können wir vergessen, zumindest für die erste Zeit am Berg. Wir brauchen zur Überbrückung ein Ersatzziel, das uns herausfordert und motiviert und für das es sich lohnt, die Reise nach Pakistan anzutreten. Das Ersatzziel zu finden, fällt mir nicht schwer. Der westliche Doppelgipfel des Ogre II, der kleine Bruder des mächtigen Ogre, ist nach wie vor unbestiegen und wird in der Liste als selbstständiger Berg geführt: der Ogre III. Mit 6880 Meter liegt er nur knapp unter der 7000-Meter-Marke und ist um 1000 Dollar billiger als der knapp 300 Meter höhere Ogre. Die logische Aufstiegslinie wird durch die markante Südostkante vorgegeben, ein magische Linie, wie sie selten zu finden ist und die keineswegs das Prädikat Ersatzziel verdient hat, vor allem dann nicht, wenn die bereits gescheiterten Expeditionen in die Beurteilung miteinbezogen werden.

Wir bekommen das Permit für die Besteigung des Ogre III ohne Probleme, während wieder einmal Glenn Singleman per E-mail anklopft. Er kommt nach Arco am Gardasee, um mit letzten Sprüngen mit der Kamera die Expedition vorzubereiten, und will auf dem Weg dorthin ein Treffen mit mir arrangieren, um Einblick in Fotos und bessere Informationen über den Ogre zu bekommen. Ich bin zu neugierig, um dieses Treffen ausschlagen zu können, und es gibt mir zugleich die Möglichkeit, diese Gruppe schon vor Beginn unserer Expedition kennen zu lernen. Vielleicht können auch die Spannungen auf meiner Seite etwas abgebaut werden. Wir treffen uns an der Autobahnraststätte Irschenberg. Ihr Team ist vollzählig und es fällt mir nicht schwer, alle Geschichten, die ich vom Ogre kenne, leidenschaftlich und mit einer gewissen Ernsthaftigkeit in englischer Sprache zu erzählen. Das ganze untermale ich mit dramatischen Fotos, und nach einem Cappuccino ist die Motivation bei Heather und Marga, den Ogre als Absprungkanzel für ihren Rekordflug zu wählen, zum Nullpunkt hin abgesackt. Auch Glenn schätzt unter diesen Umständen ihre Erfolgschancen am Ogre sehr gering ein, und wegen der Gefährlichkeit des Berges entscheidet das Team, das Projekt Ogre um ein weiteres Jahr zu verschieben. Kurz entschlossen weichen sie mit ihrem Weltrekordflug auf den Great Trango im Baltoro-Gebiet aus. Im Auto kann ich meiner Freude freien Lauf lassen: Es ist wie das Gefühl, gerade einen großen Berg bestiegen zu haben, jetzt sind wir wieder zurück am Ogre! Auch den Amerikanern fällt ein Stein vom Herzen.

Es kommt anders als erwartet

Alle sind uns weit voraus. Unser verabredetes Treffen mit den Amerikanern in Rawalpindi findet nicht statt. Sie sind früher als geplant Richtung Skardu abgereist und werden morgen in Askole sein. Auch Hans Kammerlander und Luis Brugger werden morgen schon nach Skardu fliegen und fünf Tage vor uns im Basislager sein.

Wir sitzen wie auf heißen Kohlen. Der wie immer nervige Behördenkram in der schwülen Hitze von Rawalpindi wird unerträglich. Warten im Ministry of Tourism, warten im Police Office, warten und nochmal warten. Diese vier Tage werden zur Hölle, weil ich das Gefühl habe, wertvolle Zeit am Berg zu versäumen.

Die 24 Stunden lange Busfahrt auf dem Karakorum-Highway bis nach Skardu ist mittlerweile schon Routine. Noch einmal genießen wir im K2-Motel den Luxus eines baltistanischen Vier-Sterne-Hotels mit traditionellem englischen Ambiente und noch einmal das Prickeln einer frischen Cola – der Bierersatz in streng moslemischen Ländern –, das uns die nächsten Monate fehlen wird.

Höflich stellt sich ein Amerikaner im typischen Trekking-Outfit vor. Sein Gesicht ist stark angeschwollen und er sieht kaum aus seinen Augen. »Are you Thomas Huber? I'm Hans Johnstone, leader from the American Ogre ex-

Ogre III, der unbestiegene Fastsiebentausender, zeichnet mit seiner Südostkante eine magische Linie bis zum Gipfel.

pedition.« Wir sind sichtlich erleichtert, dass sie noch nicht weiter sind. Hans wurde einen Tag vor Erreichen des Basislagers mit einem Hubschrauber aus Baintha ausgeflogen. Ein Insekt oder eine Pflanze verursachte bei ihm einen allergischen Schock, der ihn auf einer Höhe von 4000 Meter flachgelegt hat. Seit drei Tagen ist er hier und nimmt Medikamente gegen diese Allergie. Er fühlt sich aber schon viel besser und ist bereit, in den nächsten Tagen in Richtung Basislager aufzubrechen. Wir bieten ihm an, mit uns zu kommen. So haben wir auch die Möglichkeit, Hans besser kennen zu lernen. Immerhin wollen wir gemeinsam auf den Gipfel des Ogre klettern.

Nach acht Stunden wilder Jeepfahrt begrüßen uns die Träger von Askole, altbekannte Gesichter aus den vorhergegangenen Expeditionen. Die Stimmung ist gut und Hans scheint ein guter Kamerad zu sein, unkompliziert und motiviert.

Vier Tage später klettern wir über die Moräne, vor mir liegt die vertraute Umgebung des Basislagers. Nichts hat sich verändert, der Latok II mit seiner unnahbaren Südwestwand wirft sein Spiegelbild in den idyllischen See des Basislagers, der wilde Turm des Ogre Thumb versperrt den direkten Blick zum Ogre-Südpfeiler, auch mein alter Zeltplatz scheint in der fast schon überfüllten Wiese noch frei zu sein.

Hans Kammerlander und Luis Brugger kommen am späten Nachmittag von ihrem Materialtransport zurück. Die Verhältnisse am Berg sollen nicht schlecht sein, wenig Schnee, es muss wohl ein trockener Winter gewesen sein. Unser erstes Zusammentreffen auf 4400 Meter ist freundschaftlich, locker und ohne das oft übliche taktische Abtasten.

Wenig später trottet auch das Team von Hans zurück in das Basislager: Ace Kvale, ein Fotograf, und Marc Newcomb, der Teamgefährte von Hans. Das erste Gespräch ist kurz und bündig: »Hi, I'm Ace« – »Hi, I'm Marc« – »Now we have to be friends, because you brought our friend.« Dass dieses Gespräch vorläufig unser letztes sein wird, ahnt niemand. Am nächsten Tag starten die Amerikaner ohne ein Wort mit uns abzusprechen ihren ersten großen Materialtransport zu ihrem Vorgeschobenen Basislager, während wir damit beschäftigt sind, unser kleines Dorf für die nächsten zwei Monate zu organisieren. Wir drei sind uns einig, dass dieses Verhalten schäbig ist, vor allem wenn wir in einem Team zu fünft am Berg agieren möchten.

In den nächsten beiden Tagen transportieren wir ebenfalls unser gesamtes Material auf das große Gletscherplateau und sind mit dem amerikanischen Team wieder gleich auf. Unser schnelles Vorankommen scheint die beiden Amerikaner sichtlich zu beunruhigen. Als Iwan und ich am Morgen des dritten Tages in das Couloir einsteigen, kommen die beiden zu Urs, der gerade unsere beiden Zelte des ABC-Lagers aufbaut. »What are these guys doing up there?« Auf diese Frage gibt ihnen Urs die kurze und alles erklärende Antwort: »Mountaineering!«

Kurze Zeit später hetzen die beiden uns hinterher. Wir erreichen die Scharte am Ende des bis zu 60 Grad steilen Couloirs. Unsere Mitstreiter können wir als kleine schwarze Punkte am Beginn der Schneerinne lokalisieren. Was immer wir tun, es wird von den Amerikanern kopiert, wir sind mitten im Rennen um die Poleposition am Südpfeiler. Ein Zustand, der für uns nicht tragbar ist. Mit diesem Druck durch eine konkurrierende Seilschaft auf den Fersen, können wir unser Ziel, den Ogre über den Südpfeiler zu

Der 60 Kilometer lange Biafo-Gletscher: der Weg in unser Basislager.

besteigen, nicht weiter verfolgen. Wichtige und lebensrettende Entscheidungen am Berg können nicht objektiv gefällt werden und würden vom Handeln der anderen Seilschaft gelenkt. Dieses Zusatzrisiko wollen wir auf keinen Fall tragen und so entscheiden wir uns, unser Vorhaben vorläufig auf Eis zu legen. Im Abstieg treffen wir die beiden in der Mitte des Couloirs und verstricken uns in eine halbstündige Diskussion. Die einfallende Sonne beendet unseren ergebnislosen Meinungsaustausch und wir verziehen uns zu viert aus der Gefahrenzone.

Am späten Nachmittag setzen wir unser Gespräch im Vorgeschobenen Basislager fort und kommen am Ende alle zum gleichen Ergebnis, dass nur ein Team die Chance haben wird, den Südpfeiler zu durchsteigen. Nur wer wird das Team sein? Hans respektiert die Tatsache, dass wir zuerst von Pakistan das Permit für die Durchsteigung des Südpfeilers bekommen haben und würde uns den Vortritt lassen. Sie würden das Feld räumen und die Heimreise antreten. Das wäre schön und gut, wenn ich nicht wüsste, dass uns viele für diese Aktion zerreißen würden: »Rangelei am Ogre« – »Huber'sche Rechtsauffassung« – »Mit Ellenbogen zum Gipfel des schwierigsten Berges der Welt« ... Aber es ist nicht nur die Vorahnung von vernichtenden Vorwürfen, die mich vor diesem Angebot der Amerikaner zurückschrecken lässt, sondern vor allem diese Traurigkeit und das Gefühl, dass dies der falsche Weg zum Gipfel wäre. Eine erfolgreiche Besteigung hätte immer den faden Beigeschmack, dass wir es nur auf Kosten des amerikanischen Teams geschafft hätten. Also: Wir geben den Amerikanern den Vortritt und werden uns dem Ogre III zuwenden. Die beiden sollen ihre Vorbereitungen bis auf 5900 Meter abschließen und später bei guten Wetterverhältnissen einen realistischen Versuch in Richtung Gipfel durchziehen. Dann werden sie den Berg räumen und wir können unser Glück versuchen. Der Deal scheint fair zu sein und Iwan, Urs und ich können damit leben, obwohl ich nicht gerade behaupten kann, dass mir diese Entscheidung leicht gefallen ist.

Zu lange schwelt in mir schon das Feuer, der Traum von einer Zweitbesteigung dieses Monsters, als dass ich diese Option so leichtfertig verschenke. Aber wir mussten ja eine Lösung finden.

Der Ogre III

Wir sind wieder zurück in unserem Basislager. Unsere beiden pakistanischen Freunde Ismail und Kasim sind davon überzeugt, dass unsere Entscheidung, den Amerikanern den Vortritt zu lassen, von Allah belohnt wird. Mit dieser göttlichen Rückendeckung und bei anhaltend gutem Wetter suchen wir am nächsten Tag den besten Zugang zu unserem neuen Ziel, dem Ogre III. Ein wild zerrissener Gletscher zerrt an unseren Nerven. Unter fragilen Sérac-Gebilden queren wir hin und her und versuchen durch diesen Irrgarten aus Eis einen Zugang zum Berg zu finden. Immer wieder lösen wir eine Sackgasse mit waghalsigen Sprüngen über tiefschwarze Gletscherspalten und verfluchen unsere Entscheidung. Ich darf gar nicht daran denken, dass die Amerikaner gerade in diesem Moment im warmen Granit des Südpfeilers unterwegs sind. Wir schaffen lächerliche 50 Höhenmeter in der Stunde und es ist kein Ende des Irrgartens in Sicht.

Aus einer steilen Felsrinne donnert eine Geröllawine über unsere Aufstiegsspur. Dass wir diese Stelle bereits vor zehn Minuten passiert haben, hat uns gerade das Leben gerettet. Im nächsten Moment bricht Urs durch die Schneedecke und steckt bis zum Hals in einem tiefen schwarzen Loch. Das Seil ist einmal mehr die Lebensversicherung für ein unspektakuläres, immer wiederkehrendes Ereignis.

Sechs Stunden später erreichen wir ein von Felswänden steil umschlossenes Gletscherplateau auf 5000 Meter. Vor uns die düstere, brüchig erscheinende Südwand des Ogre III, darüber ein mächtiger bedrohlicher Sérac, weiter rechts ein 50 Grad steiles Couloir, das an der Basis der Südostkante endet und nach ers-

Immer wieder versperren riesige Spalten den Weiterweg.

Unser Lager auf 6000 Meter.

ten Einschätzungen keine großen Gefahren birgt. Wir sind zu spät dran, um den Weiterweg zu erkunden und deponieren unsere mitgebrachte Kletterausrüstung an einem riesigen Felsblock im Zentrum des Plateaus, in der Hoffnung, dass keine Lawine diesen Bereich überspült.

Im Basislager treffen wir die beiden Südtiroler Hans und Luis. Sie haben am Westridge eine Höhe von 6000 Meter erreicht und die Vorbereitungen zu ihrem Durchsteigungsversuch abgeschlossen. Sie sehen das größte Problem darin, den bis zu 50 Meter hohen, wild zerklüfteten Sérac kurz unterhalb des Westcols zu überwinden, aber mit ein paar Eishaken dürfte es ihrer Meinung nach machbar sein.

Am Tag darauf klettern Hans und Luis auf den 5980 Meter hohen Blabu Brakk, den Alexander, Toni und ich 1997 erstbesteigen konnten, um sich noch besser für den Ogre zu akklimatisieren, während wir schwere Rucksäcke durch das Couloir zur Basis der Südostkante am Ogre III schleppen.

Auf 6000 Meter, zwischen zwei Felstürmen, finden wir einen geeigneten Platz für unser Lager. Vor uns ragt die extrem steile, scharfe Südostkante auf. Obwohl uns die Schlepperei des heutigen Tages noch gewaltig in den Beinen steckt, sind wir fest entschlossen, morgen in diesen Felspfeiler einzusteigen. Nur das Wetter scheint sich entgegen unserer ungebremsten Motivation zu entwickeln. Von Westen drücken immer mehr schwarze Wolken gegen die Latok-Gruppe und gegen Abend beginnt es zu schneien. Um Mitternacht erreichen wir erschöpft das Basislager.

Am nächsten Tag hängen dicke Wolken in den Bergen und alle Expeditionen sind an das Basislager gefesselt. Auch die Amerikaner haben noch vor dem schlechten Wetter ihre Vorbereitungen abgeschlossen, und so warten wir alle auf unsere Chance. Akribisch genau bereiten Hans und Luis ihren Weg zum Gipfel vor. Kein

Extrem steil baut sich vor uns die Südostkante auf.

Gramm zu viel. Ihr Klettermaterial umfasst sechs Leichmetallhaken, drei Eishaken, einen Friend, fünf Klemmkeile, ein Fünf-Millimeter-Hilfsseil und ein Acht-Millimeter-Kletterseil. Dazu kommt noch ein Biwaksack, auf Zelt und Schlafsäcke wird aus Gewichtsgründen verzichtet. Ein Leichtmetallkocher, zwei Gaskartuschen, einige Teebeutel und Müsliriegel ergänzen ihre Ausrüstung. Alles verpackt in kleine Daypacks, ist dies die Basis für ihren Spurt auf den Gipfel des Ogre: In einem Tag auf den Westcol, vier Stunden Pause im Biwaksack, dann Nonstop auf den Gipfel und später abseilend über den Südpfeiler zurück ins Basislager. Ich versuche Hans noch ein dickeres Seil für die Abseilfahrt über den Südpfeiler und ein paar Friends für den Gipfelturm anzudrehen, aber er lehnt meinen Vorschlag dankend ab. Lieber drei Tage lang beißen und improvisieren als Rückenschmerzen vom Tragen.

Das schlechte Wetter dauert an und für Hans und Luis wird die Zeit für ihren Besteigungsversuch knapp. Während eines kurzen Zwischenhochs starten die beiden schließlich ihren Spurt zum Gipfel.

An dem Tag, an dem die beiden Südtiroler das Basislager verlassen, brennt die Sonne wieder gnadenlos auf die verschneiten Riesen und von allen Seiten donnern die Lawinen aus den Flanken. Morgen werden wir wieder am Berg sein, und auch die Amerikaner haben vor, bis zum Gipfel des Ogre zu klettern.

Erneut ziehen wir unsere Spuren durch den frisch verschneiten Gletscherbruch. Der schwere Rucksack und das ermüdende »stop and go« durch das Gehen am Seil machen diese heiklen Passagen zur Qual. Erst im Couloir kann wieder jeder für sich gehen und seinen eigenen

Keine Chance am Ogre

Hans Kammerlander

Auf einmal klarte der Himmel auf. Die Sonne blitzte durch, die mächtigen Wolken rissen auf und zogen, vom Wind getrieben, hin und her. Im Laufe des Vormittags entschieden wir uns, einen Versuch zu riskieren. Hinauf ins Vorgeschobene Basislager auf 5000 Meter, drei Stunden mit Ski.

Der Berg, dieser mächtige Ogre, präsentierte sich nach wie vor im Winterkleid. Und doch, einen Versuch war es wert. Wenn alles zusammenpasste, könnte die Zeit reichen. Schnelligkeit sollte unsere Trumpfkarte sein. Luis und ich waren uns längst einig: wenn wir an diesem Berg überhaupt eine Chance hätten, dann nur mit einer Blitzaktion, mit wenig Gepäck und minimaler Ausrüstung.

Mein Plan war es, der Bonington-Route bis hinauf auf rund 7000 Meter Höhe zu folgen. Dann wollte ich auf ein markantes Schneeband hinausqueren, um dann, an dessen Ende, den direkten Weg zum Gipfel zu suchen. Und weil wir nicht wissen konnten, was uns da oben erwartete, hatte ich mir einen kühnen Fluchtplan zurechtgelegt: Wenn alle Stricke reißen sollten, könnten wir uns über den Südpfeiler abseilen. Durch die dort vorangegangenen Begehungsversuche, von denen ja einige direkt auf dem Pfeilerkopf geendet hatten, müsste in der Route eigentlich noch das Material für einen geordneten Rückzug stecken.

Und so blieb eine einzige Unbekannte in der ganzen Rechnung: jener gewaltige Sérac am Westridge kurz vor dem Westcol. Das vielleicht größte Hindernis des gesamten Anstiegs Richtung Gipfel.

In der Nacht brachen wir auf. Meist seilfrei stiegen wir rasch hinauf. Aber um 9 Uhr am Vormittag zog der Nebel den Vorhang zu, um 10 Uhr standen wir in einer milchigen Suppe knapp unterhalb des Séracs. Brüchig wie ein altes Gemäuer, furchterregend zerrissen hing er über uns – mit all seinen Fragezeichen.

Eine Viertelstunde später wusste ich, dass auch wir uns in die Liste der Gescheiterten am Orge eintragen konnten. Keine Chance bei dem Wetter und bei diesen Verhältnissen! Inzwischen blies der Wind und es schneite. Es war auch der Respekt vor den Erstbegehern, der uns auf dem Rückweg begleitete. Was für eine Leistung von Chris Bonington und Doug Scott.

Zurück im Basislager hielt sich die Enttäuschung aber in Grenzen. Was für eine Schnapsidee, einen solchen Berg mit nur einem Monat Zeit zur Verfügung knacken zu wollen! Außerdem war ich dabei ohnehin ständig nur von einem Gedanken getrieben: mein großes Ziel, der K2, die geplante Skibefahrung! Meine Hoffnungen waren also nicht groß, als wir die Aktion starteten. Es wäre einfach nur zu schön gewesen, wenn wir es geschafft hätten.

Der Ogre hat die Verhältnisse wieder zurechtgerückt: Luis fuhr nach Hause und ich machte mich auf zum K2.

Hans und Luis sind wieder zurück im Basislager, ohne Gipfelerfolg.

Rhythmus finden. Die beste Möglichkeit, die 30 Kilogramm auf dem Rücken zu vergessen, ist der Versuch, an etwas ganz anderes zu denken als an Bergsteigen. Aber diesmal funktioniert der Trick nicht, der Rucksack zieht erbarmungslos nach unten und meine Gedanken schweifen immer wieder hinüber zum Ogre. Werden die Amerikaner es schaffen? ... War die Entscheidung richtig? ... Verschwenden wir hier wertvolle Zeit? ... Sind wir am falschen Berg? ... Ich beiße mich durch, und vier Stunden später sitzen wir wieder in der Scharte auf 6000 Meter. Am selben Tag klettern wir noch 200 Höhenmeter über Eisflanken zum Einstieg des ersten wuchtigen Kantenaufschwunges. Immer wieder finden wir alte verrostete Stiftbohrhaken und verrottete Fixseilreste vorangegangener Expeditionen. Der Stil von damals ist mit dem heutigen nicht mehr zu vergleichen. Früher gab es etliche Expeditionen, die sich über schwierige Kletterpassagen einfach hinaufbohrten und somit das Risiko eines großen Sturzes umgingen. Heute tendiert die Entwicklung des Expeditionsbergsteigens eher zum Verzicht auf Bohrhaken und weitgehend zu einer Besteigung des Berges im alpinen Stil. Je weniger Fixseil, desto besser. Und desto größer ist das Abenteuer, und das ist genau das, was wir suchen. Genau betrachtet sind wir selbstverliebte moderne Gladiatoren, die in einer neuen Arena aus eisigen Bergen das Spiel um Leben und Tod spielen. Ein ernstes Spiel für erwachsene Kinder.

Die erste Nacht auf 6000 Meter wird eng. Zu dritt quetschen wir uns wie Ölsardinen in unser kleines Singlewall-Zweimannzelt. Dafür müssen wir wenigstens nicht frieren. Um 7 Uhr früh sind wir alle am Beginn einer großen überhängenden Verschneidung. Ich hänge mir Friends, Haken und Klemmkeile an den Materialgurt. Gleich zu Beginn wird die Kletterei extrem ungemütlich. Der Grund dieser großen, nach links abdrängenden Verschneidung ist mit einer Blankeisschicht überzogen und zum Anbringen der Sicherungen muss alles Eis mit dem Hammer weggeräumt werden. Bei besseren Verhältnissen wäre diese Passage schönste Freikletterei, jetzt ist sie stupide harte Arbeit.

An diesem Tag klettern wir noch drei weitere Seillängen und fixieren die letzten Meter unse-

Der schwere Rucksack wird zur Qual, jeder Schritt wird zur großen Herausforderung. Am überwechteten Firngrat kurz unterhalb des Lagers.

Die erste Seillänge am Kantenaufschwung. Extreme Schwierigkeiten in dünner Luft: 7 und A2.

rer Kletterseile. Um 5 Uhr nachmittags sind wir zurück bei unserem Lager. Im Westen verdunkelt sich der Himmel durch eine große Anhäufung thermischer Wolken. Allein diese kleine wetterbedingte Unsicherheit wirft unser Konzept über den Haufen. Können wir den Gipfel wirklich morgen schon erreichen? Das Ende der Fixseile ist gerade so auf 6300 Meter, also warten noch fast 600 Höhenmeter bis zum Gipfel, eine Biwakmöglichkeit scheint es in dieser steilen Kante nicht zu geben und unser Portaledge hängt in der Scharte drüben am Ogre. Die Kletterei ist vermutlich auch zu schwer, um bei diesem unsicheren Wetter bis zum Gipfel zu kommen. Wenn wir nur 100 Meter mehr Fixseil hätten, dann wäre ein Durchstieg zum Gipfel ab unserem Lager realistisch. Wir finden auf einmal noch mehr Gründe - wir haben zu wenig Gas und zu wenig Essen -, damit wir wieder ins Basislager absteigen können.

Dieses hämmernde grelle Licht geht mir auf die Nerven. Wider Erwarten bestes Wetter! Nichts ist von dieser thermischen Überentwicklung des gestrigen Tages zu sehen. Kein Wind in der Gipfelregion der beiden Ogres. Das wäre ein Gipfeltag, und die Amerikaner werden es heute bei diesen Topbedingungen bis zum Lager III auf 6300 Meter schaffen. Und wir Idioten sitzen im Basislager und sind viel zu unruhig, um uns noch einen wohlverdienten Ruhetag zu gönnen.

In der folgenden Nacht brechen wir auf und schaffen die Strecke bis zu unserem Lager in nur fünf statt den gewohnten acht Stunden. Es ist 7 Uhr morgens und wir haben immer noch genügend Kraft, sofort zum Felspfeiler durchzustarten. An diesem Tag klettern wir auf eine Höhe von 6400 Meter und fixieren die Seile bis zum oberen Ende des zweiten Grataufschwungs. Vor uns sind es noch zirka 500 Meter kombiniertes Gelände zum Gipfel. Wenn wir um 2 Uhr nachts aufbrechen und schnell klettern, dann wäre das machbar. Mit dem guten Gefühl, morgen als erste Menschen auf dem Ogre III zu stehen, verkriechen wir uns um

18 Uhr in unsere Schlafsäcke. Um 18.30 Uhr der übliche Funkkontakt mit Ismail. Alles bestens im Basislager, nur unsere Ziege ist kurz vor dem Schlachten getürmt und nicht mehr aufzufinden. Von Ace, dem amerikanischen Fotografen, hat er noch die Information bekommen, dass Hans und Marc wohlauf den Pfeilergipfel erreicht haben. Morgen werden sie zur Gipfeletappe starten.

Diese Neuigkeiten werfen mich komplett aus der Bahn. Sie werden es morgen schaffen, da bin ich mir sicher. Die beiden sind gute Bergsteiger und waren in einer passablen Zeit auf dem Pfeilergipfel auf 6500 Meter. Das Wetter ist immer noch perfekt, also was soll sie an dem großen Erfolg hindern, den Ogre nach 24 Jahren das erste Mal wieder zu besteigen? Ich bin aufgewühlt und meine Gedanken fangen wieder an zu kreisen ... Viel lieber wäre ich jetzt am Pfeilergipfel des Ogre und morgen wäre ich am Ziel meiner Träume, aber nein, ich

Wir erreichen am Pfeiler eine Höhe von 6400 Meter. Am nächsten Tag können wir es bis zum Gipfel schaffen!

Die Sonne geht über dem bizarren Gebirge des Karakorum auf.

bin hier, an unserem Ersatzziel und muss jetzt warten, bis die Amerikaner nach ihrem Erfolg das Feld geräumt haben.

Sie haben sogar das Glück einer mondhellen Nacht, eine große Hilfe, um sich in der weitläufigen Eisflanke über dem Südpfeiler orientieren zu können. Ich bin zerfressen von diesem Berg und ich bin überzeugt, am falschen Ort zu sein. Was ist, wenn sie es schaffen? – Aber spielt das wirklich eine Rolle?

Ja! ... Nein! ... Endlich reißt mich der Wecker aus meinen Wachträumen und es geht los. Wir sprechen nicht viel, eine Tasse Cappuccino, zwei Müsliriegel, dann steigen wir im Stirnlampenlicht an unseren Fixseilen entlang auf.

Die Sonne geht hinter den bizarren Felstürmen des Karakorum auf, es ist 4.30 Uhr und wir erreichen das Ende der Fixseile. Das Gefühl, am falschen Ort zu sein, ist aus meinem Kopf gestrichen. Der Ogre ist vergessen, die Amerikaner sind mir egal, vor mir liegt nur noch die große Herausforderung, als erster Mensch auf einem Fastsiebentausender zu stehen.

Iwan wühlt sich hüfttief durch einen Firngrat und es hagelt in dieser ruhigen Morgenstimmung eine ganze Palette Schimpfwörter auf Schwyzerdütsch. Der dritte Pfeileraufschwung ist schwieriger als erwartet. Ein überhängender, 30 Meter hoher, mit Eis glasierter Felsriegel kostet uns noch mal eine Dreiviertelstunde. Drüber wird das Gelände flacher und wir holen die verlorene Zeit wieder auf. Um 1 Uhr nachmittags liegen die Felspassagen hinter uns, nur eine 50 Grad steile, 300 Meter lange Firnflanke trennt uns vom Gipfel. Noch einmal graben wir uns durch grundlosen Schnee, es gibt Passagen, bei denen wir auf der Stelle treten und nicht mehr weiterkommen. Nach kurzen Querungen finden wir immer wieder tragende Harschschichten, die uns Meter für Meter dem Gipfel näher bringen.

Es ist 2 Uhr Nachmittag. Noch einmal wühle ich einen metertiefen Graben durch die Gipfelwechte, den letzten Schritt gehen wir gemeinsam. Iwan, Urs und ich, wir haben es geschafft, stehen am höchsten Punkt des Ogre III.

Wir wühlen uns durch den Schnee am scharfen Firngrat auf 6500 Meter.

Die schwierigste Seillänge: 30 Meter mit Eis glasierter Fels.

Wir stehen am Gipfel des Ogre III.

Wie eine Trutzburg steht der Ogre vor uns.

Da sind wir also, am Ziel, es ist unbeschreiblich, sind wir doch die Ersten, die diesen exponierten Punkt der Erdoberfläche betreten dürfen! – Dieses erhabene Gefühl wird aber bald überschattet von einem Berg, der im Hintergrund unnachgiebig mit seiner ganzen Macht auf mich einwirkt: der Ogre. Wie eine Trutzburg steht er da, verdammt lang sieht die Strecke vom Pfeilergipfel bis zum Gipfel aus und schon sind wir erneut von diesem Berg gefesselt, befinden wir uns doch auf einer idealen Aussichtskanzel, um den Berg gegenüber noch intensiver studieren zu können.

Die Spuren der Amerikaner, die über den langen flachen Schneegrat auf den Pfeilergipfel führen, sind deutlich zu erkennen. Weiter oben in der Eisflanke müssten sie gerade unterwegs sein. Ich glaube eine diagonale Spur zu erkennen, die sich weiter oben verliert. Vermutlich ist diese Spur aber durch einen herabrollenden Stein entstanden. Wir fixieren mit dem Auge schwarze Punkte im Eisfeld, aber wir können keine Bewegung feststellen. Es werden wohl kleine Felsinseln sein, auch am Gipfelturm können wir keine Kletterer ausmachen. Von Silvo Karo auf der anderen Seite ist ebenfalls keine Spur zu sehen. Aber all unsere Beobachtungen haben keine Aussagekraft, weil der Berg viel zu weit entfernt ist. Ein kurzes dumpfes »Wumm«, gefolgt von einem Vibrieren, bringt uns zurück auf den Boden der Tatsachen. Die labile Schneewechte am Gipfel hat sich unter unserer Belastung um ein paar Zentimeter gesetzt. Ein Adrenalinschub rüttelt uns wach. Es darf nicht wahr sein! Jetzt klettern wir als erste Menschen auf einen Fastsiebentausender und wir starren nur hinüber und diskutieren über diesen »Menschenfresser« – arme Bergsteigerseelen.

Wir drehen dem Ogre den Rücken zu. Nach Süden erstreckt sich die »Autobahn« des Biafo-Gletschers, der Highway zurück nach Hause. Die Sehnsucht nach meiner Familie wächst von Tag zu Tag und ich fasse für einen kurzen Moment den Entschluss, nach diesem Erfolg die Heimreise anzutreten.

Immer wieder führe ich diesen emotionalen Krieg, stehe zwischen dem Wunsch nach der Geborgenheit meiner Familie und der Anziehungskraft eines kalten Berges. Obwohl mir die Familie alles bedeutet, gewinnt der Berg diesen inneren Kampf, aber nur so lange, bis ich alles versucht habe. Erst dann kann ich gelassen und zufrieden die Heimreise antreten, mit oder ohne Gipfel.

Drüben im Westen baut sich eine schwarze Wolkenfront auf. Stunden später seilen wir im Schneegestöber über unsere Aufstiegsroute ab. Um 9 Uhr abends liegen wir in unseren Schlafsäcken, es schneit die ganze Nacht. Bei diesen Schneemengen wird unser Abstieg durch das Couloir ein Problem werden, wir sitzen fest, vielleicht für Tage. Doch am Morgen blinzelt die Sonne hinter den Latoks hervor und es scheint, dass wir noch einmal Glück haben.

Die steil aufragende Felskante, über die unser gestriger Aufstieg geführt hat, ist winterlich verschneit, der Wind zieht Schneefahnen von der Gipfelregion des Ogre III Richtung Osten. Erst in diesem Moment kann ich unser Glück, den Ogre III bestiegen zu haben, fassen. 1000 Höhenmeter hinauf, 1000 Höhenmeter hinunter – heute wären die Verhältnisse für diese Distanz viel zu schlecht. Wir haben gewonnen, wenn auch nur knapp. Aber am Ziel bin ich noch lange nicht. Wie der Shivling ist auch der Ogre III nur ein Etappenziel zu dem Gipfel, den ich mir zu meinem persönlichen Traumgipfel gemacht habe, obwohl die beiden anderen Berge dem Ogre in ihrer Schönheit und Schwierigkeit in nichts nachstehen. Diese Etappenberge sind wichtig. Sie geben mir das notwendige Selbstvertrauen und die Erfahrung, um die Gefahren des extremen Expeditionsbergsteigens zu überleben. Aber ihre Besteigung schließt für mich nicht die Tür zu einem neuen großen Abenteuer auf. 1997 war mein Weg in die Zukunft der Latok II, heute ist der Schlüssel zum Schloss für neue Visionen der Gipfel des Ogre. Welch ein harter, eisiger und steiniger Weg zu meinem Glück!

Der Haramosh nach dem nächtlichen Wettersturz.

Wir nützen die kurzzeitige Wetterberuhigung und nehmen das Risiko von kleineren Lawinen im Couloir in Kauf. Der Abstieg durch die verschneite Schneerinne gestaltet sich unspektakulär langwierig. Ein letztes Mal suchen wir uns den Weg durch das Labyrinth des Gletscherbruchs. Es ist eine Befreiung, als wir endlich Helm, Steigeisen, Gurt und Seil in den Rucksack packen. Das Abenteuer mit dem Namen Ogre III existiert ab jetzt nur noch in unseren Köpfen.

Völlig überraschend kommen uns die beiden Amerikaner entgegen und die letzte Stunde tragen sie unsere Rucksäcke – eine versöhnliche kameradschaftliche Geste. Unten im Basislager empfangen uns die Köche mit einem Festmahl aus der baltischen Küche und wir finden Zeit, mit den Amerikanern ausgiebig über unsere erlebten Abenteuer zu plaudern.

Gestern sind die beiden wie geplant um 1 Uhr nachts gestartet. Kurz über ihrem Lager wollten sie unterhalb eines Felsriegels nach rechts queren und sind im tiefen Triebschnee regelrecht versackt. Die exponierte steile Querung hinüber zur Eisflanke war nicht abzusichern und durch den grundlosen tiefen Schnee extrem gefährlich. Sie hatten sehr schnell keine Motivation mehr, bei diesen extrem schlechten Bedingungen weiterzusteigen. Es bestand keine Aussicht auf Erfolg, so wählten sie um 3 Uhr morgens kurz entschlossen den Pfeilergipfel als ihren persönlichen Gipfel.

Für Hans, Marc und den Fotografen Ace ist die Expedition zu Ende, schon wenige Tage später kommen ihre Träger. Wir verabschieden uns mit einem freundschaftlichen Handschlag. Endlich sind wir alleine in diesem kleinen grünen Paradies mitten im Karakorum, vor uns das große Abenteuer Ogre. Ob Silvo Karo die Zweitbesteigung drüben über die Ostseite bereits machen konnte, spielt für uns keine Rolle.

Endlich am Ogre

Nach einer Woche Faulenzen, Lesen und Kartenspielen sind wir zurück am Ogre. Es hat sich einiges verändert. Die Gletscher sind schneefrei, das ABC-Lager steht auf blankem Eis, das anfänglich mit Harsch und Firn bedeckte Einstiegscouloir ist durch Eis und Geröll dreckig schwarz. Aus Sicherheitsgründen spannen wir ein 200 Meter langes, acht Millimeter starkes Plastikseil in diese Rinne, um die Strecke zumindest im Abstieg so schnell wie möglich schaffen zu können. Die abendliche Sonne verwandelt das nach Westen exponierte Couloir in einen Wildbach, in dem ein Gemisch aus Schmelzwasser und Geröll brodelt: Durch diesen Höllenschlund müssen wir am Ende eines Klettertages hindurch. Je kürzer die Zeit des Abstieges, desto geringer ist das Risiko, von einem Stein getroffen zu werden. In nur zwei Tagen klettern wir rotpunkt bis auf 6000 Meter, zum Umkehrpunkt unserer Expedition 1999, und etablieren ein Lager mit einem Portaledge.

Alles ist an Ort und Stelle, und nach ein paar Tagen Rast wollen wir zum Gipfel durchstarten. Doch wieder werden wir eine Woche im Basislager festgehalten, das Wetter erinnert mich inzwischen immer öfter an unsere Expedition von 1999: warten, lesen und essen. Jedoch mit dem erheblichen Unterschied, dass wir trotz dieser großen Entfernung von der Zivilisation wertvolle Informationen über die lokale Wetterentwicklung bekommen. Die Technik macht das Bergsteigen auch in den entlegensten Teilen der Erde angenehmer. Solarzellen speisen eine umgebaute Autobatterie mit Strom. Mit dieser Energiequelle werden zwei Sparlampen betrieben, eine in der Küche, die andere im Mannschaftszelt, ein CD-Player sorgt für akustische Abwechslung, Satellitentelefon und Laptop bauen die Kommunikation mit der Außenwelt auf. Karl Gabl von der Wetterwarte Innsbruck versorgt uns in regelmäßigen Abständen mit Wetterberichten für diese Region, die er aus den entsprechenden Satellitenbildern interpretiert.

Der tägliche Informationsaustausch mit Marion verkürzt das nervtötende Warten auf besseres Wetter. Die Familie ist wohlauf, Badewetter in Bayern. Die Neuigkeiten aus dem Karakorum: Am K2 warten alle auf besseres Wetter, die Russen sind mitten in der Latok-III-Westwand und schaffen trotz schlechten Wetters eine Seillänge am Tag. Mit dabei sind Alexander Klenov und Michael Devy, die ich letztes Jahr in Frankreich kennen lernte. Silvo Karo ist mit seinem Team in die Heimat zurückgekehrt und hat seinen Versuch am Ogre wegen zu hohen Risikos auf 6200 Meter abgebrochen. Jetzt sind wir die Letzten, die in dieser Klettersaison eine Möglichkeit bekommen, dem Ogre eine zweite Besteigung abzuringen. Wenn wir es wieder nicht schaffen, diesen Mythos zu brechen, dann wird es nächstes Jahr einige Expeditionen geben, die sich den Weg auf diesen Berg teilen müssen.

Nach acht Tagen schlechten Wetters ein Zwischenhoch. Wir müssen gehen, können nicht mehr warten. Der Verstand sagt ja, wir müssen dran bleiben und dürfen keinen Tag vertrödeln, aber mein Gefühl sagt nein. Um 3 Uhr früh stehen wir vor unserem Mannschaftszelt und diskutieren bei sternklarer Nacht. Die Sterne funkeln zu stark, es ist ein schlechtes Zeichen, außerdem sträubt sich etwas in mir zu gehen. Nach einem halbstündigen Hin und Her liegen wir wieder in unseren Schlafsäcken. Am Abend des darauf folgenden Tages gibt es ein heftiges Gewitter, es folgen weitere zwei Tage miserablen Wetters.

Wieder bekommen wir von Karl Gabl einen Wetterbericht: ab morgen drei bis vier Tage niederschlagfreies Wetter, dann wieder schlechte Aussichten. Um 2 Uhr nachts ist die Wolkendecke immer noch geschlossen, dennoch sagt mir heute das Gefühl, dass wir gehen sollten.

Die Schlüsselseillänge auf über 5800 Meter im oberen achten Schwierigkeitsgrad.

Ismail weiß, dass es ernst wird. Er führt für uns ein andächtiges Ritual aus, das uns vor dem Schlimmsten schützen soll. Allah wird den Menschenfresser Ogre besänftigen. Wir sprechen die Gebetsformel »Bissmillah«, was nichts anderes heißt, als auf den Wegen Gottes zu sein. Mit Allahs Segen und einer ungeheuren Motivation, die sich durch die lange Schlechtwetterphase aufgebaut hat, stolpern wir in stockdunkler Nacht auf dem Uzun-Brakk-Gletscher in Richtung Berg. Nach einer halben Stunde beginnt es zu graupeln und wir schauen uns fragend an. Wir gehen weiter – das Einzige, was wir heute riskieren, ist nass zu werden, und das soll uns nicht hindern eine Chance zu verpassen. Es dämmert langsam und wir hoffen auf Wetterbesserung. Die Wolken hängen jedoch extrem tief und es beginnt wieder voll zu schneien. Wir überspielen unsere Aussichtslosigkeit mit einem kleinlauten »Wird schon werden, jetzt gehen wir mal bis auf 5000 Meter zu unserem ehemaligen ABC-Lager«.

Wir gehen weiter, obwohl das Wetter schlecht ist.

Aber je höher wir kommen, desto schlimmer schneit es. Mittlerweile waten wir bis zu den Knien im tiefen Neuschnee, doch keiner will vor den anderen zugeben, dass unser Tun absolut sinnlos ist. Niemand geht bei diesem Wetter an einen Berg wie den Ogre. Selbst wenn das Wetter besser wird, braucht es mindestens einen Tag, bis sich die Schneemassen gesetzt haben. Aber keiner von uns spricht den Satz aus: »Zurück ins Basislager«. Stoisch spuren wir im dichten Schneefall weiter, aber warum? Es kann doch nicht nur der positive Wetterbericht aus Innsbruck sein. Wie oft hat sich der Wetterbericht bei uns in den Alpen geirrt, heute irrt er sich im Karakorum!

Durch die Markierung einer Sonde finden wir tief eingeschneit das deponierte Material: die Steigeisen, unsere Helme, Klettergurte und ein Seil. Alles ist starr, vereist, eigentlich hat alles keinen Sinn. »Was tun wir hier? Völliger Schwachsinn!« Iwan spricht endlich diese Sinnlosigkeit aus und dennoch entscheiden wir, zwei bis drei Stunden zu warten, einfach aus dem Grund, weil wir in den nächsten Tagen noch lange genug im Basislager sitzen werden. Ich suche einen natürlichen Unterstand, um nicht völlig durchnässt zu werden und finde nur eine Viertelstunde weiter oben eine höhlenartige Gletscherspalte. Wir schlagen die Eiszapfen von der Decke, die klirrend in ein tiefes schwarzes Loch fallen, und kauern uns in der eisigen Höhle auf eineinhalb Quadratmetern zusammen: »Dieses verdammte Wetter, da haben wir keine Chance ... was sollen Ismail und Kasim zum Frühstück machen, Pancake oder Baranthas?« Iwan wird überstimmt, es wird wieder Baranthas geben. »Wenn wir runter gehen, bestellen wir unser Frühstücksmenü über Funk« – »Gute Idee, dann brauchen wir nicht zu lange auf unser Morgenessen zu warten«.

In unserem angeregten Gespräch über unser Frühstück haben wir völlig übersehen, dass es zu schneien aufgehört hat. Erst als ich kurz rausgehe, finde ich zwischen den schnell ziehenden schweren Schneewolken blaue Lücken.

Ich rufe die beiden zu mir und wir klammern uns an diesen blauen Hoffnungsschimmer. Obwohl der Berg immer noch bis zum Pfeilereinstieg in Wolken steckt und alles extrem winterlich wirkt, verschieben wir unser Frühstück und gehen zumindest durch den Gletscherbruch bis zum Plateau unterhalb des Couloirs. Mit dem vereisten starren Seil verbunden, stapfen wir durch den steilen zerklüfteten Gletscher. Irgendwie gewöhne ich mich langsam an dieses Wetter und an die wenig erfolgversprechenden Verhältnisse, setze einen Schritt nach dem anderen in den knietiefen Schnee und finde meinen Rhythmus. Ich gehe, weil ich gehe, weil ich meinen Computer kurz zuvor so einprogrammiert habe wie einen Tempomat. Der Mensch als Maschine, aber genau das ist es, was das Expeditionsbergsteigen erträglich macht. Die Fähigkeit, abschalten zu können und den Geist in eine freundlichere Welt zu beamen, währenddessen voll zu rackern, aber immer noch empfänglich dafür zu sein, Gefahren früh genug zu erkennen.

Eine eisige Gletscherhöhle bietet uns Schutz vor dem Schneefall.

Ein plötzlicher Ruck am Seil reißt mich zurück in die raue winterliche Landschaft, Iwan brüllt wieder einmal sein volles Repertoire an Schweizer Schimpfwörtern in die ruhige Bergwelt. Bis zu den Knien steht er im Wasser eines vom Schnee verdeckten Gletschersees. Mich hatte der Schneedeckel noch gehalten, Iwan aber brach voll durch und hat jetzt kalte nasse Füße. Er schüttet einen Liter Gletscherwasser aus seinen beiden Plastikschuhen. Das ist nun endgültig der Wink des Schicksals, ins Basislager abzusteigen.

»Wegen der nassen Füße gehen wir nicht zurück, ich mach weiter ...« Wir trocknen seine Innenschuhe mit Toilettenpapier und finden zufällig ein paar Ersatzsocken in einem unserer Rucksäcke. Also schnell weiter, um nicht noch mehr Zeit zu verlieren.

Mittlerweile werden die Wolkenlücken immer größer, die Sonne gewinnt mehr und mehr den Kampf gegen die schwarzen Schneewolken.

Die ersten kleinen Lawinen kommen in Form von eindrucksvollen Staubwolken aus den umliegenden Flanken und das Wetter bleibt nach wie vor unser größtes Problem. Vor kurzem war es noch der dichte Schneefall, jetzt, zwei Stunden später, ist es die strahlende Sonne, die uns vor die Entscheidung stellt, umzudrehen. Es ist bereits Mittag. Durch die Warterei in der Schneehöhle und den kleinen Zwischenfall mit Iwans Kneippkur haben wir wertvolle Zeit vertrödelt. Der hohe Sonnenstand wirkt extrem gefährlich auf die verschneiten Eisflanken, und die Gefahr von größeren Lawinen nimmt von Minute zu Minute zu. Dann sind wir geliefert. Immer noch ruhig, tief verschneit, liegt vor uns das große Plateau, direkt unterhalb der überhängenden Südwand. Die Sonne scheint schon bis zur Hälfte in unser Einstiegscouloir. Jetzt muss alles schnell gehen. Iwan zieht die Spur, ich folge ihm in einem Abstand von 20 Meter, Urs wartet in der Mitte des Plateaus, wo es am sichersten ist. An der Randkluft gräbt Iwan bis zur Brust im grundlosen lockeren Neuschnee und tritt wenig später auf der Stelle »So eine Sauerei, es geht nicht, keine Chance! Auch viel zu gefährlich, lassen wir's!« Ich gebe mir einen letzten Versuch, über diese mickrige Randspalte zu klettern, aber der Schnee ist zu tief. »Scheiße! Es geht nicht! Iwan schieb von hinten an ...!« Mit meinen Eisgeräten erwische ich das darüber liegende Eis des Couloirs und ziehe mich langsam und behutsam über diesen Schneesumpf. Urs hat mittlerweile zu uns aufgeschlossen. Ich helfe den beiden über die Spalte, und wir stehen wieder zusammen in einer riesigen verschneiten Flanke. 20 bis 30 Zentimeter Neuschnee auf blankem Eis, 300 Meter lang, hier 30 Grad steil, oben 60 Grad, das ist zu viel. Verdammt, wir haben das Maß überzogen, wir sind mit unserer Entscheidung »Gehen wir bis dorthin, dann schauen wir mal!« zu weit gegangen. Die Schneeflanke über uns kann sich in den nächsten Minuten in eine riesige Lawine verwandeln. Ab jetzt ist das Risiko nicht mehr kalkulierbar.

Wir sind in Sicherheit, bestes Wetter, von überall donnern Lawinen in die Tiefe und wir steigen an unseren Fixseilen zu unserem Lager auf.

Jetzt ist es Iwan, der den kühlen Kopf behält. Wieder fällen wir eine Etappenentscheidung, setzen uns aber ein zeitliches Ultimatum: Wenn wir innerhalb von 10 Minuten das Plastikseil unter der verschneiten Schneedecke finden, dann gehen wir weiter, ansonsten gibt es in zwei Stunden Baranthas mit Nutella. Urs und ich halten die Luft an, Iwan gräbt schräg den Hang ab und der Glückspilz findet innerhalb von fünf Minuten das Seil. Wir eilen zu ihm hinüber und klippen uns mit den Jümars ein. Das gibt uns Sicherheit. Im Eiltempo hetzen wir durch die verschneite Rinne und haben extremes Glück: Noch bevor die Lawinen aus dem Couloir krachen, stehen wir auf der Scharte außerhalb der Gefahrenzone. Gegen Abend erreichen wir unser Lager auf 6000 Meter. Es war ein langer Tag, viermal wollten wir umdrehen und sahen uns mit Ismail und Kasim am gedeckten Frühstückstisch sitzen. Jetzt sind wir hier und die Sonne geht unter einem wolkenlosen Karakorum-Himmel unter. Es ist irgendwie verrückt und kaum zu glauben, aber vielleicht ist das unser Schicksal auf dem Weg zum Erfolg.

Heute wird es wirklich eng. Ein Zwei-Mann-Portaledge zu dritt. Iwan liegt innen, ich außen, in die Mitte quetscht sich Urs mit dem Kopf an unseren Füßen. Dazwischen liegen und hängen dampfende Innenschuhe, Kochgeschirr, Kletterhelme, Stirnlampen: ein absolutes Chaos. Das Alugestänge biegt sich verdächtig durch und es ist ein Wunder, dass diese Vorrichtung das Gewicht von drei erwachsenen Menschen samt Haushalt trägt. Alles an einem Haken fixiert, mit einem Klemmkeil rückversichert. So hängen wir in der Wand und warten, bis wir in das Land der Träume abtauchen.

Im Dämmerlicht verpacken wir unser Lager in zwei Rucksäcke und in einen Haulbag. Punkt 6 Uhr beginnen wir mit der Kletterei. Heute bin ich an der Reihe, mein Bestes zu geben. Optimale Bedingungen, es ist windstill und die aufgehende Sonne scheint schon auf den trockenen goldgelben Granit. Die Risse über mir werden zur perfekten Freikletterei. Dieser Genuss wird immer wieder davon unterbrochen, dass wir diesen verdammten Haulbag emporhieven müssen. Das ist meine Arbeit, für heute und für morgen. Iwan und Urs kämpfen mit schweren Rucksäcken und steigen mit Jümars an den Kletterseilen auf. Unsere Taktik scheint optimal zu funktionieren: Mit meiner Schnelligkeit in diesem Gelände und dem vollen Arbeitseinsatz der beiden Schweizer erreichen wir unser heutiges Etappenziel schon um 13 Uhr. Wir haben noch genügend Zeit, die nächsten fünfzig Meter mit unserem Kletterseil zu fixieren. Nach Jans Erzählungen wird das wohl die schwerste Seillänge des oberen Pfeilerabschnitts werden. Iwan kämpft mit dem Gestänge des Portaledges und mein heikler Plattentanz wird immer wieder von einer schon bekannten Strophe schwyzerdütscher Schimpfwörter begleitet.

Wir starten um 6 Uhr zur letzten Etappe am Südpfeiler.

Iwan und Urs fixieren unsere Kletterseile im ersten kombinierten Teil an der Südwand.

Wieder einmal liegt die letzte Sicherung weit zurück, ich finde in der kompakten Granitwand eine verrostete Bohrhakenkrone. Noch warten zwei schwierige Klettermeter, bis ein kompakter Riss eine solide Sicherungsmöglichkeit verspricht. Dieser Bohrhaken würde eine große Last von mir nehmen, aber ohne Lasche ist dieser Rettungsanker für mich nutzlos. Der einzige Weg aus dieser Situation ist die Flucht nach oben und meine Routine im siebten Grad rettet mich in eine traumhaft schöne, gut abzusichernde Piazschuppe. Eine Wahnsinnsseillänge, ich fixiere unser Kletterseil und seile ab zu unserem Portaledge.

Der nächste Tag ist wieder ein Geschenk des Himmels. Ohne Stress klettern wir über die Risse, die 1997 Jochen und Jan zur Umkehr gezwungen haben, bis zum Ende des Felspfeilers. Nach einem kurzen Firngrat stehen wir auf dem plateauartigen Gipfel des Südpfeilers. Es ist Mittag. Die Temperaturen auf 6500 Meter sind angenehm warm und der Gipfel des Ogre scheint zum Greifen nahe zu sein.

Iwan und Urs versichern noch die kombinierten Platten bis in das große Eisfeld, ich bastle inzwischen an unserem Portaledge-Fly und verwandle das Hängezelt behelfsmäßig in ein normales Zelt. Alles scheint glatt zu laufen und das stabile Wetter unterstützt unser Selbstvertrauen. Ich bin mir sicher, dass wir es schaffen können, aber dieses Gefühl wird immer wieder durchkreuzt von einer Unsicherheit, die aus den ganzen Misserfolgen vorangegangener Expeditionen entstanden ist. Wenn es nicht den Mythos dieser Unerreichbarkeit auf diesem Gipfel gäbe, dann wäre ich so frech zu behaupten, dass wir morgen unseren Weg bis zum Gipfel durchziehen werden. Aber warum gerade wir? Warum sollen ausgerechnet wir das Glück haben, diesen Mythos nach 24 Jahren zu brechen?

Um 10 Uhr nachts weckt uns ein heftiger Wind, der fast unsere nicht allzu stabile Behausung flachlegt. Über uns funkeln verdächtig die Sterne und am Nanga Parbat steht wieder die übliche Gewitterfront, die aber für uns nicht unbedingt wetterwirksam sein muss. Aber bei diesen Windverhältnissen sind wir am Gipfelturm chancenlos. Er meldet sich wieder zurück, der Ogre, dieses Ungeheuer, er frisst an unserer Psyche und lässt uns nicht mehr schlafen. Fast überhören wir den Wecker durch das im Wind knatternde Zelt. Es ist 1 Uhr. Keiner von uns kann sich aufraffen, aus dem warmen Schlafsack zu schlüpfen.

»Heute ist nicht der Tag, viel zu windig, vielleicht morgen.« Wir warten und bleiben liegen. Nach einer halben Stunde zwingt uns die eigene Unruhe aus dem Schlafsack und keiner von uns hinterfragt diese windigen Verhältnisse. Eine Stunde später steigen wir an den vom Vortag fixierten Seilen auf. Das darauf folgende 50 Grad steile Eisfeld klettern wir solo.

Iwan und Urs übernehmen die Spurarbeit und ich kann mich für die Kletterei am Gipfelturm etwas schonen. Um 5 Uhr bremst uns eine Felsbarriere mitten in der Eisflanke. Alte Reste von Fixseilen geben den logischen Weg durch die Granitplatten vor. Unglaublich, wie weit manche Expeditionen die Fixseile gespannt haben. Eine Bohrhakenleiter neben einem vereisten Riss macht die 20-Meter-Felspassage zu einem Spaziergang. Ethisch sind diese im Abstand von einem halben Meter steckenden Bohrhaken ein kleiner Schandfleck, aber wenn sie da sind, verschwendet man keinen Gedanken daran, sie nicht zu verwenden. Hier oben herrschen andere Gesetze, es zählt der Gipfel und diese Bohrhaken sind eine willkommene Erleichterung, obwohl wir sie gleichzeitig verurteilen. Der Mensch ist eben nicht konsequent, vor allem wenn er am Limit ist.

Kurz nach 8 Uhr liegt die Eisflanke hinter uns, vor uns türmt sich der mächtige Gipfelturm auf, wir sind auf der Bonington-Scott-Route. Die erste Seillänge, eine steile Rinne gefüllt mit Schnee und Eis, ist typisches »Scott-Gelände«. Wir sind auf über 7000 Meter, es ist extrem kalt. Der Wind hat an Stärke zugenommen.

Wir steigen solo durch die 50 Grad steile Eiswand.

Unsere isolierten Trinkflaschen in den Rucksäcken sind zu einem einzigen Eisklumpen gefroren. Noch 250 Meter extreme Kletterei liegen vor uns und wir haben nur noch neun Stunden Zeit, bevor es dunkel wird. Außerdem sind wir nur auf ein Notbiwak eingerichtet, und das kann unter diesen windigen Bedingungen extrem ungemütlich und kalt werden. Darauf kann ich verzichten. Also schnell weiter, wir dürfen keine Zeit mit Kochen und Wasserschmelzen verbringen. Solange keiner Anzeichen von Höhenkrankheit hat, ist alles in Ordnung. Völlig dehydriert kämpfe ich mich durch die vereiste Rinne, ein kleiner Granitkiesel im Mund schützt meine Mundhöhle vor dem Austrocknen. Es ist extrem hart, was Scott vor 24 Jahren vorgelegt hat. Nur mit einem wackeligen Klemmkeil gesichert, rampfe ich meinen ausgelaugten Körper über einen vereisten Rissüberhang, wieder mal eine Kletterstelle, die keinen Fehler verzeihen würde. Aber diese Situationen werden immer mehr zur Routine und man macht sich keine Gedanken mehr, was passieren kann. Stoisches Durchziehen mit dem Blick nach vorne wird zur Maxime meines Handelns.

Iwan und Urs steigen nach, kein Lachen kommt ihnen über die Lippen. Wie auch, sie sind gerade bei minus 20 Grad eine Dreiviertelstunde im Schnee gestanden. Die nächsten 40 Meter werden leichter. Ich bin am Grat, dahinter die riesige Flanke der Nordwand und der Blick hinunter auf den Snow Lake. Grandios, aber der Wind lässt keine Euphorie aufkommen.

Die beiden hetzen am Fixseil zu mir hinauf und ich schicke sie gleich weiter. Hinter einer kleinen Scharte steigen sie 20 Meter eine Rampe hinunter zur Basis des letzten steilen Granittur-

Der Pendelquergang auf über 7200 Meter.

mes. Beim Putzen meiner Sonnenbrille fliegt mir ein Eiskristall ins linke Auge. Nach einem kurzen beißenden Schmerz an der Bindehaut und einem wässrigen Auge ist der Zwischenfall vergessen und die Sicht ist wieder klar. Ich seile zu den beiden ab, endlich im Windschatten. Es ist 11 Uhr, seit 2 Uhr nachts sind wir nonstop unterwegs, ohne Essen und nur einen kleinen Schluck getrunken. Urs besteht auf einer kurzen, wohlverdienten Pause. Ich will weiter, die Zeit wird knapp. Ein steiler kaminartiger Riss im sechsten Schwierigkeitsgrad bringt mich auf das Schneeband, an dem der feine Riss durch die mauerglatte, senkrechte Gipfelwand ansetzt: die Schlüsselseillänge auf über 7100 Meter. Am Anfang zieht der Riss haarfein in die goldgelbe Wand und nur die kleinsten Klemmkeile finden Platz. In technischer Kletterei arbeite ich mich höher, bis sich der Riss zu einem Finger- und Handriss öffnet. Nach 20 Metern verliert sich dieser Granitspalt in der kompakten Wand. Die Kletterstelle ist mir aus der Geschichte von Doug Scott bekannt: der große Pendelquergang nach rechts. Den scharf geschnittenen Riss, fünf Meter weiter drüben, muss ich pendelnd erwischen. Dazwischen eine senkrechte glatte Granitwand. Ich platziere einen kleinen Camalot als solide, oberste Sicherung. Urs lässt mich zehn Meter hinunter und ich beginne, mit Laufbewegungen in der senkrechten Wand den Pendelschwung einzuleiten. Jetzt merke ich die dünne Luft,

ich pfeife aus dem letzten Loch, versuche, mit immer noch mehr Schwung den Riss zu erwischen.

Mit vollem Körpereinsatz kann ich endlich nach etlichen Fehlversuchen meine Finger in dem fingerbreiten Riss verklemmen und ich stemme mich gegen den Seilzug von links oben. Nach drei anstrengenden Metern im unteren siebten Grad findet mein Körper die dringend nötige Entspannung an einem soliden Klemmkeil. Erst in diesem Moment bemerke ich einen unangenehmen Juckreiz am linken Auge. Auch die Sicht ist extrem eingeschränkt. Wie bei einem Blick durch eine Milchglasscheibe kann ich mit dem linken Auge die Umgebung nur als trübe, schummrige Silhouette erkennen. Verdammt, ich werde schneeblind, und das kurz vor dem Gipfel! In technischer Kletterei beende ich diese Seillänge und fixiere das Seil. Iwan und Urs steigen an den Steigklemmen nach und ich hab etwas Zeit, meine Körperfunktionen zu checken.

Eigentlich fühle ich mich gut, das rechte Auge hat nach wie vor die gleiche Sehkraft, nur das linke ist nicht mehr zu gebrauchen. Vielleicht haben dieser Schneekristall im Auge und der Flüssigkeitsmangel diese Reizung verursacht. Auf jeden Fall geh ich weiter, solange auf dem rechten Auge die volle Sehkraft nicht abnimmt. Im schlimmsten Fall müssen mich Iwan und Urs im Abstieg führen.

Noch einmal wird die Kletterei extrem steil. Hinzu kommt das Problem, dass ich mit der visuellen Monowahrnehmung die Entfernungen nicht mehr abschätzen kann. Die Suche nach Tritten, das Platzieren von Sicherungen ist extrem lästig. Um 14 Uhr stehen wir auf dem großen Band, an dem die Japaner 1978 biwakieren mussten. Über uns der monolithische Gipfelblock, den wir wie die Engländer auf der rechten Seite umklettern.

Unsere Umgebung reduziert sich immer mehr auf einen schmalen Weg, der am Gipfel endet. Eine vereiste kleine Rinne, ein kleiner Überhang und dann die zwei Abseilhaken von Doug Scott und Chris Bonington. Ich fixiere das Seil.

Ein Schneehang zieht rechts hinauf, 20 Meter darüber thront ein quadratischer Granitblock. Ist das der Gipfel? Meine Neugier ist groß. Nach 24 Jahren ziehe ich als erster Mensch wieder eine Spur auf den letzten Metern zum Gipfel. Ich steige ungesichert, es ist völlig einfach, unspektakulär. Und zehn Minuten später stehe ich auf dem mächtigen Felsquader. Iwan und Urs kommen nach. Wir sind da, wir müssen nicht mehr weitergehen. Alles um uns ist niedriger. Nur die anderthalb Meter hohe, nach Osten überhängend abbrechende Gipfelwechte ist höher und gibt dem Ogre nach wie vor das Flair des Unbezwingbaren: *Auf mein Haupt könnt ihr klettern, aber nicht auf meine Krone!* Wir berühren vorsichtig mit unseren Händen den höchsten Punkt, bleiben aber auf dem festen Boden des Granits.

Wir haben es geschafft!

Es ist 15.30 Uhr, die Sicht ist schlecht, es ist extrem windig und die Wolken ziehen vorbei wie Flugzeuge. Alles ist unwirklich, der Weg, der zu diesem Punkt geführt hat, der Moment, hier zu stehen. Da bin ich also am Ziel meiner Träume. Wir sind ausgelaugt, von der Härte des Anstieges malträtiert. Dreizehneinhalb Stunden nonstop klettern, hundertprozentiger körperlicher Einsatz, ohne Essen und Trinken, unsere Muskeln verkrampfen immer häufiger, aber es kann nicht schöner sein. Ogre! Wir haben es geschafft! Zumindest bis hierher.

Wir umklettern den Gipfelblock und werden von dichten Wolken verschluckt.

Die letzten Meter zum Gipfel. Wir fixieren das Seil an den Abseilhaken von Bonington und Scott.

Über den Wolken, am Ende einer langen Reise.

Wir haben es geschafft, zu dritt stehen wir am Gipfel des Ogre.

Trotz dieses unbeschreiblichen Gefühls, hier oben stehen zu dürfen, hält sich unsere Euphorie in Grenzen, wir kennen die Tücken dieses Berges, vor uns liegt der lange gefährliche Weg nach unten, der volle Konzentration verlangt. Nicht weit von hier brach sich Doug Scott beide Beine und für das Team begann erst im Abstieg die große Odyssee zu einem neuen Gipfel, der den Namen »Überleben« trägt. Dieser Berg ist ein Monster, bis zum letzten Moment kann er dich packen. Erst wenn wir am Uzun-Brakk-Gletscher Richtung Basislager wandern, sind wir ihm entkommen und können unseren Erfolg feiern.

Alles wird doppelt abgesichert, jeder hat ein waches Auge auf den anderen. Wir sind müde, erste Konzentrationsfehler schleichen sich ein. Um 6 Uhr abends stehen wir nach wilder Luftfahrt über den Granitturm im großen Eisfeld. Es ist windstill und die abendliche Sonne wärmt unsere ausgefrorenen und ausgelaugten Körper. Endlos erscheint mir der Abstieg über das Eisfeld, aber ich habe schon lange den Punkt überschritten, mich für das vor mir Liegende motivieren zu müssen. Ich mache weiter, weil mir nichts anderes übrig bleibt. Also runter. Es ist stockdunkel, um 21 Uhr sind wir am Lager, Iwan brüht heißes Wasser auf und wir schlürfen gierig zwei Packungen Suppe. Verdammt gut, das Gefühl, etwas Warmes im Magen zu haben. Wenig später liegen wir in unserem Minizelt, wieder pfeift ein scharfer Wind aus Westen. Aber der kann uns egal sein, wir müssen nicht mehr hinauf, nie mehr in unserem Leben. Der warme Schlafsack und die Enge im Zelt geben mir Geborgenheit. Ich baue das im Wind knatternde Zelt in meine Träume ein und schlafe ohne Unterbrechung bis zum Sonnenaufgang.

Der Sturm wirbelt große Schneefahnen aus dem Gipfeleisfeld. Unsere Spuren vom Vortag sind immer noch in dieser riesigen Eisflanke zu sehen. Gestern war ein guter Tag. Wir verstauen unser gesamtes Material in unserem Haulbag und schleifen den immer noch 50 Kilogramm schweren Sack bis zu seinem Abflugpunkt oberhalb der 800 Meter hohen, überhängenden Südwand. Ein feierlicher Moment: Wir verabschieden unseren Materialsack mit einem kräftigen Stoß, wenig später fliegt er im freien Fall über die gesamte Südwand. Wir hoffen, diesen Sack später unversehrt im Gletscherbecken zu finden.

Nur noch mit dem Notwendigsten ausgerüstet seilen wir Seillänge für Seillänge ab und schneiden mit dem Taschenmesser die alten verrotteten Fixseile aus der Wand. Gegen Abend stehen wir voller Hoffnung, unseren Haulbag zu finden, im Gletscherbecken. Unser Materialsack existiert nur noch als zerfetztes Etwas und weit verstreut können wir unsere Schlafsäcke bergen. Von unseren Eisgeräten, Seilen, Friends, Kocher und Zelt fehlt jede Spur. Der Berg hat alles verschluckt. Jetzt haben wir für unsere Besteigung doch noch bezahlt, nicht mit unserer Gesundheit, sondern mit materiellen Gütern. Soll der Ogre nehmen, was er will, wir sind am Leben und nur das zählt.

Vier Stunden später trudeln wir in unser Basislager ein, Ismail und Kasim laufen uns entgegen. Sie können es nicht glauben. Wir auch nicht, aber es ist tatsächlich passiert, wir sind oben gestanden. »We pray all day for your health, Allah must like you.«

Wir haben es geschafft, jetzt brauche ich nie wieder zu diesem Berg zurückkehren. Jetzt will ich auf der Stelle heim, ich brauche die Berge nicht mehr, nicht für die nächste Zeit.

Eine Woche später verlassen wir das Basislager. Der Platz, an dem ich schon ein Dreivierteljahr meines Lebens verbracht habe, ein Platz voller Sehnsüchte, Trauer, Emotionen. Ich tröste mich, indem ich mir vornehme, irgendwann mit meinem Sohn zu meinem »Gefängnis im Paradies« zurückzukehren. Im stillen Gebet verbeuge ich mich vor dem Berg, der mich vier Jahre lang gefesselt hat und heute gehen lässt.

In Baintha treffen wir die Russische Expedition vom Latok III. Alexander Klenov und Michael Devy empfangen uns mit offenen Armen. Alexander hat eine bandagierte Hand und ist völlig ausgezehrt. Allein schon seine Augen erzählen von einem dramatischen Erlebnis in der Latok-III-Westwand: Nach zehn harten Tagen in der Wand hatten sie es bis zum oberen Wanddrittel geschafft und waren gerade unterwegs zur letzten Kletteretappe zum Gipfel. Plötzlich, um 10 Uhr vormittags - wir kletterten gerade an den letzten Metern des Südpfeilers - krachte eine Steinlawine aus der Gipfelwand und schoss auf die Seilschaft zu. Fast alle konnten sich in Deckung bringen, Alexander erwischte es an der Hand, doch ihr Partner, der gerade am Fixseil mit den Jümars aufstieg, flog mitsamt der Steinlawine 1500 Meter in die Tiefe. Ein Stein hatte das Seil, an dem er hing, durchtrennt. Tage später fanden sie den Körper ihres Freundes am Bergschrund. Diese Nachricht drückt mich zu Boden, wie nah liegen doch Tod und Erfolg zusammen. Es ist eben oft nur ein Hauch, eine Sekunde, die dich am Berg überleben lässt. Oft ist der Tod näher, als man vermutet.

Am Abend versammeln wir uns um eine Kerosinlampe und die Träger beginnen baltische Volkslieder zu singen. Lieder über Sehnsucht, Liebe und Arbeit. Auf zwei Expeditionstonnen trommeln zwei Baltis den Rhythmus zu ihren Liedern, alle anderen klatschen mit den Händen und abwechselnd tanzt einer von ihnen um das Licht. Sie feiern unseren Erfolg. Langsam finde ich wieder zurück zu unserem erlebten Abenteuer. Erstbesteigung des Ogre III und Zweitbesteigung des Ogre. Das ist fast schon zu viel. Es gibt uns allen ein enormes Selbstvertrauen. Wir werden sicher irgendwann wieder gemeinsam losziehen, zu den großen Bergen. Aber eines wird mir durch den Tod des russischen Bergsteigers richtig bewusst: wie wichtig mir das Leben ist. Es ist das größte Geschenk des Himmels und wir hängen es mit jeder Expedition an einen seidenen Faden. Wie widersprüchlich das Expeditionsbergsteigen

Die Baltis feiern unseren Erfolg.

doch ist. Wie schön ist es mit Freunden zu feiern, sich fallen zu lassen in die Geborgenheit der Familie. Und doch werde ich immer wieder aufbrechen müssen, zu den kalten Bergen des Karakorum und des Himalaja und werde dabei mein Leben bewusst aufs Spiel setzen. Irgendetwas spornt mich immer wieder an, ich muss es tun. Zwar ist kein Berg, keine Wand, keine Überschreitung es Wert, dafür zu sterben, aber ich brauche das intensive Erlebnis, die Grenzen in mir und an den Bergen der Welt durch meinen Willen zu durchbrechen. Durch meinen Sohn Elias wird mir hoffentlich immer die richtige Intuition gegeben, meine Entscheidungen richtig zu fällen.

Dieser emotionale Entscheidungsträger wird für mich in der Zukunft die größte Lebensversicherung sein. Bergsteigen, an die Grenze gehen, ist mein Leben. Und solange es meine Gesundheit erlaubt, werde ich immer wieder aufbrechen müssen, die Freiheit über die kalten eisigen Anstiege des Himalaja zu suchen, und was ich finden werde, existiert auch nur in meinem Kopf: Es ist mein Leben. Von außen betrachtet bin ich zwar nur ein Gefangener meiner Selbst in einer endlosen Spirale, aber das kümmert mich nicht, weil gerade diese Art von »Gefängnis« für mich Lebensqualität darstellt.

Hauptgipfel 7285m
Westgipfel
Ostgipfel
5
A2
M4
M5
6+
50° Eis
A1 Bohrhaken
40-50° Eis
M5
Lager III 6500m
40° Eis
5+
6-
8-
Lager II 6200m
5
6+
6
7-
Lager I 5900m
7-
7+
8+
8-
4
7+
5
Südpfeiler
50° Eis 200m

Lager 3
Lager 2
Lager 1

Anhang

DAV-Expedtion 2001 zum Ogre und Ogre III

Zeitraum: 27. Mai 2001 bis zum 4. August 2001 (beste Zeit für Besteigungsversuche: Mitte Mai bis August)
Das Team: Urs Stoecker, Schweiz; Iwan Wolf, Schweiz; Thomas Huber, Deutschland

Daten zu den Bergen:

Ogre, 7285 Meter
Erstbesteiger: Sir Chris Bonington und Doug Scott 1977, Route: Briten-Pfeiler
Schwierigkeit: 6+/A2, mixed bis M5, Eis bis 90 Grad
Zweitbesteiger: Urs Stoecker, Iwan Wolf und Thomas Huber 2001, Route: Südpfeiler
Schwierigkeit: 8+ (bei freier Kletterei am Südpfeiler), ansonsten 7/A2, mixed bis M5, Eis bis 70 Grad
Material für den Südpfeiler: zwei Sätze Camalots bis Größe 2, Stopper und ca. 10 Haken, 200 Meter Statikseil, zwei 60-Meter-Einfachseile, 200 Meter Plastikseil für das Couloir, Portaledge

Ogre III, 6850 Meter
Erstbesteiger: Urs Stoecker, Iwan Wolf und Thomas Huber
Schwierigkeit: 7/A3, mixed bis M6, Eis bis 80 Grad
Material für den Südostpfeiler: zwei Sätze Camalots bis Größe 2, ein Satz Größe 3, Stopper und ca. 10 Haken, 200 Meter Statikseil und zwei 60-Meter-Einfachseile, Singlewall-Zelt für das Lager auf 6000 Meter

Der Weg zum Berg:
Flug nach Islamabad/Rawalpindi, von dort mit dem Flugzeug oder in 24 Stunden auf dem Karakorum-Highway nach Skardu. Von Skardu mit dem Jeep in 8 Stunden nach Askole. Dann zu Fuß weiter in 3 bis 4 Tagen mit Trägern über den Biafo-Gletscher ins Basislager.

Tipps und Tricks:
• Das Permit muss mindestens ein halbes Jahr vor Expeditionsbeginn im Ministry of Tourism von Pakistan in Islamabad beantragt werden.
• Die Visa auch frühzeitig und auf jeden Fall im jeweiligen Heimatland beantragen.
• Das Helikopterdeposit (6000 $) muss nicht bar bezahlt werden, wenn man vorher über die Botschaft eine Bürgschaft einholt, dass für die Heli-Rettung bezahlt wird, falls die Expedition sie in Anspruch nehmen muss.
• Die Korrespondenz mit einem Laptop, dem Programm Skyfile von der Deutschen Telekom und einem Sat-Phone klappt super und ist sogar preisgünstig.
• Jussaf Ganemede, der Teppichhändler in der Haiderroad in Rawalpindi gegenüber einer Moschee, kann sehr gut weiterhelfen, wenn es Probleme geben sollte. Er ist Anlaufstelle vieler Bergsteiger.
• Ein sehr empfehlenswerter Trekkingführer mit Informationen zu Land, Geschichte und Kultur ist das Buch »Pakistan« von Michael Beek, erschienen im Eigenverlag (siehe Homepage www.beek-pakistan.de)
• Immer durchbeißen und hart bleiben, aber gleichzeitig immer wissen, wann es zu viel wird.

Kontakt und weitere Infos:
• **Michael Beek:** Auf der Homepage des Pakistan-Kenners Michael Beek www.beek-pakistan.de findet man zahlreiche Informationen und eine Menge Links zu Kultur, Geschichte, Politik, Zeitungen etc. von Pakistan
• **DAV Summit Club:** Am Perlacher Forst 186, 81545 München, E-Mail: info@dav-summit-club.de, www.dav-summit-club.de
• **Thomas Huber:** Auf der Seite von Alexander und Thomas Huber www.huberbuam.de findet man viele Infos zur Expedition und für weitere Fragen kann per E-Mail Kontakt aufgenommen werden
• **Agenturen in Pakistan:**
Adventure Tours Pakistan: Ashraf Aman, House # 551, Street 53, G-9/1, Islamabad, Pakistan, Tel.: (0092-51)-2260820, 2252759, Fax: (0092-51)-2264251, E-Mail enquiry@atp.com.pk,www.atp.com.pk
Pakistan Adventure Travel Service: E-Block 251/B, Satellite Town, Rawalpindi, Pakistan, Tel.: (0092-51)-4414489, Fax: (0092-51)-5584566, Attn: 1231, E-mail: pak-ats@pakistanmail.com
• **MINISTRY OF TOURISM:** Government of Pakistan, Sports Complex, Islamabad, Tel.: (0092-51)-9203509, Fax (0092-51)-9202347

Chronik der Besteigungen

1971 Japanese Ogre Expedition: Versuch an der Südwand zwischen Juni und August
Das Team: Masahura Takahashi war Expeditionsleiter des dreiköpfigen Teams der Rikkyo-Universität.
1971 British Ogre Expedition: Das Team versuchte mehrere Tage lang, einen Weg durch die Südwand zu finden, wechselte später hinüber auf die Nordseite und kam knapp auf 6000 Meter.
Das Team: Don Morrison, Clive Rowland, John Gregory, Trev Wright, Dave Marshall und Dr. Hidayat
1974 Japanese Ogre Southeastface Expedition: Eine Eislawine zerstörte ihr Lager auf 5300 Meter und setzte der Expedition ein frühes Ende.
Das Team: acht Mitglieder des Shizuoka Tohan Club
1976 Japanese Baintha Brakk Expedition: Das siebenköpfige Team versuchte den Ogre über den Westcol zu besteigen und kam bis auf eine Höhe von 6600 Meter.

Das Team: Expeditionsleiter Tadashi Nishihara mit Team

1977 British Ogre Expedition: Das sechsköpfige Team versuchte den Berg auf drei unterschiedlichen Anstiegen über die Südwestseite zu besteigen. Am Ende waren es Doug Scott und Chris Bonington, die am 17.06.1977 den Gipfel des Ogre erreichten.

Das Team: Doug Scott, Chris Bonington, Clive Rowland, Nick Estcourt, Tut Braithwaite, Mo Anthoine

1978 Japanese Ogre Southface Expedition: Das sieben Mann starke Team etablierte eine Lagerkette bis fast auf 7000 Meter. Am Ende erreichten sie zu dritt den 20 Meter niedrigeren Vorgipfel des Ogre.

Das Team: Expeditionsleiter Yokio Katsumi, Kimio Itokawa, Toshiro Kitamura (diese drei erreichten den Vorgipfel), Tetsuji Furuta, Shiro Aoki, Shosaku Kato, Masanobu Yonezawa

1983 French Ogre Southpillar Expedition: Das Team konnte zwar den Südpfeiler erstbegehen, doch ihr Versuch endete auf einer Höhe von 7000 Meter.

Das Team: Gérard Pailheiret, Michel Fauquet, Vincent Fine, Dominique Suchet

1988 Deutsche Ogre-Choktoi-Expedition: Das Deutsche Team kletterte auf den Col zwischen Ogre II und Ogre und ihr Versuch endete auf 6200 Meter im Schneesturm.

Das Team: Herbert Jans, Reiner Pickel, Christoph Krah, Peter Popall, Dieter Elsner

1989 British Northface Expedition: Das Ziel, den Ogre über den markanten Northridge zu besteigen, endete bereits auf einer Höhe von 5800 Meter. Flewitt wurde von einem Stein getroffen und an der Schulter verletzt und der Weiterweg erschien zu gefährlich.

Das Team: Andy Perkins, Chris Flewitt, Steve Hartland, Phil Butler, Dave Green, Dr. Timothy Jordan, Paul Nunn, Andrew Cave

1989 Netherland Ogre Southbuttress Expedition: Sie fixierten den Pfeiler bis auf 5800 Meter und kletterten bis auf etwa 6300 Meter. Schlechtes Wetter zwang sie zurück ins Basislager, wo sie von Bären attackiert wurden. Ein weiterer Versuch scheiterte, weil Raben ihr gesamtes Essensdepot am Umkehrpunkt verzehrt hatten.

Das Team: Joos Philippens, Gaby Jöbses, Hans Lanters, Roland Bekendam

1990 Bayerische Baintha-Brakk-Expedition: Ohne Einsatz von Fixseilen kletterten sie in zwei separaten Teams den Südpfeiler. Das Team mit Wittman und Lentrodt erreichte die Höhe von 6700 Meter und Hocke, Roeper und Schuhegger kamen bis knapp unterhalb des Pfeilergipfels auf 6400 Meter.

Das Team: Michael Lentrodt, Jürgen Wittmann, Hans-Christian Hocke, Malte Roeper, Anton Schuhegger

1992 Spanish Ogre Eastside Expedition: Die Katalanen waren auf der Route der Deutschen Expedition von 1978 unterwegs. Ihr Besteigungsversuch endete auf 6500 Meter im Schneesturm.

Das Team: Toni Casas, Joan Amils, Elies Coll, Jordi Sunyer

1993 Deutsche Ogre-Südpfeiler-Expedition: Nachdem das Team den Durchsteigungsversuch bis auf eine Höhe von 6000 Meter vorbereitet hatte, stürzte Philipp Groebke tödlich ab.

Das Team: Der Schweizer Philipp Groebke, Michael Wärthl, Jochen Haase, Ansgar Baving, Florian Köfferlein, Tom Dauer

1994 Japanese Ogre Choktoi Expedition: Das Team erreichte den Col zwischen Ogre und Ogre II auf 5600 Meter, kam aber nicht mehr über 5800 Meter hinaus.

Das Team: Expeditionsleiter Hideki Yoshida, Takeshi Nakazima, Kohtaro Toyoda, Takashi Kasai

1994 American Ogre Eastbuttress Expedition: Wie das Japanische Team kletterten sie auf den Col auf 5600 Meter, nur wählten sie beim Anstieg durch den gefährlichen Eisfall eine Route weiter rechts. Das Japanische Team gab auf und zu zweit kletterten Buhler und Crecelius noch einige Seillängen in bestem Granit. Konstant schlechtes Wetter bremste das Team. Ein weiterer Versuch scheiterte auf 6100 Meter in dichtem Schneefall und Mc Millan beendete die Expedition. Tage später kletterten Buhler und Crecelius bei bestem Wetter bis zu ihrem Umkehrpunkt. Am Ende gaben sie etwas weiter oben bei bestem Wetter auf, weil sie ihre Chance, den Gipfel zu zweit zu erreichen, als zu gering einschätzten.

Das Team: Tom Mc Millan, Dr. Peter Crecelius, Carlos Buhler

American Expedition (konnte zeitlich nicht genau zugeordnet werden): Das Team kletterte vom Choktoi-Gletscher über den Ostpfeiler bis auf eine Höhe von 6960 Meter.

Das Team: Lyle Dean, Mark Richey, Carlos Buhler, John Buchard, Tom Kimbrough, Bobby Knight

1995 French Ogre Southbuttress Expedition: Das Team kletterte den gesamten Pfeiler frei (bis Schwierigkeitsgrad 8+), erreichte den Gipfel aber nicht.

Das Team: Jean Annequin, Pascal Chataing

1996 British Ogre Expedition: Vom Choktoi-Gletscher fixierte das Team den gefährlichen Anstieg durch den Eisfall bis auf den Col bei 5600 Meter. Sie fixierten noch den Felspfeiler und am Ende erreichten Powell und Dickenson eine Höhe von 6900 Meter. Schlechtes Wetter setzte ihrem Besteigungsversuch ein Ende.

Das Team: Rich Cross, Matt Dickenson, Adam Jackson, Al Powell, Nick Williams, Julian Wood, Andy McNea

1996 Japanese Ogre Westridge Expedition: Das Team kletterte über den Westridge auf den Westcol und erreichte eine Höhe von 6600 Meter.

Das Team: Expeditionsleiter Shigeru Nagasawa mit Team

1997 Bayerische Ogre-Südpfeiler-Expedition: Nachdem das Team bis auf 5600 Meter fixiert hatte, starteten sie ihren Alpinversuch bis zum Gipfel. Sie scheiterten kurz unterhalb des Pfeilergipfels auf 6400 Meter im Schneesturm.

Das Team: Jan Mersch, Jochen Haase

1999 Bayerische Ogre-Südpfeiler-Expedition: Das Team fixierte den Südpfeiler bis auf 6000 Meter. Aufgrund permanenten Schlechtwetters endete ihre Expedition an diesem Punkt.
Das Team: Toni Gutsch, Jan Mersch, Alexander Huber, Thomas Huber
2000 American Ogre Southbuttress Expedition: Das Team erreichte am Südpfeiler eine Höhe von 6000 Meter und musste wetterbedingt die Expedition abbrechen.
Das Team: Doug Chabot, Jack Tackel
2001 Südtiroler Ogre-Expedition: Das Team erreichte am Westridge eine Höhe von 6400 Meter. Anhaltender Schneefall beendete ihre Expedition.
Das Team: Hans Kammerlander, Luis Brugger
2001 American Ogre Expedition: Das Team Newcomb/Johnstone fixierte den Südpfeiler bis auf eine Höhe von 6000 Meter. Im darauf folgenden Alpinversuch erreichten sie den Gipfel des Südpfeilers. Sie blieben im tiefen Triebschnee stecken und beendeten ihre Expedition.
Das Team: Hans Johnstone, Marc Newcomb, Ace Kvale
2001 Slovenia Eastbuttress Expedition: Das Team kletterte über den Choktoi-Gletscher durch den Eisfall auf den Col auf 5600 Meter. Ihr Versuch, den Gipfel zu besteigen, scheiterte auf einer Höhe von 6200 Meter.
Das Team: Silvo Karo, Urban Amez, Peter Meznar, Tomaz Jakovcic, Dr. Damjan Mesko
2001 Deutsch-Schweizer Ogre-Expedition: Das Team fixierte den Pfeiler bis auf 6000 Meter und kletterte bei gutem Wetter bis auf einen Seilzugquergang auf 6300 Meter den Südpfeiler rotpunkt. Die letzten 800 Meter zum Gipfel schaffte das Team im Auf- und Abstieg in 19 Stunden.
Das Team: Thomas Huber (Deutschland), Urs Stoecker (Schweiz), Iwan Wolf (Schweiz)
Expeditionen am Ogre ohne Permit (Jahreszahlen und Namen werden absichtlich nicht erwähnt):
Ungarische Expedition, über den Südpfeiler bis unter dem Gipfelturm, erreichte Höhe 7000 Meter
Österreichische Expedition am Westridge, erreichte Höhe 6300 Meter
Deutsche Expedition am Südpfeiler, erreichte Höhe 6000 Meter

Glossar

A-Bewertung: Die Skala für die technische Kletterei beginnt mit A0 (Haken werden als Griff oder Tritt verwendet) bis A5 (extremste Schwierigkeiten beim Anbringen von Fortbewegungsmitteln).
Alpinstil: Ausgerüstet mit Kletterseilen, Biwaksachen und Proviant klettert das Team Richtung Gipfel. Im Gegensatz zum Expeditionsstil werden keine Hochträger verwendet und es werden nur so wenig Strecken wie möglich mit Fixseilen versehen. Die Fixseile werden (außer im Notfall) wieder entfernt und es werden nur die mitgebrachten Kletterseile als Fixseile verwendet.
(Baby-)Camalot: mechanisches Klemmgerät
Bigwall: senkrechte Wand, die nur in mehreren Tagen zu durchsteigen ist
Bigwall-Technik: Alles was zum Leben in der Wand gebraucht wird, zieht man in Schleifsäcken nach und man schläft in Portaledges. Der Seilzweite steigt jeweils an den Jümars nach.
Birdbeak: Spezialhaken für die feinsten Risse
Cliffhanger: gebogener Haken, den man zur Absicherung auf Felskanten legt
Drytooling: Klettern mit Steigeisen und Eispickel am Fels
Eishaken: in das Eis eingeschlagener Spezialhaken (antiquiert)
Eisschraube: Gewindeschrauben mit scharfem Fräskopf, das moderne Sicherungsmittel im Eisklettern
Expanding-Flake: Granitschuppe, die unter Belastung leicht wackelt
Fly: Spezialüberzelt für ein Portaledge
Freiklettern: Klettern ohne Einsatz von künstlichen Hilfsmitteln zur Fortbewegung, es wird an der natürlichen Struktur des Felses geklettert
Friend: mechanisches Klemmgerät, ähnlich wie der Camalot
Handbohrset: Schlagwerkzeug zum Setzen von Bohrhaken
Haulbag: Schleifsack aus strapazierfähigem gummierten Material, der am Seil nachgezogen wird
haulen: Nachziehen des Haulbags
Headwall: meist eine senkrechte Wand direkt unter dem Gipfel
Hook: siehe Cliffhanger
Jümar: Steigklemme
jümarn: aufsteigen mit den Steigklemmen
Kapselstil: abgewandelter Alpinstil, von einem etablierten Lager klettert das Team an Fixseilen bis zu einem neuen guten Lagerplatz. Das Lager wird nach oben verschoben und wieder werden die Fixseile im folgenden Aufstieg eingesetzt.
(Klemm-)Keil: Metallkörper, der als Sicherungspunkt im Riss verklemmt wird
Messerhaken: Spezial-Felshaken für die feinen Risse
M-Bewertung: Die Schwierigkeitsskala für die Bewertung im Mixed-Klettern geht von M1 (leicht) bis derzeit M11.
Mixed-Klettern: Klettern in Fels und Eis
Move: eine Kletterbewegung
Nirosta-Abseilpiste: eine Art Norm in den Alpen, Abseilstände mit nicht rostenden Stahlbohrhaken
Permit: Genehmigung für die Besteigung eines Berges im Karakorum und Himalaja
piazen: spezielle Klettertechnik

Portaledge: stabiles Hängezelt, das an einem Haken fixiert das Biwakieren in senkrechter Wand ermöglicht
Profilhaken: Spezialhaken für die breiteren Risse
rotpunkt: Klettern im Vorstieg, an natürlichen Haltepunkten und ohne die Sicherungskette z. B. durch einen Sturz in das Seil zu belasten.
Schlingenstand: Standplatz in hängender Position, das heißt man hat kein Felsband zum Stehen und hängt voll im Gurtzeug
Sérac: Eisabbruch von einem Gletscher
Sirdar: Trägerführer
Skyhook: Spezialcliffhanger
Solo: Klettern ohne Seil
Standplatz: Sicherungspunkt nach einer Seillänge
Technische Kletterei: Klettern mit künstlichen Hilfsmitteln. Zur Fortbewegung am Fels werden auch Haken, Klemmkeile und Trittleiter verwendet.
Trittleiter: Leitern aus Bandschlingen zum technischen Klettern
UIAA-Skala: Die Schwierigkeitsskala für das Freiklettern reicht vom Schwierigkeitsgrad I (leicht) bis derzeit XI (extrem schwierig). Zur Feinabstufung werden Zwischenbewertungen mit einem – oder + nach der Zahl gekennzeichnet, z.B. VI+.
Vorgeschobenes Basislager (ABC-Lager): ABC ist die Abkürzung von Advanced Base Camp: das letzte »sichere« Lager vor dem Berg

---

Die Deutsche Bibliothek – CIP-Einheitsaufnahme

Ein Titeldatensatz für diese Publikation ist bei Der Deutschen Bibliothek erhältlich

BLV Verlagsgesellschaft mbH
München Wien Zürich
80797 München

Umschlaggestaltung:
Joko Sander Werbeagentur, München
Umschlagfotos: Vorderseite Thomas Huber
Rückseite: Iwan Wolf
Portraits: Archiv der jeweiligen Personen

Lektorat: Barbara Hörmann
Herstellung: Angelika Tröger

Konzeption: Marion Biller
Layout: Walter Werbegrafik, Gundelfingen
Satz: DTP-Design Walter, Gundelfingen
Reproduktionen: Repro Ludwig, A-Zell am See

Druck und Bindung: STALLING GmbH, Oldenburg

Gedruckt auf chlorfrei gebleichtem Papier

Printed in Germany · ISBN 3-405-16374-9

Bildnachweis:
Archiv Huber: S. 1, 2/3, 4 oben, 5, 8/9, 11–15, 100–169, 171
Archiv Doug Scott, Chris Bonington/Picture Library: S. 4 unten links, 18, 22–62
Archiv Tom Dauer, Michael Wärthl, Jochen Haase: S. 88–95
Archiv Hans-Christian Hocke, Malte Roeper: S. 73–81
Archiv Elies Coll: S. 20, 82–87
Archiv Gérard Pailheiret: S. 63, 70–71
Archiv Japanese Alpine Club: S. 69
Archiv Jan Mersch, Jochen Haase: S. 96–99
Archiv Berghaus: S. 64
Andy Perkins: S. 21
Hans-Christian Hocke: S. 19, 65/66

Karte: S. 10 © Michael Beek

Zeichnungen: S. 16/17, 170 Franz Hinterbrandner

Quellennachweis:
- Alpenvereinsjahrbuch Berg, herausgegeben vom DAV, ÖAV und AVS, Abdruck mit freundlicher Genehmigung des DAV
  1989: Träume um weiterzuleben, Tom Dauer
  1999: Alltag am Ogre, Jan Mersch
  2001: Shivling, zwischen Licht und Schatten, Thomas Huber
- Alpine-Club-Library London, 55 Charlotte Road, GB-London EC2A 3QF
- American Alpine Journal, 710 Tenth Street, Suite 140, Colorado 80401, USA
- Michael Beek, Pakistan, Land, Geschichte und Kultur, Eigenverlag Michael Beek, Oberwössen 1996
- Bibliothek des Deutschen Alpenvereins, Praterinsel 5, D-80538 München
- Chris Bonington, Everest Years, Weidenfeld & Nicolson, London 2001
- Alexander und Thomas Huber, The Wall, BLV Verlag, München 2000